# Z世代

## 若者はなぜインスタ・TikTokにハマるのか？

原田曜平

光文社新書

# はじめに――これからの消費の主役

## 10代前半～25歳くらいの世代

今、日本では、「Z（ゼット）世代」と呼ばれる新しい若者世代が、にわかに注目を集め始めています。彼らは「ジェネレーションZ（ゼット）」や「ジェネZ（ジィー）」という呼ばれ方をすることもあります（本書では、「Z世代」で統一）。

様々なメディア上でも、特にビジネス系のメディアを中心に彼らについての特集が組まれるようになっており、例えば、日本経済新聞では「輝くZ世代」、日経クロストレンドでは「Z世代　10年後の中核層を攻略せよ」といったタイトルの記事が出ています。

「Z世代」については、実は共通した明確な定義はありません。アメリカを中心とした欧米諸国で、概ね1990年代中盤（または2000年代序盤）以降に生まれた世代を指す言葉として作られ、この数年、広く使われるようになっています。

年齢で言えば、現在だいたい25歳の若手社会人より下の人たちのことを指します。

ちなみに、年齢の下の区切りをどこまでZ世代とするかは、まだ下の世代が幼く、特徴があまり出ていないので分かりません。一応、欧米では、Z世代のすぐ下の世代のことを「α（アルファ）世代」（ジェネレーションα）と呼んでいます。彼らは概ね２０１０年代序盤（もしくは中盤）から２０２０年代中盤（もしくは終盤）にかけて生まれた（る）と定義されていることが多く、現在の10歳以下の世代を指します。ですので、Z世代は大体10代前半～25歳くらいまでを指すものだと理解するとよいでしょう。


では、Z世代＝ジェネレーションZはなぜ「Z」なのかというと、アメリカでは彼らより上の世代が「ジェネレーションX」（諸説あるが１９６０年代初頭または半ばから80年頃までに生まれた世代）と「ジェネレーションY」（諸説あるが80年代序盤から90年代中盤または２０００年代序盤までに生まれた世代。近年では、ミレニアム〈新千年紀〉が到来した２０００年前後か、それ以降に社会に進出したことから「ミレニアル世代」あるいは「ミレニアルズ」と呼ばれることが多い）と呼ばれているためです。

つまり、アルファベット順でジェネレーション「X」のすぐ下の世代がジェネレーション「Y」（またはミレニアル世代）、ジェネレーション「Y」のすぐ下の世代がこの「ジェネレーションZ（Z世代）」ということになります。

ちなみに、「Z」の下がなぜ「α」かというと、ラテン文字の最後に当たる「Z」の次にギリシャ文字の最初に当たる「α」を採用することで、新たな時代を表したようです。

そもそもなぜ、欧米諸国でZ世代に注目が集まったのでしょうか？　それは長らく少子化が続く日本を中心とする東アジア諸国と異なり、移民・難民やその子供たちも多い欧米諸国では、このZ世代の人口が他の世代に比べて多いからです。

NRF（全米小売業協会）によれば、アメリカではZ世代の人口は６１００万人と、既にその上のミレニアル世代（Y世代）の人口の６０００万人を追い越しているそうです。

また、Marketo社の調査によると、Z世代の支出は週平均16・９０ドル（１８６０円：1ドル１１０円で計算。以下同）で、年間では４４０億ドル（４・８４兆円）に達します。中年にさしかかりつつあるミレニアル世代にはまだ及ばないものの、数年後には２０００億ドル（22兆円）近くになると予想されており、近い将来、アメリカ経済を動かす主役になるだろうと言われています。

Z世代に注目が集まっているのは、実は欧米諸国だけではありません。ブルームバーグの国連の統計分析によると、2019年には世界の全人口77億人の32%をZ世代が占めており（ミレニアル世代は31・5%）、欧米のみならず世界的に見て、Z世代の人口は多いのです（なお、この分析では、ミレニアル世代を1980〜2000年生まれ、01年以降生まれをZ世代と定義している）。

## Z世代と脱ゆとり世代

では、日本の世代論に、このアメリカ発のZ世代のおおよその定義を当てはめてみましょう。

日本の若者と言えば「ゆとり世代」（諸説ありますが、本書では1987〜95年生まれとする）のことを指す、という認識をお持ちの方が多いと思います。

「ゆとり世代」の名称の元になった「ゆとり教育」は、第一次安倍政権の「安倍内閣骨太の方針2007」で、学力低下につながったと批判され、2008年に学習指導要領が改訂されました。

そして、この新しい学習指導要領による、いわゆる「脱ゆとり教育」を受けた「脱ゆとり世代」（諸説ありますが、本書では96年生まれ以降の世代とする）が「ゆとり世代」のすぐ下の世代として誕生しました。彼らの年齢は、ほぼZ世代と一致しており、まさに彼らが「日本版Z世代」ということができます。

ちなみに「脱ゆとり世代」という言葉は私が命名し、これまで様々なメディアで使用してきましたが、残念ながらまだあまり普及していません。

## Z世代理解が重要な理由

本書は、全世界的に注目され、日本でも最近、急激に注目が集まってきているZ世代をどこよりも深く解明することを目指して書かれました。

もしあなたが企業人であれば、本書を参考にしていただくことで、令和の時代のビジネスやマーケティングをリードしていくことにつながるかもしれません。

例えば、Z世代向けの新しい商品、サービス、メディア、アプリ、コンテンツ、広告プロモーション、Z世代をその地域に呼び込む行政施策、地域の農産物や名産品をZ世代を介して、PRするための企画を考える一助になるでしょう。

もしあなたがメーカー勤務で、中高年向けの商品を担当していたとしても、彼らを理解し、彼らの言の葉にのぼる広告プロモーションを打つことができれば、彼らのSNS上の「バズり力（拡散力）」によって、商品情報がターゲットである中高年世代へ伝播していくことにつながるかもしれません。

コロナ禍で少し緩和されているものの、長らく少子化が続き、日本では慢性的な人手不足が続いています。もしあなたが人手不足に悩む企業の採用担当者や、個人商店のオーナーであれば、Z世代を理解することで、彼らに自社や自店に興味を持ってもらえるようになるかもしれません。

もしあなたがZ世代の親、祖父母、教師、上司、先輩であれば、彼らとの付き合い方や、彼らの操縦法が理解できるようになるかもしれません。

そして、もしあなたが一見Z世代に全く関係ない立場であっても、世界や日本で急激にZ世代に注目が集まり始めていることを考えると、彼らの分析を通して「今の世界」や「今の日本」の社会構造が見えてくるようになるはずです。

また、Z世代が社会の中心となる近未来には、彼らの感性や感覚が、世界及び日本を支配することになるでしょう。すなわち、彼らを理解することは、近未来の日本及び世界を知ること、そして、あなた自身が近未来を知り、近未来に適応できるようになることを意味していると言っても過言ではありません。

Z世代の心をつかむ企業や商品やサービスや人は、令和の時代、そして、ウィズコロナ、アフターコロナの時代を制するようになる——こうした強い想いの下、「新しい若者論」を10年ぶりに光文社新書から出版することとなりました。

10年前の２０１０年に出した『近頃の若者はなぜダメなのか　携帯世代と「新村社会」』には、このZ世代のすぐ上の世代である「ゆとり世代」について詳しく書かれています。

そして、本書は「10年前のこの本との比較」という観点で作られています。そもそも世代論は、時系列で比較しないと意味がありません。本書のオリジナリティは、「ゆとり世代」とZ世代を詳細に比較した、おそらく世の中で唯一の本であるという点でしょう。

これから10年間、本書がZ世代という新しい世代を理解する基本書になってほしいと願っています。

あまりに混沌としたスタートを切った令和の時代を先読みして生きていく一助に本書がなれば幸いです。

目　次

## 5章　Z世代への新型コロナの影響 ……………………… 207

# 1章　なぜ今、日本でZ世代なのか？

## 日本には少ないZ世代

Z世代が、今、全世界的に注目を集めていることを「はじめに」でお伝えしました。

そこでも触れましたが、少子高齢化に悩む東アジアの国の一つである日本は、移民・難民やその子供が多い欧米諸国、人口が増加しているアジアの国々、子供や若者が増えているアフリカ諸国、中東諸国、南米諸国などとは状況が大きく異なり、Z世代の人口は多くありません。

にもかかわらず、なぜ、今、日本でZ世代に急に注目が集まり始めているのでしょうか。

ちなみに、2018年の総務省の人口統計を基に10歳から25歳までの人口を計算すると、日本のZ世代は1886万人ほどで、総人口の約15%に過ぎません。

もちろん、若者の人口が減ることで彼らの社会的な影響力が小さくなり、彼らをターゲットとした市場は縮小しますが、人間に寿命がある限り、今の若者はいつか必ず未来の社会や消費の主役になります。ですので、未来への先行投資として、若者のうちからその特徴をつかんでおき、自社や自社商品のファンになってもらうことには意味がある、という普遍的な考え方もあるでしょう。

しかし、それ以外にも、日本で今、Z世代に注目が集まる理由がいくつかあります。海外とは異なる〝日本独特〟の理由も含め、順に解説していきましょう。

### ①平成からの反動

一つ目は、「平成からの反動」という理由で、Z世代に注目が集まっています。

かつての戦後の日本では、人口ボリュームの大きい「若者」が、マーケティング対象として、また、新しい文化の担い手として、多くの企業やメディアから注目されてきました。

期間で言えば戦後の「昭和」から「平成」の中期頃まで、世代論で言えば、戦後の第一世代であり、ベビーブーム世代である「団塊世代」（1947～51年生まれ）から、「就職氷河期世代」「ロストジェネレーション」「第二次ベビーブーム世代」などと言われる「団塊ジュニア世代」（1971～74年生まれ）、「ポスト団塊ジュニア世代」（1975～82年生まれ）が若者だった頃までに該当します（図1‐1）。

例えば、団塊世代は日本で最も人口が多い世代として、あるいは「学園紛争」で社会から注目を集めました。その下の「ポパイ・JJ世代」（1952～60年生まれ）は「学園キャ

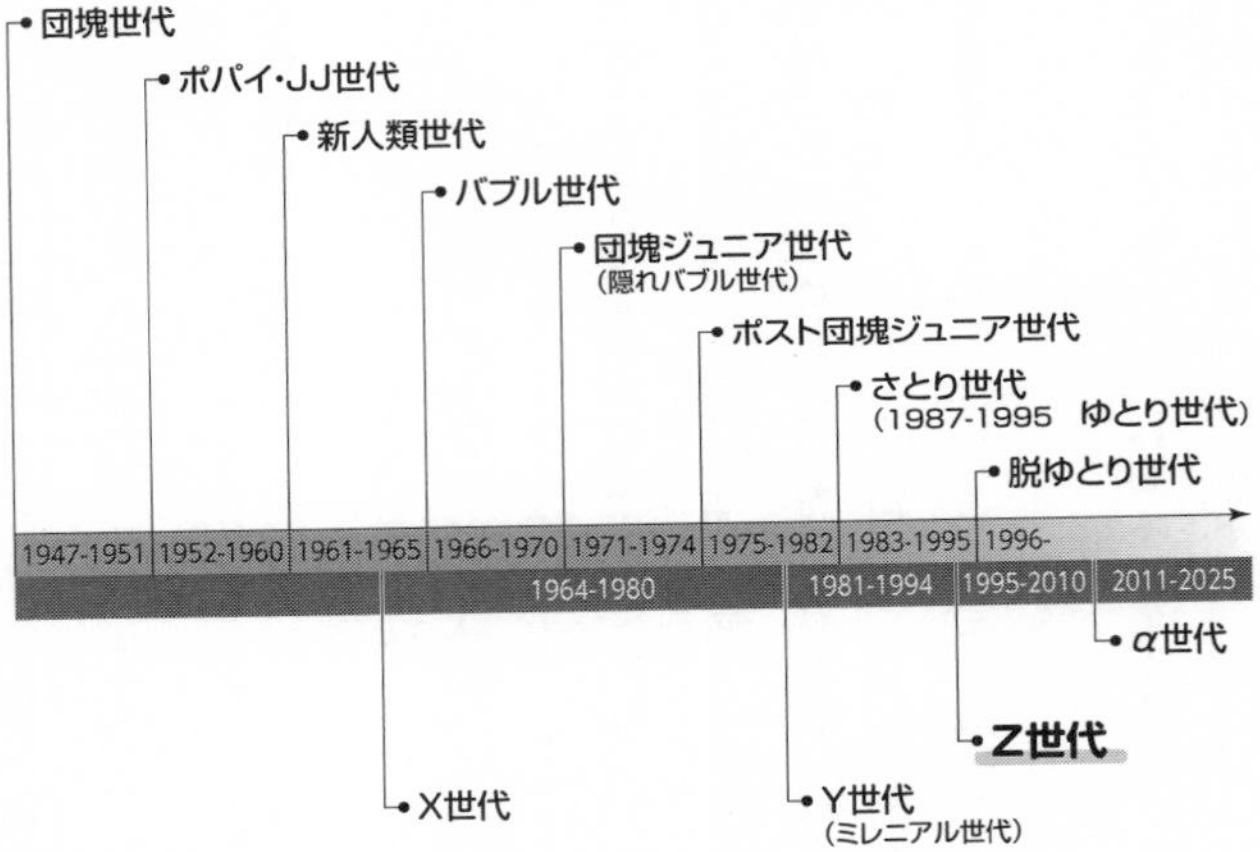


**図1－1　日本の世代論とZ世代**

ンパス」「ニュートラ・ハマトラ」「DCブランド」、「新人類世代」（1961～65年）は「女子大生ブーム」「ハナコ世代」、「バブル世代」（1966～70年）は「ジュリアナ」「ワンレン・ボディコン」「アッシー・メッシー」「シーマ現象」、「団塊ジュニア世代」や「ポスト団塊ジュニア世代」は「ファミコン」「ジャンプ」「カラオケ」「アムラー」「エヴァンゲリオン」などのキーワードとともに、社会や企業やメディアから大変注目されました。

しかし、平成の中期以降、世代論で言うと団塊ジュニア世代やポスト団塊ジュニア世代が30代に差し掛かり始めた2000年代序盤から、長く続く少子化によって若年人口が大幅に減り、それに伴って市場における若者のプレゼンスもかなり縮小し、若者の消費意欲自体も大幅に落ちていたこともあり、多くの企業やメディアにとって若者の存在意義が徐々に薄れていきました。

そして、2009年に「若者の恋愛離れ」を意味する「草食男子」という言葉が「ユーキャン新語・流行語大賞」にノミネートされ、ちょうどその頃から「若者の○○離れ（車離れ、海外離れ、お酒離れなど）」という言葉が、メディアを賑わすようになりました。

戦後、ずっと注目を浴びてきた「消費意欲が旺盛でアクティブな若者」とは真逆の「消費意欲と元気のない若者」の出現――。企業のマーケティング担当者は、それまでとは逆の意味で若者に注目し、彼らの対応に頭を悩ませるようになっていきました。つまり、本質的な意味での若者の社会における存在感は減少していったのです。

## 軽視されるようになった若者

「若者」の代わりに注目されるようになったのは、人口ボリュームの増加とともに存在感を増していった「高齢者」です。平成中期には「アクティブシニア」という言葉が生まれ、様々な企業のマーケティングの現場で使われるようになりました。

この言葉が象徴するように、これからの高齢者は元気で若々しく、お金をふんだんに使うようになるだろう、と多くの企業が「次世代消費の救世主」と高齢者を信奉し、彼らをマーケティング対象の中心、あるいは重要な一部（実際は高齢者だけを狙うのではなく、若者への意識の比重を大幅に下げ、中高年に重心を移していった大企業が多かったように思う）と位置づけ、平成の時代を生き永らえようとし、事実、生き永らえてきたのです。

「ユーキャン新語・流行語大賞」にノミネートされた「さとり世代」（２０１３年）や「マイルドヤンキー」（２０１４年）といった言葉を作り、広め、平成中期以降、広告業界で若者の消費・メディア行動の研究や、若者を対象としたマーケティング活動を行ってきた私としては、多くの業界や企業が、若者を置き去りにしていく姿をずっと苦々しく見てきました。

「新しい顧客は欲しいけど、若者をターゲットにしても、既存の顧客（中高年）が違和感を覚えて逃げちゃうと困るからねえ」

「今の若い子って数（人口）が少ないでしょ？　お金持ってないでしょ？　使わないでしょ？　だから、若者を相手にしても仕方ないと思いますけど、違いますかねえ？」

この20年近く、こうした言葉を様々な大企業の商品担当者や宣伝担当者から何度聞いたか分かりません。

もちろん、「今の今」だけを見れば、人口割合が多く、かつてよりアクティブで消費意欲も高くなっている高齢者に意識の重心を移すことは、企業の基本戦略として正しい面もあります。

しかし、人間には必ず老化や寿命があるので、アクティブシニアがいかに今アクティブであっても、シニアはシニアであり、そう遠くない未来に必ずアクティブではなくなります。

また、未来の消費の主役である今の若者を軽視し、中年になってから急に彼らの心をつかみ、彼らを自社商品の顧客として迎え入れようとしても、そう簡単にはいきません。人間は若い頃から使い続けているモノやサービス、あるいは若い頃から良いイメージを持っていた企業や商品からはなかなか離れにくいケースも多いからです。

よって今、若者をしっかりリサーチ・研究し、その世代を中心的なターゲット（の一員）に据えてマーケティングしておいた方が、将来、彼らが中年になってお金を持つようになった時にも、彼らの心をつかみ続けることができるケースが本当に多いのです。

例えば、大学生の時にビールを飲め（飲ま）なかった人が、社会人になって先輩やお得意先から（無理矢理？）勧められて飲んでいるうちに慣れ、常飲するようになる、ということはよくあるでしょう。

しかし、社会人初期のそのタイミングを逃し、ビールは苦いからとカクテルを飲み続け、中年になってから広告やプロモーションでビールの良さをいくら訴えかけられても、急に飲むようになるケースは、絶対にないとは言いませんが、あまり多くはないでしょう。

例えば、学生時代に免許を取らず、車に乗らず、車に対して一切憧れもしなかった人が、車のいらない東京から車生活が必須の地方へ引っ越したり、子供が生まれ、車があった方が子供との生活が便利だと感じたりするようになった時に、急に車に興味を持ち、車を購入するということはよくあるでしょう。

しかし、そのタイミングを逃し、中年になってからいくら良い車を見せつけられても、急に車を買ったり、憧れたりするようになることはあまり多くないと思います。

日本酒だってウィスキーだってワインだって、バイクだってタバコだって化粧品だって、テレビだってラジオだって、新聞だって週刊誌だって書籍だって、海外旅行だって国内旅行だって、クレジットカードだって株だって、住宅だって恋愛・結婚だって、どれも大雑把に言えば同じで、若者のうちにその商品に対する興味や消費意欲を持ってもらうことが、その商品の未来を考えていく上で本当に大切なのです。

現状の顧客ばかりを見て、そこに胡坐《あぐら》をかき、未来の顧客を捨てる……。これだと現状の売り上げは維持できるかもしれませんが、さらに伸ばしていくことはできません。もっと言うと、仮に現状の顧客がいなくなったとしたら（高齢化による消費者からの離脱や死亡など）、売り上げが激減してしまうのです。

## テレビ業界に見る若者軽視の歴史

様々なジャンルの大企業が広告を出稿するテレビ業界が、平成の間の日本企業の考え方や態度をよく象徴していたように思います。

２０００年代前半から「若者のテレビ離れ」が叫ばれるようになりましたが、テレビビジネスは、人口の多い高齢者にテレビを見てもらえば世帯視聴率が稼げ、企業からの広告費も多く得られる構造になっているので、長らく若者の視聴者を増やそうとは本気で考えていなかったように思います。

平成の間、高齢者の好む健康番組が異常に増え、そうした番組の増加に伴って健康商材の

CMが大幅に増えていったことは皆さんのご記憶にも新しいでしょう。

もちろん、平成の間も、若者向けの商材を持っている広告主の企業や、若い人も狙いたいという広告主の企業もたくさんあり、そうした要望をテレビ局側も重々理解していたとは思いますが、若者を主要な視聴者と位置づけ、あまりにも若々しいテイストの番組にしてしまうと、それを面白いと感じない中高年がその番組から離れてしまう可能性があり、安全策をとって高齢者を狙い、「世帯視聴率」という指標に固執し続けたところがほとんどでした。

また、2000年代前半から「若者のテレビ離れ」が叫ばれていたのに、若者が得意とするネットでの放送もなかなか実現しませんでした。在京民放キー局5局が中心となって運営するテレビ番組の広告付き無料配信サービスTVer（ティーバー）が始まるのは、2015年になってからのことでした。

テレビタレントを見ても世代交代が少なく、昭和の途中から平成を通り抜けて令和の初めの今まで、ビートたけしさん、明石家さんまさん、笑福亭鶴瓶さん、所ジョージさんなどが、ずっと第一線で活躍されていることも、テレビ業界の姿勢をよく表しています。もちろん、彼らが群を抜いて魅力的なタレントであったことも大きな理由ではありますが。

しかし、いくら前出のタレントさんがエネルギッシュで若い感性を持っていると言っても、70歳を超えたたけしさん、60歳を超えたさんまさん、もっと言えばアラウンド還暦のダウンタウンさんやウッチャンナンチャンさんでさえ、多くの若者にとって自分の親以上の年齢の人たちであり、「おじさん」ですらなく、もはや「おじいさん」であり、大きなジェネレーションギャップを感じていたはずです。

別の事例を挙げましょう。

１９８０年代後半から若者の心をつかみ続けた「月９」のラブストーリードラマ（フジテレビ系で毎週月曜日の午後９時から放送されるテレビドラマ放送枠）ですが、ラブストーリーに強い関心を持つ年代である若者の人口が、徐々に減っていったことで、２０００年代に入り苦戦し始めます。そして、手堅い世帯視聴率が見込まれる「ＨＥＲＯ」「ガリレオ」「コード・ブルー」など、過去にヒットしたドラマの続編が増えていきます。

そして、２０１６年１月期からの王道ラブストーリー３作（「いつかこの恋を思い出してきっと泣いてしまう」「ラヴソング」「好きな人がいること」）から17年４月期の「貴族探偵」まで、平均視聴率が10％に満たない状況となり、とうとう18年１月期の「海月姫《くらげひめ》」が「月

9」史上最低となる平均視聴率6・1%を記録してしまいます。

その後「月9」から、世帯視聴率が稼げない若者向けのラブストーリーが消え、「絶対零度～未然犯罪潜入捜査」「SUITS／スーツ」「監察医　朝顔」など、人口の多い中高年向けの刑事・弁護士・医療系ドラマが増えていきました。かつて多くの若者を熱狂させたあの「月9」でさえ、人口が少なくなった若者の視聴者を見捨て、ターゲットを中高年層にシフトさせていったのです。

テレビ業界（マスコミ全体でも同じ話が言える）が、平成の間、こうした中高年シフトをとるようになっていった結果、今、Z世代の高校生や大学生たちは、上の世代に比べてテレビの視聴時間が短くなり、YouTubeの視聴時間に逆転されるケースも出てくるようになっています（176ページ参照）。

高校生や大学生の時点で、居間にあるテレビの受像機よりも、自室でスマホでYouTubeを見る視聴習慣が染み付いた世代が、中高年になったら急にテレビ受像機の前に長時間座るようになる……。先ほども似たような話をしましたが、こんな変化が起こる確率は普通に考えればとても低いでしょう。

かつてラジオや新聞が辿った「衰退のメディア道」をテレビも辿ってしまっていることは誰の目にも明らかでしたが、それでも平成の間、テレビ局は「今の顧客」を見つめ、「世帯視聴率」という高齢者の視聴率にこだわり続けたのです。

## 「老後2000万円問題」と「2025年問題」

ところが、時代が令和に変わる前後数年あたりから、様々な企業の「若者」に対する考えがにわかに変わり始めました。

「アクティブシニア」と言われていたものの、「老後2000万円問題」（金融庁の金融審査会がまとめた報告書に、収入を年金のみに頼る無職世帯のモデルケースでは、20～30年間の老後を生きるために年金以外に約2000万円の老後資金が必要になると書かれていた。これに対し、世の中やメディアが騒然とし、高齢者の老後不安が高まる結果となった）に代表されるように、高齢者には老後不安があるし、自分で使い切るのではなく、子供や孫に少しでもお金を残したい気持ちもあるし、少なくとも平成中期頃に想像されていたほどには、退職して稼ぎが減れば人間はあまり消費しなくなる……。こうした厳しい現実に多くの企業が気づき始めたのです。

平成中期頃に期待されたほどには、シニアが消費者として魅力的な存在にならなかったことに加え、いわゆる「2025年問題」も多くの企業の方針転換に影響を与えたように思います。

「2025年問題」とは、日本最大の人口を誇る、戦後すぐに生まれた第一次ベビーブーマーである「団塊世代」（1947〜51生まれ）が後期高齢者（75歳）の年齢に達し、日本の医療や介護などの社会保障費の急増・崩壊が懸念される状態になることを指します。

人間が自立して生活できる年齢を示す「健康寿命」は、2016年時点で女性74・79歳、男性72・14歳（厚生労働省による）でした。いくら「人生100年時代」というキーワードが広がったとしても、消費者という観点で見れば、75歳以上の後期高齢者になると、徐々に様々な市場から離脱していくことになります。

寝たきりになる人も増えるでしょうし、歩いてコンビニに行けなくなる人も増えるでしょうし、ビールが飲めなくなる人も増える。車の運転が危うくなる人も増えるし、テレビを見るのが億劫になる人も増える……。つまり、人口の多い「団塊世代」が、仮に彼らが現在アクティブシニアであったとしても、2025年には健康寿命を超え、アクティブでなくなる人が増える可能性が高く、これまで彼らにおんぶに抱っこで生き永らえてきた多くの企業や市場が、2025年を目前にしてこれに気づき、一気に若者を含めた現役世代全体に視線を向け始めたのです。

## インターネット広告費がテレビ広告費を超えた理由

こうした広告主である企業の変化を象徴する画期的な出来事が、「インターネット広告費がテレビ広告費を超えた」というものでした。

電通の「日本の広告費」によると、2019年、インターネット広告費は2兆1048億円と6年連続で2桁成長を遂げ（逆にテレビ、新聞、ラジオ、雑誌のマスコミ4媒体の広告費は5年連続減少）、テレビメディア広告費（地上波テレビ＋衛星メディア関連）の1兆8612億円（前年比97・3％）を初めて超える結果となりました。

2019年、広告費という観点で長らく「メディアの王様」だったテレビが、とうとうインターネットに抜かれ、首位の座から陥落したのです。

これは日本の様々な企業が、インターネットが苦手な高齢者ではなく、インターネットが使える若者を含めた現役世代にターゲットをシフトさせていることを示しています。

資生堂は２０２０年第2四半期の業績発表で、２０２３年までに広告媒体費の90％以上をデジタルにシフトすることを明らかにしました。これまで長い間、大口の広告主として君臨してきた資生堂の大きな方針転換は、テレビ業界と広告業界に大きな衝撃を与えましたが、まさにこれも象徴的な出来事の一つです。

## 平成の高齢化と令和の高齢化の違い

ちなみに、若年人口が多く、若者がエネルギッシュであった「昭和」の時代と違い、「平成」は高齢者のボリュームが増える〝高齢化〟の時代でした。そして「令和」は、さらに高齢者のボリュームが増える〝平成以上の高齢化〟の時代になります。

しかし、平成の高齢化と令和の高齢化には質的に明確な違いがあることを理解しておかないといけません。

平成の高齢化は、人口の多い団塊世代がまだ消費者である前期高齢者（65～74歳）になることを意味していましたが、令和の高齢化は、人口の多い団塊世代が後期高齢者になり、様々な市場の消費者から離脱していくことを意味しています。

つまり、アクティブシニア（前期高齢者）が増える平成の高齢化と、アクティブでないシニア（後期高齢者）が増える令和の高齢化では、たとえ令和の方が高齢者人口が多くなろうとも（国立社会保障・人口問題研究所の２０１７年の推計によると、２０４０年には85歳以上の人口が高齢人口の３割近くになり、高齢者の高齢化が進む。この問題を「２０４０年問題」という）、平成に比べると消費者としての高齢者の魅力が減っていくことになるのです。もちろん、介護領域（高齢者用オムツ、介護施設、介護食など）をビジネスにしている会社は別ですが。

令和元年の前後数年で、この事実に多くの企業が気づき始めたのだと思います。

## 視聴率の測定の変更と「お笑い第7世代」

こうした企業の変化を象徴しているもう一つの事例が、前述した様々な業界・大企業が広告主になっているテレビ局による「視聴率」の測定の変更です。

２０２０年3月30日から、ビデオリサーチによるテレビの視聴率について、地方でも「個人視聴率」が測定されるようになったのです。

これは、人口の多い高齢者に番組が見られれば視聴率が稼げるというこれまでの方針（世帯視聴率）から、若者を含めた現役世代にどれだけ見られているかを重視する方針（個人視聴率）への、日本全国のテレビ局の劇的なビジネスモデルの転換と言えます。

元気な高齢者が増えていく「平成」の高齢化に合わせ、健康番組を増やし、高齢の視聴者を獲得することで生き永らえてきたテレビ業界にとって、若い視聴者を含めた現役世代の視聴者を獲得しないと、この層を明確に重視するようになった広告主にスポンサードしてもらえなくなる、というシビアかつ急激なプレッシャーによって生まれた大きな変化です。

結果、ここ数年、例えば１９８２年から31年半も続いた70代のタモリさんの「笑っていいとも！」が２０１４年に、前身の番組から含めると約30年続いたとんねるずの「とんねるずのみなさんのおかげでした」が18年に打ち切りになりました。20年9月13日には『『とんねるずは死にました』―戦力外通告された石橋貴明58歳、『新しい遊び場』で生き返るまで』というネット記事が出て話題になりましたが、これらの出来事もこうした流れの始まりだったと考えられます。

ＮＨＫの看板番組「クローズアップ現代」も16年に、それまでの19時半からの放送時間帯を22時からに変更し、「クローズアップ現代＋」となりました。これは、19時半からでは、働いている現役世代になかなか見てもらえないから、ということが理由だと言われています。

もともと民放以上に高齢の視聴者が多いＮＨＫなので、若者をメインターゲットに据えるようになったわけではないでしょうが、それでも若者を含めた現役世代を重視する姿勢に変わったことは間違いありません。

同じように「秘密のケンミンＳＨＯＷ」のみのもんたさん（76歳）、「直撃ＬＩＶＥ　グッディ！」の安藤優子さん（62歳）など、古参で高齢の番組ＭＣが番組を卒業し、「とくネ！」の小倉智昭さん（73歳）も卒業予定と報じられ、代わりにＥＸＩＴ、霜降り明星、ミキ、四千頭身、フワちゃんなどを中心とする「お笑い第7世代」が急にテレビに頻繁に出るようになったのも、こうした流れが加速していることを示しています。

もちろん、お笑い第7世代に魅力的な芸人さんが多いのは事実ですが、今、この瞬間に、面白い若い芸人さんたちが突如偶然に大量に現れたわけでは決してなく、若いタレントを使い、若者を中心とした現役世代に見てもらわないと、番組が広告主にスポンサードされにくくなったことが、このブームの背景にはあるのです。

ちなみに、「お笑い第7世代」の人たち自体には「ゆとり世代」の人たちも多く、彼ら全員をＺ世代と思うのは間違いですのでご注意下さい。

## 「東大王」「私の家政夫ナギサさん」

ここ数年、人気バラエティ番組となっている「東大王」（2017年よりTBS系列で放送。現役東大生が、芸能人と対決するクイズ番組）もまた、この流れの一環と言えます。

東大に入ることはすごい。とはいえ、東大生は一学年に3000人もいるわけですし、世の中にはたくさん元東大生もいます。OBの中には現役学生よりクイズに強い人もいるでしょう。しかし、若者の視聴率を獲得する必要が生まれたテレビ局にとって、クイズの強い元東大生ではなく、若い「現役学生」を出す必然性があったのだと思います。

また先日、あるテレビ関係者と食事をした時に、面白い話を聞きました。それは「超逆境クイズバトル!! 99人の壁」（フジテレビ系列で2017年から放送されているクイズ番組。100人の参加者の中から選ばれた1名のチャレンジャーが、99人のブロッカーを相手に自分の〝得意ジャンル〟でクイズに挑戦し、5問連続で正解すれば賞金100万円を獲得できるという内容）は世帯視聴率が伸びず、フジテレビ社内で以前は批判の声もあったが、視聴率の測定方法が改定されて以降、比較的若い層に見られていることから、社内での評価が大幅に上がった、というものです。

「半沢直樹2」の陰に隠れながらも大ヒットを飛ばしたTBS系ドラマ「私の家政夫ナギサさん」（20年7月7日スタート。平均視聴率15・1％）は、TBSの20代から30代前半の若い女性中心のチームによって作られたそうです。平成の高齢化に伴い、中高年向けのドラマが増えていったこれまでの流れに逆行し（「半沢直樹」シリーズのディレクターであるTBS社員の福澤克雄氏が56歳であるのと対照的）、比較的若いチームが若者の視聴者を狙って若者に刺さった好例です。

このドラマの新しいスタッフィング自体が、テレビ局のスタンスが、若者を含めた現役世代を狙うように劇的に変化していることを示しています。

いずれにせよ、平成の高齢化によって生まれた過度な高齢者信奉が、「老後２０００万円問題」や「２０２５年問題」によって一気に崩れ、多くの企業やメディアの視線が、Z世代を中心とした現役世代へ移ってきているのです。

## ②「生活のデジタル化の進展」の影響

二つ目の理由は、「生活のデジタル化の進展」の影響です。これは想像に難くない話でしょうし、世界中でZ世代に関心が集まっている理由の一つでもあります。

この数年のスマートフォンの普及によって、ツイッター、インスタグラム、フェイスブックなどのSNS、TikTokなどの動画アプリ、アマゾンプライムやネットフリックスなどの動画配信アプリ、スマートニュースやグノシーなどのニュースアプリなど、多様なスマホアプリの利用が広がりました。これまでのテレビ、新聞、雑誌などのマスメディア一辺倒だった時代から、急速に「生活のデジタル化」が進展しました。

この大きな変化に伴い、多くの企業──特に広告・宣伝予算をたくさん持つ大企業は、前述した資生堂の宣言の例のように、マスメディアに偏重していた広告・プロモーション戦略を、デジタルに大きく転換するようになってきています。

もちろん、こうした「生活のデジタル化」は、全世代・全年代に共通して起こっている大きな変化ではありますが、やはり、若いZ世代の方が中高年よりもこの点は圧倒的に進んでいます。そして、高齢者の中にはこの波に乗り切れていない人もたくさんいます。

詳細は4章で解説しますが、例えば、Z世代のSNS利用率は、ほぼ全てのSNSにおいて中高年に比べて圧倒的に高いのです。ですから、マスメディア上で広告・プロモーション施策を行う場合、基本的には中高年がメインターゲットになりやすいのですが、逆にデジタル上で広告・プロモーション施策を行う場合、人口の少ないZ世代を中心とした現役世代がメインターゲットになりやすい構造になっています。

## 中高年向け商品でもZ世代を無視できない理由

加えて、仮に若者がメインターゲットでない商材であっても、「生活のデジタル化」が上の世代よりも進んでいるZ世代たちに、広告などの手法によってその商品の特徴や魅力をうまく伝えることができれば、彼らを起点に他の世代にも拡散されていく可能性があるのです。この数年、「バズる」や「拡散」というキーワードがよく使われるようになりましたが、この言葉の中心にいるのは、人口は少ないもののSNS人口が多いZ世代なのです。

彼らは上の世代への情報の拡散役——いわば媒介者として、インフルエンサー（一般人に与える影響力が大きいネット上の有名人のこと。かつてはテレビや雑誌への露出が多い芸能人、スポーツ選手といった、いわゆる「有名人」の社会的影響力が大きかったが、インターネットやブログやSNSが普及してからは、「有名人」より身近でありながら、インターネット上で消費者の購買意思決定に大きな影響を与える存在として注目されるようになった）として、多くの企業の注目の的となり始めているのです。

例えばツイッターは、圧倒的に若者に使われているＳＮＳなので、企業が若者の心に刺さる広告プロモーションをツイッター上で行えば、そこで話題になる可能性が高くなります。少なくとも上の世代を狙うよりも、です。ツイッター上で話題になった言葉をランキングで表示する「ツイッタートレンド」に載る可能性も高まり、それを上の世代が見て影響を受ける可能性もありますし、ツイッタートレンドに載った事象を取り上げるテレビなどのマスメディアの報道を見て、上の世代がその商品を知り、興味を持つようになる可能性もあります。

つまり、「デジタル生活」時代の情報潮流の最も川上にいる存在として、企業やメディアの注目が、今、Ｚ世代に集まるようになってきているのです。

**③新型コロナウイルスの影響**

三つ目の理由は、「新型コロナウイルスの影響」です。

未曽有の新型コロナ危機により、日本人の生活はかつてないほど大きく変わりました。外出自粛期間や休業要請などもあり、日本のＩＴ化や「生活のデジタル化」は10年進んだ、と言われています。

アマゾンや楽天などのオンライン通販、ウーバーイーツや出前館などの宅配サービス、アマゾンプライムやネットフリックスなどの動画配信サービスの利用率や利用時間が大幅に増加し、Ｚｏｏｍやマイクロソフトチームズなどによるオンライン会議も急激に増えました。

これまでデジタル化に乗り切れていなかった中高年も（高齢者は難しいかもしれないが）、少なくとも以前よりも「デジタル生活」を送らざるを得なくなっています。

こうした状況下、二つ目の理由同様、急激に進んだデジタル生活の先駆者として、情報拡散の媒介者として、Z世代に注目が集まり始めているのです。

## 「愛の不時着」

例えば、自粛期間中に大変流行ったネットフリックスの「愛の不時着」という韓国ドラマがあります。韓国の財閥のお嬢様が、自社製の新作パラグライダーの試験飛行中に竜巻に巻き込まれて北朝鮮に不時着し、匿ってくれた北朝鮮軍の将校と許されざる恋に落ちる、という現代版の「ロミオとジュリエット」、あるいは「タイタニック」とも言えるドラマです。

自粛期間中に、動画配信サービスの登録者や視聴者が一気に増加する中で、このドラマの魅力が口コミで伝わって多くの人がハマり、タレントもこのドラマについてテレビ番組で話題に取り上げ、バラエティ番組などではこのドラマのパロディが作られました。が、実は私は、まだ新型コロナが国内で大きな問題になる前の3月頃に、多くの女子大生や若手ＯＬから、めちゃくちゃ面白い韓国ドラマがあると聞き、このドラマを見終わっていました。それからほどなくして、日本でも新型コロナの感染者が増え、自粛期間に突入しましたが、それが明けた後の6月か7月頃になって、ようやくテレビなどのマスメディアがこのドラマを取り上げ始めたのです。

このドラマは中高年に届く実に数カ月前に、感度の高いＺ世代の間で話題になっており、彼らを起点に全世代へと広がっていったのです。

## 「ドルチェ＆ガッバーナ」とタピオカブーム

これと同じような例はいくらでもあります。

２０２０年最大のヒット曲と言えば、瑛人さんの「香水」です。発売当時は注目されませんでしたが、この歌が TikTok に投稿され、Ｚ世代の間で話題になったことで、２０２０年4〜5月にかけて主要音楽チャートにランクインするようになりました。その後、芸人のチョコレートプラネットさんやタレントの香取慎吾さんらが、自身の YouTube チャンネルでカバー動画を公開し、テレビなどでも取り上げられるようになり、中高年の間でも認知されるようになっていったのです。これもまたZ世代の間での「バズり」を起点に、全世代へと広がっていった象徴的な事例と言えます。

余談ですが、この歌のサビにある歌詞「ドルチェ&ガッバーナ」は思いっきりブランド名です。もし2020年のNHK紅白歌合戦に彼が出ることになった場合、NHK側がどう対応するのか（企業名や商品名を言うのがNHKでは原則NGのため）、ということが現在話題になっています。

ここ数年のタピオカのブームも、Z世代が起点となったことは言うまでもありません。台湾スイーツブームや韓流ブーム（先行して、韓国の若者の間で台湾のタピオカ店が流行っていた）の影響を受けたZ世代の女子たちが、日本にあるタピオカ店に飛びつき、行列をなし、日本全国にタピオカ店ができていき、今ではコンビニにもタピオカの飲料が置かれ、中高年も飲むようになっています。

ちなみに、常に片手でスマホを見ているZ世代にとって、もう一つの空いた片手で持ち歩け小腹を満たせることが、彼らにタピオカが受けた理由です。

また現在（コロナ禍前のデータ）、全国の女子高校生の10人に1人が週1回以上、4割弱が月1回以上タピオカドリンクを飲み、女子大学生の6人に1人が週1回以上、4割強が月1回以上飲んでいることが分かっています。

いつの時代もトレンドの最先端には感性の鋭い若者がおり、中高年はその後塵を拝する、ということが多かったと思いますが、新型コロナによって日本人全体のデジタル生活が進展したため、若者と中高年層の間でデジタル能力やSNSの利用率に差がある分、この傾向は以前よりも顕著になってきています。その結果、人口が少ないにもかかわらず、Z世代の社会的プレゼンスが急速に上がっているのです。

**④人材不足の問題**

四つ目は、日本独特の理由です。マーケティング戦略などよりもっと根本的な話――企業や地域の存亡・存続がかかっている問題として、この数年、「人材」という観点からZ世代に大変注目が集まってきています。

総務省の住民基本台帳に基づく人口動態調査の発表（2020年8月5日）によると、2

020年1月1日時点の日本の人口は1億2427万1318人で、前年から50万5046人減り、11年連続で減少しました。

人口が増えた都道府県は東京、神奈川、沖縄の3都県だけで、東京も0・5%増の1325万7596人に留まり、東京でさえ人口増加のペースが緩やかになってきています。

そして2025年には、前述した高齢化の深刻さを表す「2025年問題」とは別の、〝人口に関する〟「2025年問題」がやってきます。

国立社会保障・人口問題研究所の推計によると、長年、少子化対策に失敗してきた日本社会は、2025年から東京でさえ例外なく人口減少社会に突入するそうです。

ただし、〝東京も例外ではない人口減少〟はすでに始まっている可能性があります。例年、東京の人口は異動・転勤・入学・入社のある4、5月に増えますが、2020年は東京で新型コロナウイルスの感染者が多いこともあり、これが大幅に減っています。今後、新型コロナ問題が長期化すれば、東京に来る人は増えず、逆に東京から地方へ移住する人が増え、この傾向が長期的に続く可能性があります。

これが意味することは、どの地域のどの企業も、過疎地はもちろんのこと大都会・東京でさえ、「人材」不足という観点から、Z世代を呼び込む必要が出てきたということです。

Z世代が入りたい、辞めたくないと思う企業にすること、彼らが移りたい、出たくないと思う地域にすること。これが、全ての企業や自治体にとって至上命題になりつつあるのです。これが実現できなければ、その企業や地域が消滅してしまう危険性すら出てきたのです。

新型コロナによる景気の悪化で、現在、日本の有効求人倍率は一時的に下がり、人手不足も少し緩和されてきていますが、長期的に見れば、そして少子化が長年続いてきたことを考えれば、Z世代の「人材」としての希少価値は今でもまだ高いですし、今後、さらに高まっていくと考えられます。

もちろん「高齢者に働いてもらう」「女性の社会参画を増やす（育児期間が終わった女性に職場復帰をしてもらう）」ことも、人口減少社会である日本には必要不可欠な課題です。しかし、やはり、企業にとって最も魅力的な労働力は、エネルギーや体力があり、何かに染まっておらず伸びしろが大きい「若者」です。

よって、Z世代を「ターゲット」や「消費者」という観点では全く見ていない企業でも、「人材」という観点では、彼らに対して急激に関心を高めているのです。

東京商工リサーチによると、２０１９年の「人手不足」関連倒産は４２６件（前年比10・0%増）で、13年に調査を開始して以来最多だった18年（３８７件）を上回っています。また、19年の「人手不足」関連倒産の内訳は、代表者や幹部役員の死亡、病気入院、引退などによる「後継者難」が２７０件（前年比２・８%減）で最多でしたが、その一方で「従業員退職」や「求人難」「人件費高騰」の割合が上昇しています。「人材確保（主に採用と引き留め）」と「人材育成」が日本企業全体の大きな課題となっており、少子化がまだまだ続いていくことを考えると、今後もその課題はさらに深刻になっていくことが予想されます。

以上、人口ボリュームが少ないにもかかわらず、今、日本全体で様々な企業や自治体やメディアが、Z世代に注目し始めている四つの理由を説明してきました。

「はじめに」で書いた通り、Z世代という言葉は、まだ一部の企業のマーケティングの現場やビジネスメディア上でしか使われていません。しかし、これら四つの理由から、今後、多くのシーンで日常的に使われるようになっていくでしょうし、彼らへの関心も間違いなく高まっていくでしょう。

では、続く2章から、「Z世代」が一体どんな人たちなのか、リアルに解明していきたいと思います。

# 2章　「ゆとり世代」との違いから見る「Z世代」の特徴

## 「ゆとり世代」は「消費離れ」と「同調圧力」

Z世代とは、一体どういう世代なのか?

それを明らかにするために、まず、彼らのすぐ上の世代であり、長らく今時の若者の象徴として扱われ、時に大変揶揄されてきた「ゆとり世代」について考えてみましょう。

「はじめに」に書いたように、私はちょうど10年前の2010年、光文社新書から『近頃の若者はなぜダメなのか　携帯世代と「新村社会」』という「ゆとり世代」を分析した書籍を上梓しました。

この本には「ゆとり世代」の最大の特徴であり、その上の世代と最も異なる点は「消費離れ」と「同調圧力」であると書かれています。

最初に一つ目の「ゆとり世代」の「消費離れ」について説明しましょう。

### 暗い時代が生んだ「消費離れ」

図2-1は、「ゆとり世代」が生きてきた人生を表したものです。

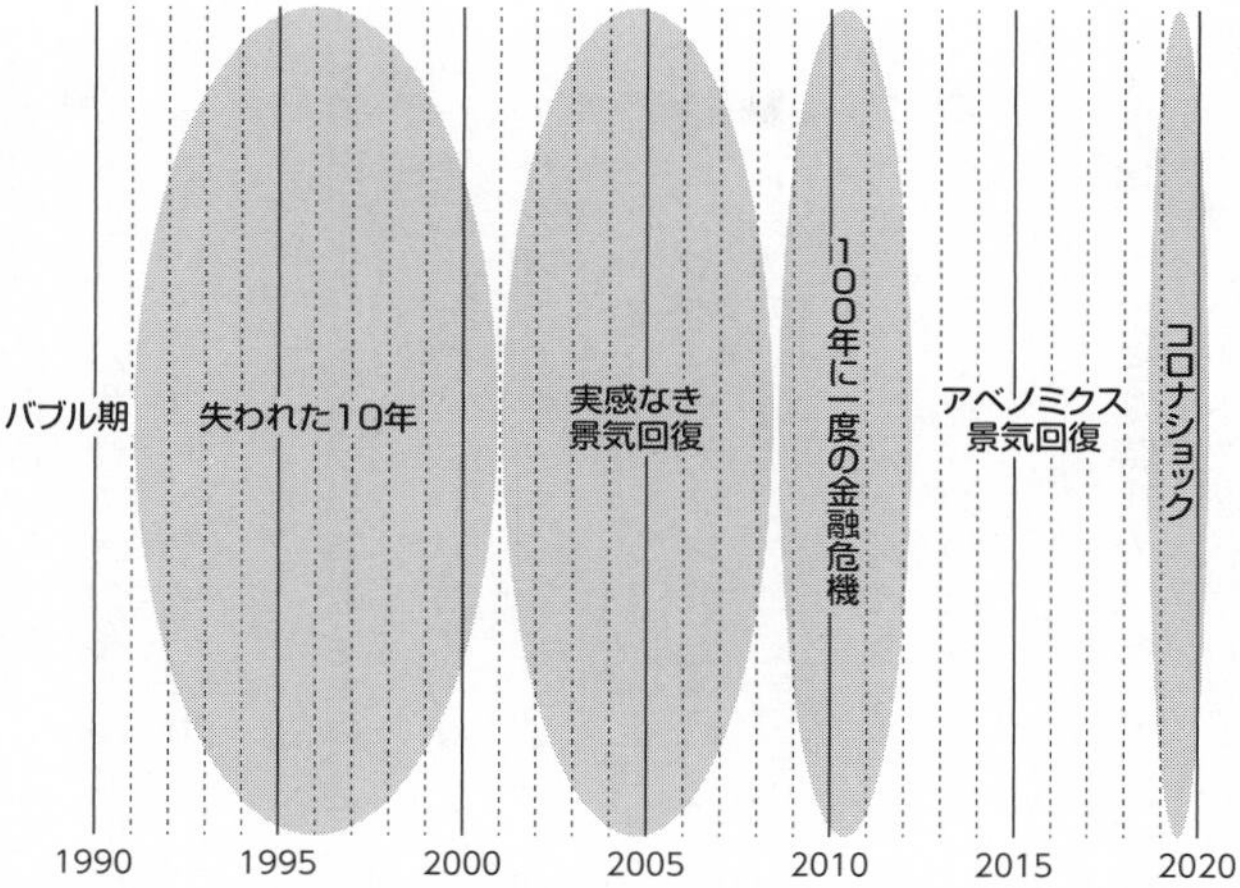


**図2−1 ゆとり世代（1987〜95年生まれ）の人生**

これを見ると、現在20代後半から30代前半の「ゆとり世代」にとって、日本経済が大変元気で、「ジャパン・アズ・ナンバーワン」と言われていたバブル経済期は今は昔。バブル期は、彼らが生まれる前か、記憶にないくらい幼少期の話です。

先日、テレビのバラエティ番組で、初期の「ゆとり世代」である渡辺直美さん（1987年生まれ）が、「バブルの時代に行ってみたい。路上で札束をチラつかせてタクシーをとめていたんでしょう？ そんな華やかな世界に憧れます」と話していました。

「ゆとり世代」にとって、今の中国のように世界2位のGDPを誇り、世界的にもプレゼンスが高かった日本のバブル期は、『バブルへGO!!』などの映画コンテンツ、あるいは親から昔話として語られて知ったものなのです。

「ゆとり世代」が生きてきた多くの時間は、バブル崩壊後の日本が経済的に弱っていった時期で、「失われた10年（あるいは20年）」「実感なき景気回復」「100年に一度の金融危機（リーマンショック）」などというキーワードで語られる暗いムードの時代でした。

バブルがはじけ、企業の業績が悪くなり、潰れる大企業も出てきて、若者は長期間就職氷河期に苦しみ（特に2008年のリーマンショック後の10～11年の新卒採用は「第二次就職氷河期」と呼ばれた。ちなみに「第一次就職氷河期」は、バブル崩壊直後の1993年頃から2000年代初頭までを指す）、非正規雇用が急増し、所得格差が広がり、給料もモノの値段も下がっていくデフレが進行した時代でした。

もちろん、12年の第二次安倍政権発足以降、アベノミクス景気もあり（アベノミクスには賛否両論あるが、若者目線で見ると、有効求人倍率が大幅に改善した点は大きなプラスとして捉えられる。ただ、この点も、長く続いた少子化により人手不足が生まれたからとの見方もある）、経済状況は好転しましたが、それはあくまでここ数年の話であり、基本的に「ゆとり世代」の生きた時代のほとんどは、彼らより上の世代が若者だった頃と比べると、経済的に大変暗いムードの時代だったということができます。

「ゆとり世代」の上の世代である団塊ジュニア世代（1971～74年生まれ）やポスト団塊ジュニア世代（1975～82年生まれ）も、就職活動時期以降、暗い時代を過ごしてきましたが、それ以前の思春期の頃までは日本経済が強く、日本のプレゼンスも世界的に高かった時代であり、彼らの人生の前半戦は大変明るい時代だったと言え、「生まれながらの不況」下を生きてきた「ゆとり世代」とは大きく異なります。

こうした時代背景の下、「ゆとり世代」は、大学の奨学金をもらう人が50％を超え、地方から首都圏の大学に進学した学生の1割が「親からの仕送り額が0円」となり、入社後の若手社会人時代の給料もバブル期に比べると少なく、非正規雇用も増え、同世代間の賃金格差も広がり、新卒採用が特別に難しかった時期（リーマンショック直後の10～11年の第二次就職氷河期世代）もありました。

こうして「ゆとり世代」は、上の世代が若者だった頃に比べて、「消費離れ」を引き起こしたのです。

これが図2－2のような、いわゆる「若者の○○離れ」と言われる原因になっているのです。

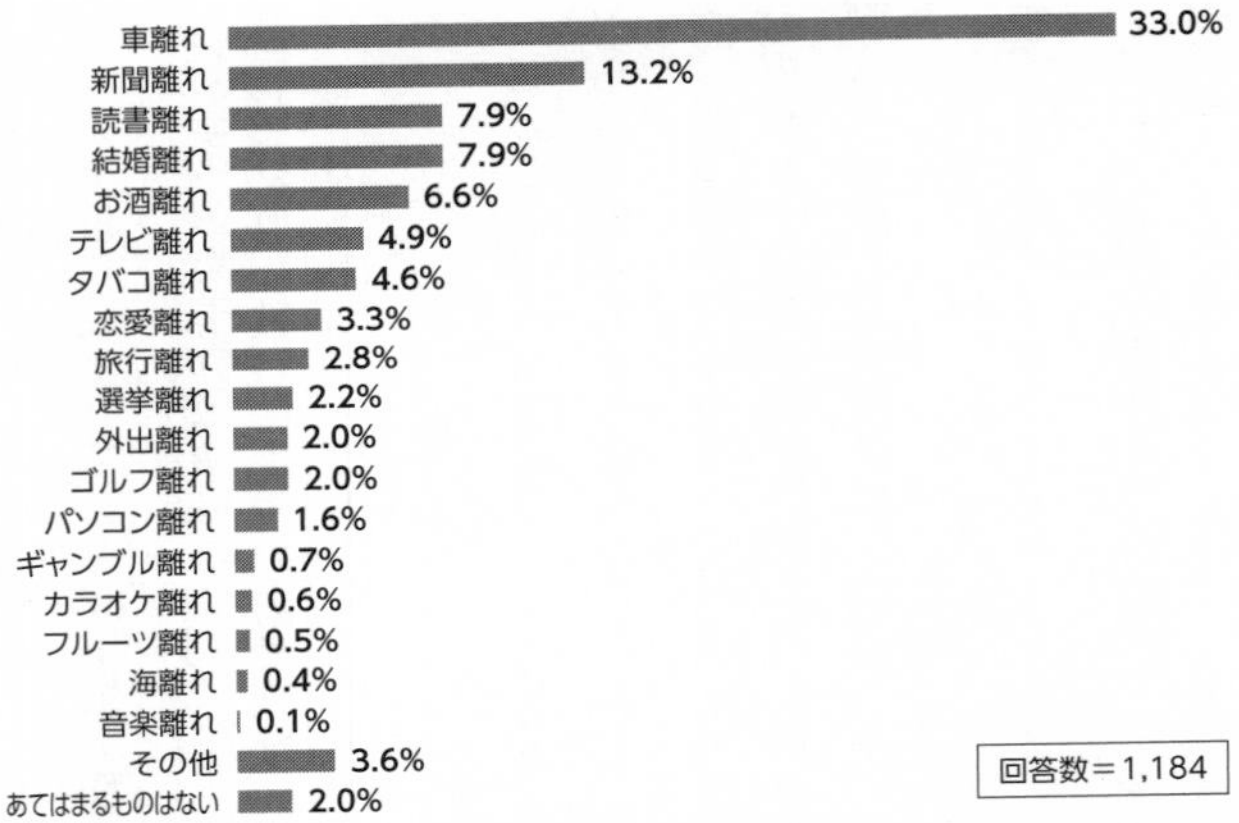


**図2－2　「あなたが感じている『若者の○○離れ』をお選びください。」の調査結果**

出典：DeNAトラベル

彼らの「消費離れ」の原因として、「ゆとり世代は上の世代が若者だった頃に比べてお金がなくなったので、消費したくても物理的に消費ができなくなった」という説と、「ゆとり世代はこうした暗い時代背景の中を生きてきたので、そもそも消費に対する興味が上の世代ほどは根付かなかった」という説がありますが、どちらもある程度真実だと思います。

10年前の『近頃の若者はなぜダメなのか』では、消費離れした多くの「ゆとり世代」の若者に行ったインタビューを掲載しています。

群馬県沼田市の失業中の当時23歳の男性は、希望月収を聞くとなんとたったの3万円。失業中のため、自信を失っていたタイミングだったのかもしれませんが、それにしてもあまりに少な過ぎる額です。しかし、彼は実家に住んでおり、今後も住み続けるつもりで、特に買いたいものもないので、3万円あれば十分に1カ月過ごすことができ、それ以上の欲はないとのことでした。

東京のJR山手線の駒込駅に住んでいる若者は、竹馬の友である地元の友達と地元の安い店にしか行かず、せいぜい最も近い繁華街である池袋にたまに行くくらいの生活を送っているので、山手線に乗ればたったの25分で着く渋谷をあまりに遠く感じ、行く気が起きない、と話してくれました。刺激を求めて渋谷や六本木に行きたいとか、非日常を求めて海外に行きたいと思ったことすらなく、今の地元密着生活が本当に楽しいとのことでした。

バブル期には「アッシーくん」(女性に頼まれ、自家用車で送り迎えをする男性のこと)、「メッシーくん」(食事〈メシ〉を女性に奢らされる男性のこと)、「ミツグくん」(物品などを女性に贈らされる男性のこと)、「3高」(女性が結婚相手の男性に求める三つの条件である高学歴、高収入、高身長のこと)など、「お金」や「欲望」を表すキーワードがその当時の若者を象徴するものであったことを考えると、たった20年あまりで大きく様変わりしたことが分かります。

## 携帯電話と「同調圧力」

「ゆとり世代」の特徴の二つ目は「同調圧力」です。

「ゆとり世代」が自分の携帯電話を持ち始めたのは、平均すると大体中学3年生から高校1年生の時で、これはZ世代も変わりません（詳細は3章で後述します）。この年代から携帯電話を持ち始めた最初の世代が、この「ゆとり世代」近辺の人たちです。

もちろん、例えば豊かな住人の多い東京の港区あたりでは、もっと低年齢の頃から携帯電話を子供に持たせる家庭が他のエリアよりも多かったり、居住エリアや家庭の所得事情によって子供が携帯電話を持ち始める年齢は変わりますが、ほとんどの「ゆとり世代」は、これくらいの年齢の時に個人で携帯電話を所有するようになりました。

では、思春期のこの時期から携帯電話を持ち始めるようになったことで、「ゆとり世代」に表れた上の世代とは違う特徴とは、一体どのようなものなのでしょうか？

思春期に携帯電話を持っていなかった「ゆとり世代」より上の世代の場合、例えば中学3年生の卒業式で、同級生の男子2人で「俺たち、別々の高校に行くことになったけど、親友として卒業後も頻繁に会おう」と誓い合ったとします。そして実際に、卒業後もある程度の期間は頻繁に会い続けたとしましょう。しかし、別々の高校に進学したので、少し時間が経つと、携帯電話がない不便な時代だったが故に、徐々に連絡が途絶えがちになり、互いにそれぞれの高校に友人も増え、高校生活にも慣れ、いつの間にか会う頻度が減っていく……。

携帯電話普及以前の若者の人間関係は、こうした形が一般的だったと思います。

今、思い出しましたが、私も中学卒業後、親友の男子と別々の高校に行ったためになかなか会えなくなり、お互いの友情を確かめ合うために、大変恥ずかしながら、しばらく文通していました。しかし、高校生活に慣れるにつれ、最初は熱く男の友情を綴っていた手紙の文章も、徐々に軽薄なものになっていき、いつの間にか文通も途絶えてしまいました。

ところが、「ゆとり世代」近辺の携帯電話世代になると、違う高校に進学した2人が、中学卒業後も頻繁に会い続けようと互いに思えば、携帯電話や携帯メールやｍｉｘｉという連絡手段の登場により、簡単に連絡が取り合えるようになり、会い続けられるようになりました（もちろん、携帯以前も固定電話という連絡方法はあったが、親が出てしまう可能性もあり、携帯電話や携帯メールに比べて圧倒的に心理的ハードルが高かった)。

高校では新しくできた友達と仲良くし、帰宅後は地元の中学時代の友達と携帯で連絡を取り合って一緒に遊ぶ――こうした「人間関係の維持」が、携帯電話登場以前の時代よりはるかにしやすくなりました。

つまり、携帯電話や携帯メールやｍｉｘｉの登場によって、一度つながった人との関係が、人生のステージが上がってもずっと継続されていくようになったのです。

人生のステージが上がるたびに、人間関係がリセットされてしまうことが多い「フロー型の人間関係」だった過去と違い、携帯電話登場以降の「ゆとり世代」の時代は「ストック型の人間関係」に大きく変化したのです。

## 「新村社会」と「ｍｉｘｉ八分」「ＫＹ」

このストック型の人間関係のことを、『近頃の若者はなぜダメなのか』では「新村社会」と呼んでいます。

これは、携帯電話やメールやｍｉｘｉの普及により、若者たちが多くの人とつながり過ぎるようになったことで、まるで昔の日本に逆行したように、陰口や噂話が横行し、出る杭は打たれるという新しい村社会が誕生した、ということを意味しています。
その結果、「ゆとり世代」の間では強い同調圧力が生まれ、その和を乱す人たちには大きな制裁が加えられるようになりました。

ＳＮＳのｍｉｘｉが「ゆとり世代」に普及した２００７年頃、「ｍｉｘｉ八分」（ｍｉｘｉのコミュニティで自分だけがハブられ、村八分にあったような状態になってしまうこと）という言葉が流行りました。『近頃の若者はなぜダメなのか』にも、「村八分にならないためのルール――新村社会の掟と罰」という章があり、「ゆとり世代」がいかに周りの顔色をうかがいながら生活しているかを克明に描いています。

また、２００７年、「ユーキャン新語・流行語大賞」で「ＫＹ」という言葉がノミネートされました。これは「空気が読めない」の略で、場の空気を乱す人のことを指し、若者発の言葉として広がったと言われています。

この二つの言葉（ｍｉｘｉ八分とＫＹ）が、「ゆとり世代」の間で携帯電話やｍｉｘｉを起点に生まれた「新村社会」の人間関係を象徴しています。

ここまでの話をまとめてみましょう。

長引く「平成不況」により「消費離れ」が、「携帯電話やｍｉｘｉ」の普及により「同調圧力」が「ゆとり世代」の間で生まれ、これが上の世代（団塊ジュニア世代やポスト団塊ジュニア世代）と彼らを大きく隔てるポイントとなりました。

結果、「ゆとり世代」は、上の世代が若者だった頃に比べると、消費意欲、消費金額、行動範囲などが狭くて小さい「スモールライフ」を送るようになりました。「若者の○○離れ」や「草食男子」など、「ゆとり世代」の若者を言い表す流行語の多くは、こうした背景の下で作られたのです。

## 「ダイヤモンドの卵」

ここまで「ゆとり世代」の特徴を振り返った上で、では、その次の世代であり、本書のテーマであるZ世代は、どのような点が「ゆとり世代」と変わったのか見てみましょう。

まず、「ゆとり世代」とZ世代では、生きた時代背景が大きく異なります。「ゆとり世代」が生きた時代の大半は、前述した通り、「平成不況」下でした。しかし、Z世代は、人生の多くを「アベノミクス経済」下で過ごしています。

もちろん、前述したように、アベノミクスには賛否両論があります。雇用を増やした、株価を引き上げた、大企業を儲けさせたなどの意見は「賛」であり、国の借金を増やした、非正規雇用を増やした、実質賃金を下げた、一人当たりGDPの国別での順位を下げた、などの意見は「否」でしょう。

しかし、若者目線で見ると、アベノミクスが生活の最も基礎となる雇用状況を大幅に良くしたことだけは間違いありません。

「ゆとり世代」では、リーマンショックによる「第二次就職氷河期世代」（2010～11年頃は、大学生の6人に1人が就職浪人したと言われた）が生まれましたが、12年の第二次安倍政権誕生以降、若者たちの就職内定率や有効求人倍率は大幅に上がっていき、Z世代は様々な企業の人事たちから「ダイヤモンドの卵」（戦後、地方から東京に集団就職した若者たちのことを「金の卵」と称したのに対し、「金の卵」以上に貴重な存在という意味）と呼ばれるようになりました。

こうした雇用状況の改善については、アベノミクスの恩恵ではなく、少子化が長く続いたために、地方や中小企業を中心に人手不足の状況が生じただけだ、という意見もありますが、どちらが原因だったにせよ、「ゆとり世代」の時の雇用状況とZ世代のそれには大きな変化があったことだけは間違いありません。

ちなみに、新型コロナによって「第三次就職氷河期」がやってくる可能性はあります。一方、新型コロナによってZ世代の就職状況はある程度悪化するだろうが、これだけ少子化が長く続いた影響の方が大きく、慢性的な人手不足状況による人材としての若者の価値が大きく変わることはない、という意見もあり、どちらが当たるかはもう少し経ってみないと分かりません。

ここまでの話を一旦まとめます。

「失われた20年」と呼ばれ、バブル崩壊の暗いムードが長引く中、「ゆとり世代」は「第一次就職氷河期」の余韻が残る時代を生き、一部は「第二次就職氷河期世代」とも呼ばれました。

一方、Z世代は、アベノミクス景気や超人手不足の中、超売り手市場で「バブル期超え」や「ダイヤモンドの卵」と呼ばれました（少なくともコロナ禍前までは）。

このように、「ゆとり世代」とZ世代は、連続した世代でありながら、生きた時代背景が大きく違うことがお分かりいただけたと思います。

「平成不況」によって「消費離れ」を起こした「ゆとり世代」に対し、Z世代は、アベノミクス景気と長く続く少子化、加えてそもそも同世代人口が少ない（「ゆとり世代」の初期の人たちが1学年で120万人いたのに対し、「Z世代」は110万人にまで減っている）ことによる「超人手不足」によって、進学、バイト、就活、転職と、「ゆとり世代」と比べると、不安や競争の少ない安心・安定した生活を送ってきました。

## 「逆求人」サイトの誕生

私もこの数年、Z世代から、彼らの恵まれたバイトの就業状況の話を散々聞いてきました。

「バイトの時給が、年々上がっていく実感があります。時給を高くしないとバイトの応募がこなかったり、バイトがすぐに辞めちゃうみたいで」

「居酒屋など若者に不人気な肉体労働的なバイトは、単に時給が高いだけでは人が集まらなくなっており、数カ月に一度、皆で飲み会をやったりBBQをやったりして、バイトメンバー同士の仲を良くさせて、少しでも辞めにくい状況を作っているところが多いです。もちろん、こうした懇親会の費用は全てお店持ちです」

就職活動でも、この数年で、いわゆる「逆求人サイト」が盛り上がってきており、これも「Z世代」の恵まれた採用・就業状況を表しています。

「逆求人」とは、求人に対して学生が応募する従来型の就活スタイルとは異なり、学生がそのサイトに自分の強みや学生時代にやってきたことなどのプロフィールを載せ、それを見て魅力を感じた企業側からその学生にアプローチをするというスタイルの採用サイトです。

アベノミクス以降、2012年あたりから続く超売り手市場の中、従来の求人サイトで募集をかけても、学生からの応募が十分に得られない企業（主に知名度の低い企業、不人気の企業、中小企業）が増えていることがこうした逆求人サイトの誕生や普及の背景にあります。

逆求人サイトとして有名なものとして、OfferBox、キミスカ、doda キャンパスなどがあります。

逆求人サイトの中でも大変ユニークなものとして、ビズリーチが運営する「ニクリーチ」というものがありました。

これは「就活生と企業をお肉で繋ぐサービス」というコンセプトで、スカウトがきた就活生は企業から焼肉を奢ってもらえ、企業の人事担当者と交流できるというものです（ただし、2015年に始まったこのサービスは、コロナ禍の2020年7月30日に終了）。

就活生が焼肉をご馳走になりながらその企業の話を聞くことができる――まるでバブル期を彷彿とさせる、いや、それ以上のダイヤモンドの卵っぷりと言えます。

同世代の人口が多いので競争も激しく、加えてバブル崩壊によって景気も悪く、就職やバイトの状況が恵まれていなかった「ポスト団塊ジュニア」（1975～82年生まれ）の私は、いつもZ世代の話を聞いて、羨ましく思ってしまいます。

ただし、新型コロナの感染が広まってから急に、「バイトの面接って、どんなバイトでも基本的には落ちることはないものだと思っていましたが、コロナになってから周りで落ちる友達が増え、本当に驚きました」といった発言をZ世代の学生たちからたくさん聞くようになっています。また、前述したように、新型コロナによって第三次就職氷河期が生じる可能性もあるので、今後、少し状況が変わっていく可能性がある点は留意しなくてはいけません。

## 「chill（チル）」という価値観

少なくともこれまでのZ世代は、進学、バイト、就活、転職と、「ゆとり世代」と比べると、不安や競争の少ない生活を送ってきたので、彼らは「chill（チル）」という価値観を持つようになりました。

「チル」とは、元々はアメリカのラッパーたちのスラングで、「chill out」の略です。日本語では「まったりする」という言葉が近いニュアンスだと思います。

Z世代に人気の、自身もZ世代であるラッパーの空音やRｉｎ音が、上の世代のラッパーと違い、ダウンテンポのラップを歌っていることも、同じくZ世代に人気のYouTuberであるEvisJap（えびすじゃっぷ）が、andchill（アンドチル）というネーミングのアパレルを立ち上げたことも、Z世代の「チル」という感覚を象徴しています。

私があるZ世代に電話し、飲みに誘おうと「今、何してる?」と聞いた時に、「今っすか？　今、自分の部屋でネフリでチルってます（ネットフリックスを見ながらまったりしています）」という返事をされたことがありますが、例えば、このように使うようです。

私が日頃からたくさんのZ世代と接する中でも、チルっている人が多いと感じます。チルっているということは、マイペースに居心地よく過ごすということであり、会社などの組織の論理で彼らを動かそうとすることが、本当に難しくなっていることを意味します。

20年以上もの長い間、若者研究を続けている私の感覚では、第一次就職氷河期の余韻が残り、第二次就職氷河期世代もいた「ゆとり世代」が学生だった頃は、私の研究を手伝ってくれている彼らにやる気を出させるために「こんなこともできないと、どこにも就職できないよ」などと、就活不安につけ込んだ「危機感訴求」をすると、それが大変効果的で、彼らの目の色が変わっていました。

ところが、逆求人サイトが全盛の、超人手不足の時代を生きてきたZ世代には、この「危機感訴求」はあまり効かなくなっています。

なぜなら、「原田さんは、そんなことじゃ就職できないというけど、ゼミのアホな先輩は結構いいところに就職できているけどなあ」という反論がすぐに彼らの頭に浮かんでしまうほど、時代が超売り手市場になったからです。

また、Z世代は「働き方改革」や「ワークライフバランス」というキーワードの普及とともに育ったわけですが、こうした「チル」という価値観と相性の良い「優しい時代」になっていったことも、彼らがこうした世代特徴を形成する一因になったかもしれません。

以前、大手レコード会社のエイベックス代表取締役社長（当時）の松浦勝人氏が、三田労働基準監督署から「実労働時間を管理していない」「長時間残業をさせている」「残業代を適正に払っていない」と指摘され、改善勧告を受けた時に、「好きで仕事をやっている人に対しての労働時間だけの抑制は絶対に望まない。好きで仕事をやっている人は仕事と遊びの境目なんてない。僕らの業界はそういう人の『夢中』から世の中を感動させるものが生まれる。それを否定して欲しくない」といった内容をブログに書き、炎上したことがありました。

戦後の根性論が残っている最後の世代である私からすると、松浦氏の意見に共感してしまう面もありますが、優しい時代を生き、「チル」という価値観を重視するZ世代の多くに、この考えは通じなくなっているように思います。

どんなに楽しい仕事であっても、チルっているマイペースな彼らはプライベートの方が大切で、プライベートを超えるほど魅力のある仕事はそもそも存在しない……これがZ世代の多くの考え方であるように思います。

## 「チル」を象徴する「シーシャ」ブーム

彼らの「チル」という感覚を最も象徴しているトレンドアイテムが「シーシャ」です。「シーシャ」とは水タバコのことで、中東発祥と言われています。

日本では、バブル期以降に様々な国の料理店が開店し、その中の中近東料理を提供するレストランでシーシャが吸えるところが増えました。

それからだいぶ時が流れ、世界のZ世代の間でのシーシャブームもあり、この数年、中近東料理店以外でも、シーシャが吸えるカフェやバーが日本の大都市部を中心に増えています。

先日、Z世代たちにインタビューするために秋田に出張した際に、一軒だけシーシャが吸えるバーがあり、そこへ行くと可愛らしいZ世代のOLさんたちがシーシャを楽しんでいました。

この日本のシーシャブームの中心にいるのが、Z世代の若者たちです。シーシャは、彼らの「チル」という価値観を最も象徴的に、そしてオシャレに具現化したものであり、彼らの世代的アイコンになりつつある、と言ってもいいでしょう。

## 「ガラケー第一世代」と「スマホ第一世代」の違い

「ゆとり世代」の特徴の一つとして、思春期から携帯電話を持ち始めた最初の世代であり、それによって「同調圧力」が強くなった、というものがありました。

ここで重要なのは、「ゆとり世代」は確かに「携帯電話第一世代」ですが、もっと厳密に言うと「ガラケー第一世代」である、という点です。

一方、Z世代は、1台目からスマホを持っている「スマホ第一世代」です。

思春期から携帯電話を持ち始めた、という点でこの二つの世代は共通していますが、実はこの思春期から「ガラケー」か「スマホ」かの違いこそ、この二つの世代を似て非なるものに特徴づけているのです。

これは余談ですが、日本の高校生、大学生の自分専用のパソコンの所有率は世界的に見て低く（少し前のデータだが、内閣府の「我が国と諸外国の若者の意識に関する調査」〈2013年度〉によると、16〜19歳の自分専用のノートパソコンの所有率は、日本58・0%、アメリカ83・3%、イギリス82・0%、ドイツ72・0%、フランス83・8%）、それだけ日本の若者は携帯電話依存が強く、彼らを分析する上で携帯電話というものが大きな一因子になっていることは、前提としてお伝えしておきます。

パソコン並みの機能があるスマホと違い、ガラケーは画面も小さく、検索結果の量や質にも限りがあり、スマホほど検索行為は行われませんでした。

また、様々な機能も制限されていたため、「ガラケー第一世代」だった「ゆとり世代」は、前述のように、携帯メールやｍｉｘｉや「前略プロフィール」（いわゆるプロフサイトの先駆けで、手軽に携帯電話で自己紹介ページが作成できるもの）などの主に人間関係ツールを多く使用し、その結果、「同調圧力」が強くなりました。

これに対し、Z世代は「スマホ第一世代」であり、検索もするし音楽（一応ガラケーでも音楽を聴けたが、スマホと比べると色々な制限があった）も聴くし動画も見るなど、多様な機能を使いこなすようになっています。

## 強い「自己承認欲求」「発信欲求」

ＳＮＳの先駆けであるｍｉｘｉを使いこなしていた若い頃の「ゆとり世代」は、「新村社会」や「ｍｉｘｉ八分」というキーワードが示すように、ＳＮＳに大変翻弄《ほんろう》されていました。

しかしZ世代は、ＬＩＮＥに「ブロック機能」（つながった人を遮断し連絡が取れないようにする機能）があったり、ツイッターやインスタグラムに「鍵機能」（承認した人しか自分のページを見られないようにする機能）があったり、インスタグラムに「親しい友達機能」（自分が投稿したものを親しい友達にしか見せないようにする機能）があったりして、嫌な人と極力関わらなくて済んだり、自分の伝えたい人だけに伝えたい情報を伝えられるようになりました。

そのため、「ゆとり世代」のように、大して親しくない人や嫌いな人とも関わり、出る杭にならないように、陰口や噂話を流されないようにと「新村社会」の過剰な「同調圧力」に押し潰されるケースは減ってきています。

もちろん、たくさんの人とSNSでつながっている状況自体は「ゆとり世代」の時と変わらないので、新村社会が全くなくなったわけではありませんが、周りの顔色をうかがって怯えるというより、自己ブランディングのために何を発信するか、ということに頭を割くようになった、という点が大きな違いです。

SNS上で叩かれたくないという「同調圧力」と「防御意識」が強かった思春期時代の「ゆとり世代」と、周りからの心象が悪くならない範囲で、SNS上で周りと同程度に自己アピールしたいという「同調志向」と「発信意識」が強いZ世代――。このように説明すると、この2世代の似て非なる特徴の違いが示せるかもしれません。

## 「闇バイト」「大麻使用」と同調志向

Z世代の「同調志向」を悪い意味で象徴しているのが、この数年大変問題になっている、いわゆる「闇バイト」の横行です。「闇バイト」とは、特殊詐欺グループがSNS上で「楽して稼げる」「高額報酬」などの巧みな文言で大学生や高校生を引き込み、犯罪に協力させ、使い捨てにすることです。彼らは、SNS上で闇バイトをやっている他の人を見ると安心し、ついつい同調してしまうのです。

また、闇バイトのみならず大学生の大麻使用（売買）も今、大きな社会問題になっています。2018年以降だけで、追手門学院大学アメリカンフットボール部、京都精華大学、同志社大学、日本大学ラグビー部、長崎大学の学生が大麻取締法違反で逮捕されています。近畿大学サッカー部と東海大学野球部は、部員の大麻使用の疑いで無期限活動停止になりました。これも、悪い意味でのZ世代の「同調志向」が表れてしまった例です。

中には「同調圧力」として、先輩などに「俺もやるからお前もやれ」と言われてやったケースがあるかもしれませんが、Z世代の間では、昔に比べて「縦社会の人間関係」は大変希薄になっています。「他の人もやっているからいいか」と思いやすいSNSによって生まれた「横社会の人間関係」による「同調志向」が、Z世代の間では原因になるケースが多いように思います。

いずれにせよ、普段一見温和に見えるZ世代が、周りと同調して悪事に手を出すケースも増えているので、親御さんや教育関係者は、彼らのこうした特徴を知っておくべきでしょう。

**「連れション離職」「連れション就職」「連れションバイト」**

もちろん、闇バイトや大麻に手を出す子は、Z世代の中のごく一部ですが、日々、Z世代の高校生や大学生と接している中で、私も彼らの同調志向を感じることがたくさんあります。

例えば、私の仕事を手伝ってくれている学生たちとのLINEグループの中で、私が「皆に質問！　今年のハロウィンはどんなコスプレが流行ると思う？」と書き込んでも、多くの場合、誰からも返信がありません。きっと面倒くさかったり、最初の一人になるのが嫌だったりするのだと思います。ところが、一人が返信すると、雪崩《なだれ》を打ったように多くの子が返信を始めるのです。

一人の若手社員が辞めると、他の若手社員もそれに触発されて辞める……こういった「連れション離職」も、全国の企業で増えているという話をたくさん聞きます。逆に「連れション就職」や「連れションバイト」も増えているようです。

最近私は、彼らの同調志向を利用し、一人のサクラの学生にLINEグループへの返信をお願いすることで、他の学生の返信意欲を刺激するようにしていますが（笑）、学校や企業サイドの方も、この同調志向を利用して彼らを動かすのがよいと思います。

TikTok For Business Japan の「Z世代白書2020」(24歳までをZ世代と定義)によると、「動画を見て気になることがあったらコメントを見てしまう」(Z世代56・1%、25歳以上37・2%)、「動画や投稿を見たらとりあえずコメントを確認してしまう」(Z世代61・4%、25歳以上27・0%)などの項目でZ世代の数値が高く、彼らが他の人が書き込むコメントをかなり気にしており、上の世代より同調志向が強いであろうことが想像できます。

## 「ヤラセのいいね」

スマホの普及や、SNSの機能の進化の結果、Z世代は「ゆとり世代」以上に、同調志向を持ちながらも「自己承認欲求」や「発信欲求」を強く持つようになりました。

思春期からインスタグラムを使い、周りから「いいね」をもらって自己承認欲求を満たして過ごしているので、「自己承認欲求」や「発信欲求」が強くなるのは必然と言えるかもしれません。

以前、あるZ世代の学生に、半分冗談でしょうが、こんなことを言われたことがあります。

「原田さんはテレビにも出ていて、それなりに有名でそれなりにインスタのフォロワーも多いのに、何かを投稿した時にフォロワーからもらえる『いいね』の数が少な過ぎます。人気ないんじゃないんですか（笑）？」

私に人気がないことを否定するつもりはありません。しかし、私の世代でインスタグラムを熱心にやっている人は多くなく、私のフォロワーには友人があまりいません。私のフォロワーのほとんどは、たぶん私のことをテレビや本で知った人です。つまり、私が自分の投稿で「いいね」をもらうということは、道端で大道芸をやって、知らない人に拍手をもらうのと同じくらいハードルが高いことなのです。

一方、彼らのインスタのフォロワーの多くはリアルな友達で、かつ、彼らの間では友達の投稿に対して「いいね」を押すことが、半ばマナーのようになっています。いわば、サクラを集めて道端で大道芸をやり、拍手をもらっているのと同じような状況で、彼らに下に見られるのは到底納得がいきません。加えて、「ヤラセのいいね」をもらって自己承認欲求を満たせるものなのか……？　とも疑問に思いますが、それでも投稿し続けるということは、半ばヤラセと分かっていても気持ち良くはあるのでしょう。

## 見えにくいZ世代の「自己承認欲求」「発信欲求」

ただし、いくらZ世代の「自己承認欲求」と「発信欲」が強くなっていると言っても、前述の通り、あくまでSNSで多くの人とつながり、多くの人の目を意識した上での「やんわりした」発信なので、中高年の目から見ると、あまりそれが強いとは感じられないかもしれない点にご注意下さい。

今や「れいわ新選組」の代表を務める政治家であり団塊ジュニア世代の山本太郎さん（1974年生まれ）が、高校時代に「天才・たけしの元気が出るテレビ!!」の人気企画だった「ダンス甲子園」で、水着に水泳帽、素肌にローションを塗って胸に「メロリンキュー」の文字を書き、「メロリンキュー！」と叫んでいたことを考えると、上の世代が若者だった頃の方が「自己承認欲求」や「発信欲求」が強かったと感じる人もいるでしょう。

彼と同世代で、かつて「ヒルズ族」だったホリエモンこと堀江貴文さん（72年生まれ）の若い時の「自己承認欲求」や「発信欲求」を思い出してみても、かつての世代の方が、SNSがなかった分、SNS上でつながった多くの周りの友人の目を気にすることなく、全力全開で目立つことができていたのだと思います。

昔ほど個性主張が露骨ではないので、一見分かりにくくなっていますが、SNS上での多くの人の目を気にしながらも、Z世代は「自己承認欲求」と「発信欲求」が強いのです。

前出の「Z世代白書2020」によると、Z世代は、上の世代（この白書では25歳以上と定義）に比べ、「周囲の人と比べて自分が浮いていないかいつも気になる」（Z世代46・9%、25歳以上33・2%）と「人が自分をどう思っているかを気にする」（Z世代73・4%、25歳以上58・5%）の数値が高く、周りの目を気にする傾向が強い一方、「人と違う個性が重要だ」（Z世代74・9%、25歳以上60・4%）という項目の数値も高く、自らの個性を大切にしていることが分かります。

## つながることより発信がメイン

「ゆとり世代」のインフルエンサーであり、ツイッターやインスタなどの合計フォロワー数が160万人以上いる「ゆうこす」こと菅本裕子さん（1994年生まれ）が、私とある雑誌で対談した時に、こんな話をしていました。

「私たち（ゆとり）世代が若い時に使っていたmixiやフェイスブックは、『人とのつながり』を重視するメディアでした。しかし、そこで過度に人とつながったことで、『SNS疲れ』するユーザーが続出しました。その反動で、私たちより下の世代（Z世代）は、つながりよりも『発信すること』がメインのツイッターやインスタグラムが主軸になっていたんです」

確かにmixiやフェイスブックは、知り合いを見つけ、つながり、「交流する」ことがメインのSNSですが、ツイッターやインスタはどちらかと言うと「発信する」こと、または発信する人を「見ること」がメインのSNSであり、こうした「発信型のSNS」の普及とともに育ったことがZ世代の「自己承認欲求」や「発信欲求」を高めたのかもしれません。

## 高い一人っ子比率と成人男性の母子密着現象

また、SNSとは別の要因も、Z世代の「自意識」を過剰に高めているのではないかと私は考えています。

前述した通り、Z世代は「ゆとり世代」よりさらに少子化が進み、一人っ子比率もさらに高くなりました。2015年の「出生動向基本調査（結婚と出産に関する全国調査）」によると、一人っ子家庭の割合は18・6%、2人の子どもを持つ家庭は54・1%、3人は17・8%、4人以上は3・3%でした。1997年の同じ調査では、一人っ子家庭は9・8%であり、15年までの20年で約2倍に増えています。「8ポケッツ」（両親、祖父母、子供のいない叔父叔母の合計八つの財布が一人っ子の子供に向いているという意味）とも言われますが、多くの大人の目にふれ、等身大以上の消費をし、過保護に育ってきたことも、彼らの過剰な自意識に影響を与えているかもしれません。

私は彼らから、こちらが聞いてもいないのに親の話を聞く機会が増えました。

例えば、「母親が今日は飲み会に行くなというのでやめます」と言われ、大学生に約束をキャンセルされることがよくあります。こちらが奢るので、本来、奢られる側は断りにくいはずです。そもそも彼らが飲みたいということで企画した飲み会だったのにと、腹立たしい思いにもなります。何より、大学生の成人男子が母親に自分の行動を制限されることを素直に受け入れる、ということは、かつての日本男児の間では少なかったと思います。

「母がコロナで外に出るなと言っているので、原田さんと行くことになっていた宮崎出張に行けなくなりました」と数名の男子に出張の同行をドタキャンされたこともありました。

もちろん、未曽有のコロナ禍ですから、親御さんが心配する気持ちも分かりますし、コロナにかからないように行動に気をつけるべきだとも思います。しかし、長幼の序が厳しかったかつての時代であれば、みんなでドタキャンして上の世代に迷惑をかける選択はしにくかったと思いますし、多少のリスクを冒してでも、自分のやりたいことを貫いた若者が多かったのではないでしょうか。

ドタキャンをした1人の男子は、埼玉県の川口市で育ち、「自分は地方を知らないのでどうしても宮崎に連れて行ってほしい」と言ったので誘った経緯があったのですが……。

また、仲が良い異性を母親に会わせ、ゴーサインが出たら付き合う、という話もZ世代からたくさん聞くようになりました。子供の結婚相手に親があれこれ口を出すのは昔のお見合い全盛時代のようですが、ポイントは、子供がそれを嫌だと思っていない点にあります。

これはやや極端な例だと思いますが、母親が息子のインスタの異性の友達をチェックし、「この子可愛いし、いい子そうだから付き合ってみれば?」と勧めてきたり、子供の彼女や彼氏のインスタを見て、「この子性格悪そうだから付き合うのやめた方がいいよ」と言ったりするケースも結構あるようです。また、友達よりも親に恋愛相談をする子が、本当に多くなっているようです。

思春期の男子も、母の日に花束やプレゼントを贈るようになってきたので、この数年、「母の日市場」が拡大しています。母親と2人で海外旅行に行く大学生男子や、家族との写真をSNSに載せる子も増えています。親と共同で洋服や靴を使う子も増えていますし、これも極端な例だとは思いますが、お父さんと靴下を共有している女子高生もいました。

あるスマホ決済の広告があります。女子高生の娘が彼氏らしき男子とカフェで楽しそうにしているシーンをたまたま通りかかった父親が見かけて、彼氏と使うようにと、娘のスマホにスマホ決済でお金を送金し、それを娘がとても喜ぶ、という内容です。実はこの広告、Z世代の間では大変に評判が良いのです。

お金のない高校時代に、デート代をもらえることはうれしいでしょう。ただ、昔の感覚であれば、彼氏とのデートを見られたこと自体に、娘は憤りや気持ち悪さを感じたでしょうし、本当は欲しいお金も「いらない」と言った人も多かったかもしれません。

親と子供の仲が良いのは、基本的には素晴らしいことです。親に対して過剰に反発していた過去の世代の方が不器用だったとも言えます。

このようにZ世代は、SNS上では友達からたくさんの「いいね」をもらい、家庭では親からたくさんの「いいね」をもらうようになっています。こうした状況も、彼らの自意識を過剰に高める結果につながっているように思います。

## いつの時代も若者は自意識過剰だが……

団塊ジュニア世代の山本太郎さんやホリエモンさんの例のように、いつの時代も若者は自意識過剰であり、自己承認欲求が高いものだとは思います。しかし、思春期に携帯電話を持ち始める前の世代と後の世代では「離れた場所にいる人も含め、どれだけ多くの人に見られているか」という点が大きく異なります。山本太郎さんもホリエモンさんも、もし彼らがZ世代だったら、今と全く違う人になっていたかもしれません。

また、Z世代と「ゆとり世代」との比較で言えば、前述した通り「SNSの機能の進化やSNSリテラシーの向上もあり、『ゆとり世代』ほどはSNSに怯えなくて済むようになった」「発信型のSNSが普及した」「たくさんの大人の目にさらされて育った」といった環境の変化から、Z世代の承認欲求は大変高いものになりました。

ただし、彼らはその強い欲求を昔の若者ほど全面に出さず、「新村社会」への対処法として、婉曲的に匂わせるようになっているので、上の世代からはそれが見えにくくなっています。

「逆求人サイト」の「キミスカ」の方に話を聞いたことがありますが、前述したように、「逆求人サイト」がこれだけ普及したのは、深刻な人手不足に加え、Z世代の自己承認欲求が高いことも大きな理由の一つだそうです。

つまり、企業が就活生をスカウトする、ということは、学生が企業から承認されたことを意味し、これが自己承認欲求の高いZ世代とマッチした、というわけです。本当に必要だと思われていると本人が感じるスカウトの文章が企業から届くと、それまで全く志望していなかったその企業を志望するようになるようです。

甲子園の優勝投手に様々なプロ野球球団からスカウトが殺到するのなら話は分かりますが、何の実績もないただの学生をプロがスカウトするようになったのは、深刻な人手不足とZ世代の過剰な自己承認欲求によるところが大きいのです。

## 「9割褒めて1割は改善提案」

社員の多くがZ世代である某ベンチャー企業の人事の方に話を聞いたことがありますが、管理職に配られるマニュアルに、Z世代に接する時の態度の鉄則として、「9割褒めて1割は改善提案」と書いてあるそうです。

つまり、自己承認欲求の強いZ世代には、彼らの欲求を満たすために9割は「褒め」なくてはならず（仮に褒めるところがなくても）、残りの1割は「こうしたらもっと良くなるのに」と、決して否定ではなく、肯定した上での改善提案をするのが彼らを成長させるためには効果的だというのです。この割合を間違えると、彼らが辞めてしまう確率が上がるようです。

叱ってばかりの厳しい上司は言わずもがなですが、多くを語らず、俺の背中を見て学べ、といった昭和スタイルの上司も、180度考えを変えないといけません。「見て学べ」どころではなく、「9割褒めろ」の時代になっており、褒めもせずに多くを語らない上司は、ひどい場合、「育児放棄」ならぬ「若手放棄」という新しいレッテルを貼られ、SNS上で晒される時代になっているかもしれません。

コロナ禍でテレワークをする人が増えていますが、よくいろいろな企業から、子供のいる上司世代は家事と育児に時間を割けるのでテレワークを望み、仕事を対面で細かく教えてほしい新入社員はテレワークを望まず不満がある、という話を聞きます。入社して最初からテレワークの新入社員は気の毒ですが、これもZ世代の承認欲求を表しているように思います。

## 「いじり」を受け付けない

また、過剰に自意識が高くなっているZ世代の多くは、昔の世代の感覚で言うところの「いじり」を受け付けない人が多くなっています。「いじり」とは、『大辞泉』によると「他人をもてあそんだり、困らせたりすること」だそうで、芸事の世界などでは「客いじり」(漫才などの芸で、特定の観客と会話したり、舞台に上げたりして巻き込むこと)とも言い、古くからある言葉のようです。

よく「いじめ」と「いじり」の境界線について議論がなされ、愛があれば「いじめ」ではなく「いじり」だと言われたりします。

しかし、過剰に自意識が高いZ世代には「いじり」はほぼ通じなくなってきており、それを「シャレが通じない」などと思ってはいけません。

思春期からずっと家庭でもSNS上でも「いいね」をもらって生きてきている、いわば

「プチスター気取り」なＺ世代の若者たちに自分がおとしめられる面もある「いじり」が通じるはずがありません。仮に愛があっても、です。同世代の友達同士のいじりであれば問題ないケースもあるでしょうが、年齢が離れていれば基本的にいじりはダメ、と考えておいた方が無難です。

今、日本全国の小学校では、いじめにつながる可能性があるとして「あだ名禁止」のところが増えているようですが、先ほどのベンチャー企業の人事の方曰く、実はＺ世代社員に対してもパワハラと捉えられる可能性があるため、基本的にあだ名を禁止にしているそうです。

## 「自己承認欲求お化け」

日頃からたくさんのＺ世代と接している私も、彼らのことを「自己承認欲求お化け」と心の中で思ってしまうシーンが日々、本当にたくさんあります。

例えば、ある大学生が「ある仕事で長野に来ています」とインスタに投稿していたことがありました。でも私は、彼が本当は免許合宿のために長野に行ったことを知っていました。

例えば、ツイッターやインスタグラムのプロフィールに、自分を大きく見せようと「プロ女子高生」や「プロ女子大生」と書いているＺ世代の女子がたくさんいます。しかし、彼女たちの多くはただの女子高生や女子大生であり、一体何が「プロ」なのか分かりません。

SNSマーケティングをやっている会社でバイトをしているある女子大生は、バイトのことを前述の男子同様「仕事」と呼んでいます（免許合宿を仕事と呼ぶよりかはマシだが）。その彼女が手伝って作った、あるインスタグラムのアカウントのフォロワー数が20万人を超えました。それ自体は大変素晴らしいことだと素直に思いますが、「全ての女子高生が一回は見たことがあるアカウントを作ることができた」と解説してくれたのは、いただけませんでした。

4章で後述しますが、そもそも全ての女子高生がインスタをやっているわけではなく、また、20万人のフォロワーがいるアカウントは世の中にはいくらでもあるので、「全ての女子高生が一回は見たことがある」ということはほぼあり得ません（何を根拠に言っているのかは可哀想なので聞きませんでしたが）。

ある恋愛リアリティー番組に出演したことがある高校生男子は、恋愛リアリティー番組がZ世代に人気ということもあり、インスタグラムにたくさんのフォロワーがいます。いわゆる「インフルエンサー」として、様々な企業から、その企業の商品をSNSで宣伝するとお金がもらえる、いわゆる「案件」と呼ばれる仕事をしており（これは「仕事」と言ってもよい）、月に20万円くらい稼いでいるそうです。

これ自体はすごいことだと思いますが、高校生なのに常にタクシーで移動し、おじさんの私が羨ましくなるくらい豪快なお金遣いをしていました。完全に図に乗っており（本人にその自覚はないだろうが）、大学にも行かず、これで稼ぐと言っていましたが、今はもう恋愛リアリティー番組に出ていない彼の人気や注目度は今後下がっていく一方で、きっと案件も減っていくことでしょう。そもそも月に20万円では、大人になってから豊かな生活を送ることはできないのですが、あまりそのことは分かっていないようでした。

こうした「自意識過剰」で「嘘」の多い彼らのSNS投稿を目撃し、辟易してしまうこともたくさんありますが、まさにこの点こそがZ世代の大きな世代的特徴なのです。

**「ミー意識」**

私は、この彼らの「一見見えにくい過剰な自意識」を「ミー意識」と名付けました。

もちろん、昔から若者は自意識過剰であり、自分のことだけしか考えられないわがままな生き物だったと思います。しかし、長らく若者研究をしてきた私の実感で言うと、「ゆとり世代」が若かった頃まではまだ辛うじて、年功序列や縦社会的な感覚、組織に尽くす「for all」の感覚が残っていたように思いますが、Z世代の間でそれは大きく減り、代わりに「for me」の感覚が非常に強くなってきているように感じます。

ただし、これは必ずしも欧米のような個人主義化が進んだというわけではなく、あくまで同調志向の中で自意識を高めるという、昭和世代が理解するのには難しい感覚です。

「ミー意識」の強いZ世代は、周りから「いいね」という承認をもらって生きてきたせいか、また、多くの大人の寵愛を受けて育ってきたせいか、「プチ万能感」を持っていることも特徴です。ただし、この万能感も一見見えにくいので、「プチ」としておきます。

「Z世代白書2020」によると、「上に立つリーダーになりたいと思う」（Z世代30・3％、25歳以上17・1％）、「今の自分の社会的地位を維持しさらに高めることに力を注ぎたい」（Z世代38・0％、25歳以上26・5％）、「近い将来、実現可能な目標（夢）がある」（Z世代58・1％、25歳以上41・8％）などの項目で、Z世代の数値は上の世代より高く、彼らの「プチ万能感」を示していると言えます。

なお、プチ万能感を持つZ世代は、繊細さと脆さも同時に持っていることにご注意下さい。同白書でも「日常生活にストレスを感じている」（Z世代60・6％）、「日常生活に満足していない」（Z世代58・5%）、「孤独を感じることがある」（Z世代56・1%）などの項目でZ世代の数値は上の世代より高く、彼らは「プチ万能感」と「脆さ」を併せ持っています。

私も日々彼らと接する中で、彼らのプチ万能感になるべくイラっとしないように心を鎮め、繊細な心を傷つけまいと細心の注意を払っています。自分は「バカヤロウ」「死んで来い」などと会社で言われて育ったのですが……。

数年前にアメリカのコロンビア大学に行った時に、学生課の方が「今のアメリカの若者は自信満々なところとものすごく脆いところが特徴です」と言っていました。ひょっとすると、世界中のZ世代の間で、この「ミー意識」からくる「プチ万能感」と「脆さ」が共通の特徴となっているのかもしれません。

## 「スモールライフ」の「ゆとり世代」、「チル&ミー」のZ世代

これまでの話をまとめます。

「平成不況」により「消費離れ」が、「携帯電話」の普及により「同調圧力」が「ゆとり世代」の間で生まれ、彼らの主な特徴となりました。結果、「ゆとり世代」は、彼らより上の世代が若者だった頃に比べると、消費意欲、消費金額、行動力、行動範囲などが狭く小さい

「スモールライフ」を送るようになりました。

一方、アベノミクス景気、少子化による「超人手不足」により「チル」という価値観が生まれ、また「スマホ第一世代」で複数の「発信型のSNS」を使うようになったことにより、Z世代の間で「自己承認欲求」と「発信欲求」が高まり、過剰な自意識を表す「ミー」という意識が生まれました。

「スモールライフ」の「ゆとり世代」と「チル&ミー」のZ世代——この二つの違いこそが、この二つの世代の特徴の違いを最も言い表しています（図2-3）。

図2-4はもう少し細かく「ゆとり世代」とZ世代を比較したものです。こうした細かい違いを知っていただくと、Z世代への理解がより深まると思います。

ここまでの1章と2章で「なぜ、今、Z世代に注目すべきなのか」と「ゆとり世代との比較で見るZ世代の特徴」について解説してきました。

これでZ世代の特徴の全体像をざっくりご理解いただけたと思いますが、以下の章では、Z世代の価値観のさらなるディテールを解説し、肌感覚レベルで彼らのことを理解していただけるようにしていきたいと思います。

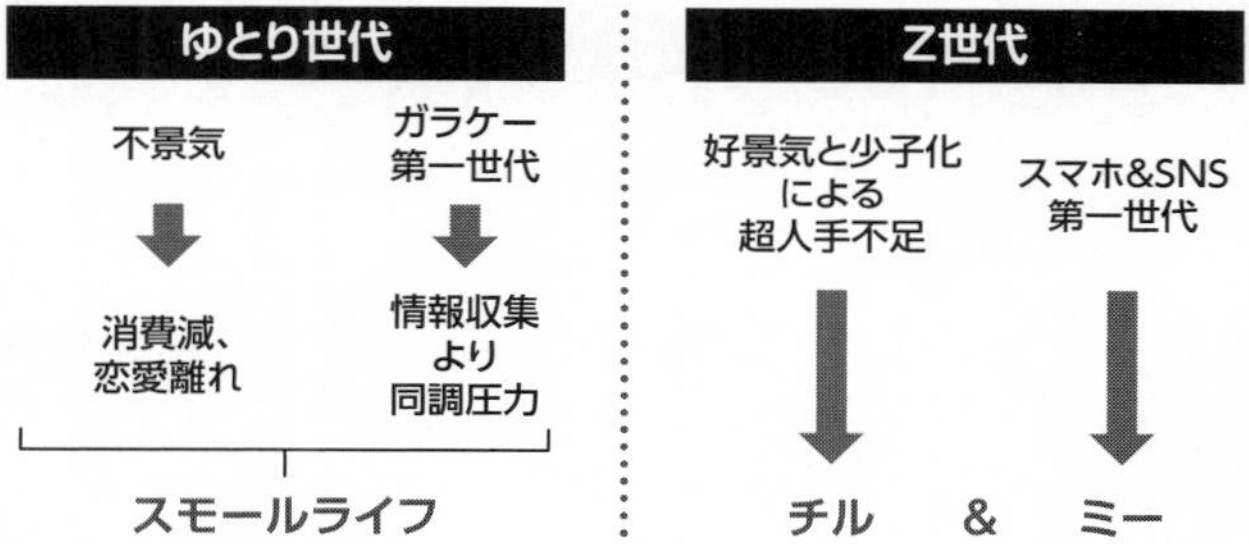


図2－3　ゆとり世代とZ世代の違い

| ゆとり世代 | Z世代 |
| --- | --- |
| **時代背景** | **時代背景** |
| ・少子化で競争が少ない<br>・物心ついた時から不景気<br>・一部、第二次氷河期（リーマンショック後）<br>・ゆとり教育 | ・さらに少子化で競争が少ない（ゆとり世代120万人、Z世代110万人）<br>・アベノミクス景気（現在はコロナ不安）<br>・脱ゆとり教育 |
| **特　徴** | **特　徴** |
| ・ガラケー第一世代<br>・将来不安「大」、自殺者「増」、満足度「高」<br>・超安定志向<br>・ケータイ、SNSによる同調圧力<br>・学級崩壊 | ・スマホ第一世代<br>・複数SNS（LINE、インスタグラム、ツイッター、TikTok）による情報収集、発信<br>・インスタ映え<br>・就職超売り手市場（ダイヤモンドの卵） |
| **消費・文化の背景** | **消費・文化の背景** |
| ・ポケモン、ワンピース<br>・セーラームーン<br>・ローティーンファッション<br>・私立中学受験が過去最高 | ・鬼滅の刃<br>・シーシャ（水タバコ）<br>・YouTuber、動画配信サービス<br>・メルカリ<br>・タピオカ |
| **恋愛・結婚** | **恋愛・結婚** |
| ・「恋人がいない」が過去最高<br>・専業主婦志向の高まり<br>・女子会、男子会<br>・婚活、街コン | ・マッチングアプリ<br>・パパ活、ママ活、港区女子<br>・性の多様化（LGBTQ） |

図2－4　ゆとり世代とZ世代の細かい比較

# 3章　Z世代と消費トレンド

本章では、Z世代と「消費トレンド」について解説していきます。

前述した通り、「ゆとり世代」の特徴の一つとして「平成不況」による「消費離れ」というものがありました。

彼らの下の世代であるZ世代は、消費意欲が突然、大きく改善されたわけではありませんが、「アベノミクス景気」のもとで育ち、8ポケッツで等身大以上の消費ができることもあり、消費意欲も消費行動も「ゆとり世代」が若かった頃より好転した、と言ってよいと思います。

また、フリマアプリのメルカリの普及などの影響もあります。メルカリでは希少価値の高いものであれば買った時の値段以上で売れたり、普通のものでも買った値段の7割くらいで売れたりする——つまり、そもそも売り値の3割の値段で買うことと同じなので、「消費離れ」を起こした「ゆとり世代」と比べて、Z世代は消費を少し躊躇《ちゅうちょ》しなくなっているように感じます。

では、2019年の上半期に彼らの間で流行ったモノやサービスを見ていきながら、彼らにどんなニーズが生まれているのかを考えていきましょう。

## 「間接自慢」

2019年の上半期に、Z世代の間で最も流行ったカテゴリーは、「診断シェア」です。私の造語である「診断シェア」の説明をする前に、まず、これまた私の造語である「間接自慢」の説明をしましょう。なぜなら、「間接自慢」のうちの一つの手法が、この「診断シェア」だからです。

「間接自慢」とは、直接的、ストレートに他人に自慢するのではなく、間接的、婉曲的に他人に自慢したいという欲求や、間接的に自慢する行為のことを指します。

前章で「新村社会」について触れましたが、リアルでもSNS上でも、直接的で露骨な自慢をすると、噂や陰口が広がりやすく、周りから煙たがられてしまうので、それを避けるために「間接自慢」という手法が生まれました。「診断シェア」は、その進化版です。

「間接自慢」の具体例をご説明します。

例えば、あるOLさんが、「東京出張行って来ました」という書き込みとともに、東京―高崎間の新幹線のチケットの写真を撮ってインスタグラムに投稿したとします。その投稿で彼女が言いたいのは東京出張の事実。だから、彼女はチケットを接写した写真を投稿すればいいはずですが、彼女が投稿した写真は、なぜか引きの絵で撮られており、端っこの方にマイケル・コースのブランドの財布が写り込んでいる――。

このOLさんが周りに本当に見せたいのは、東京出張の事実ではなく、実はマイケル・コースの新作のお財布なのです。でも、その財布を接写して、その写真とともに「新しい財布買いました。可愛いでしょう?」というコメントを投稿したら、「新村社会」では村八分にされかねません。

よって、本音では新しく買ったマイケル・コースの財布を自慢したいものの、それを東京出張というオブラートで包み、間接的・婉曲的に新しく買った財布の自慢をしているのです。こうした行為を、私は「間接自慢」と命名しました。

もう一つ間接自慢の例を挙げてみましょう。

例えば、ある女性が「テリーヌが美味しすぎた」という書き込みとともに、オシャレなレストランの料理（テリーヌ）の写真をインスタグラムに投稿したとします。その女性の言いたいことは、テリーヌの美味しさであり、本来、テリーヌだけが写っていれば、彼女の言いたいことは示せるはずです。ところが、なぜかその写真の端っこには、テリーヌと一切関係のないティファニーの箱が見切れて写っているのです。

テリーヌの美味しさを周りに伝えたいフリをしながら、こんなオシャレな料理の出るレストランに連れて来てくれて、ティファニーのプレゼントまでしてくれる素敵な彼氏が私にはいるのよ、ということを暗に周りにほのめかしているのです。

## 「間接自慢」と「匂わせ」

この「間接自慢」という手法は、最近では「匂わせ」と表現されます。

例えば、一般人の女性がある男性アイドルと付き合っているとします。男性アイドルは職業上、彼女がいることを絶対に公表できません。でも、一般人である彼女はどうしてもそれを周りに言いたい。言ってはいけないルールだということは分かっているけれど……。だから、その男性アイドルのＳＮＳに投稿されたのと同じ部屋で撮った写真を投稿し、その男性アイドルの熱烈なファンにそれを気づかせ、ひょっとしたらこの２人は付き合っているのではないか……と想像させるように仕向けるのです。

ちなみに、この女性がこうした匂わせ行為をするのは、人気男性アイドルと付き合っていることを周りに自慢したいのと、犬が自分のテリトリーを他の犬に示すために電柱におしっこをするのと同様、マーキングのためでもあります。

**「間接自慢暴き」**

いずれにせよ、こうした「間接自慢」は、インスタの普及以来、「ゆとり世代」が今よりもっと若い頃から存在していました。

しかし、「間接自慢」に気づいた人による「間接自慢暴き」が横行し、結果、周りから陰口を言われたり、炎上したりするケースが増加しました。

「間接自慢」による炎上で有名なのは、Z世代のタレントである井口綾子さん（1997年生まれ）のケースです。彼女がまだ大学生の折に「ミス・ミスター青山コンテスト2017」、いわゆる「ミスコン」に参加していた時の「スタバ事件」がよく知られています。

ミスコンにエントリーしている彼女がSNSに載せたある写真が賛否両論、「可愛すぎる」

という「賛」と、「あざとすぎる」という「否」の意見で真っ二つに分かれ、炎上しました。

その写真とは、彼女がスタバ店内で、抹茶系の飲み物を右手に持ち、コーヒー系の飲み物を左手に持ち、ニコッと笑っている写真なのですが、実はそのコーヒー系の飲み物のプラスチックのコップから、コーヒーがちょろちょろ漏れているのです。目を凝らして見ないとまったく気づきません。

この漏れに気づいた人々の間で、「天然で可愛い！」という意見と、「意図的にコーヒーまでこぼして、それに気づかない純粋さをアピールするなんてあざとすぎる！」という意見に分かれ、彼女は大炎上したのです。

彼女がこれを意図してやったのか、たまたまなったのかの真相は藪の中ですが、もし狙ってやったのだとしたら、「私ってコーヒーを垂らしても気づかないで笑顔で写真を撮ってしまうくらい天然で可愛いのよ」ということをアピールしたことになり、大変高度な「間接自慢」と言えます。

## 「間接自慢」と「診断シェア」

こうした「間接自慢」の横行、それに対する批判が増える中、2019年上半期に、Z世代の間で、「間接自慢」の進化版、いわば炎上しない「間接自慢」が大変流行り、今でもその流行が続いています。それが「診断シェア」です。

　これはアプリやサイトで自分のどこかを診断してもらい、その診断結果をSNS上に投稿し、周りにシェアすることで、「こんな診断結果が出るくらい私って〇〇らしいよ」ということを、間接的に自慢する行為のことを指します。

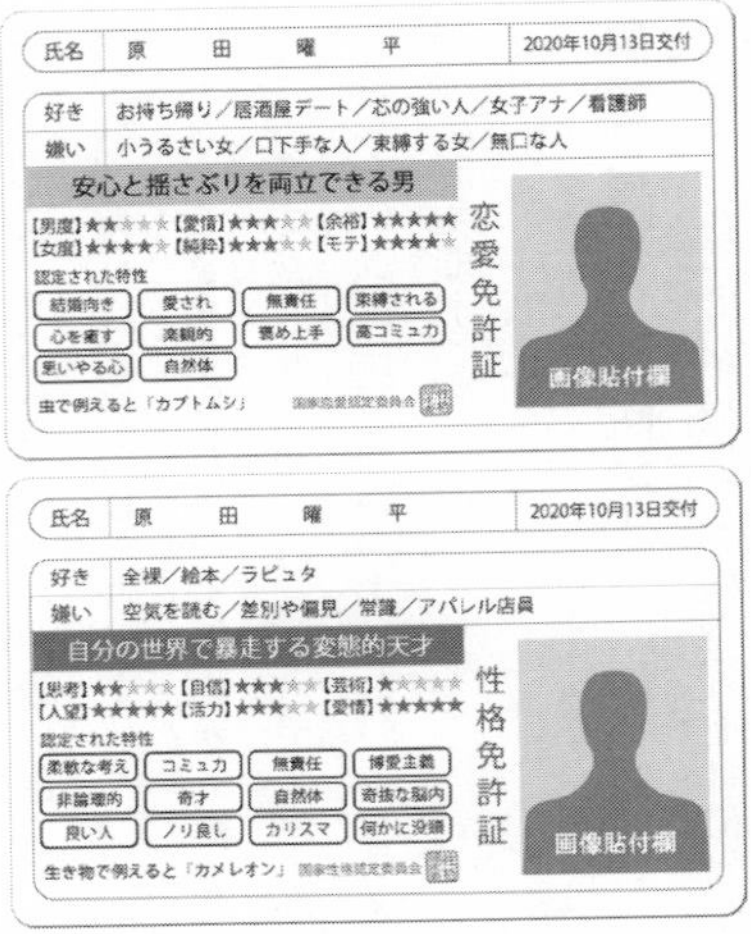

「恋愛免許証」（上）と「性格免許証」

　例えば、19年上半期に流行った「恋愛免許証」と「性格免許証」というサイトがあります。これはプロフィール情報を入力すると、自分の恋愛傾向や性格が免許証のような形で表示される、というサービスです。

　二つのサービスとも、そんなにひどい恋愛傾向や性格は診断結果として出ません。例えば、「良い人だが、報われず友達止まり」（恋愛免許証）や、「万能でカリスマ性を帯びた天才」

（性格免許証）といった診断結果が出ます。

前者は、「報われず」と言いながらも、私は良い人で友達に向いているよ、ということを「間接自慢」できますし、後者は、直接自慢と言ってよいほど、全面的に褒められている内容ですが、あくまでそれは公正な診断結果であり、自分で直接自慢しているわけではない、という言い訳が成り立つので安心して自慢できるわけです。

## 「そっくりさん」アプリと「赤ちゃんフィルター」

また「そっくりさん」アプリは、自分の顔写真をアップすると、自分が芸能人の誰に似ているかを診断してくれるアプリです。診断結果として出てきた芸能人が誰かにもよりますが、人は大概、芸能人の○○さんに似ていると言われるとうれしいものです。

「そっくりさん」アプリの診断結果

私もやってみたところ、俳優の山田孝之さんという診断結果が出てきて大変光栄でした。坊主に髭で小太りの私は普段から「クロちゃん」に似ていると言われることが多いので（ご本人に確認したところ、クロちゃんも私に似ていると言われることが多いそう）、山田孝之さんに似ているという診断結果は正直、嬉しかったです。もちろん、クロちゃんもバラエティ番組に欠かせない素晴らしいキャラクターだと思いますが、ゲスキャラのイメージも強いので……（実際のクロちゃんは礼儀正しいナイスガイ）。

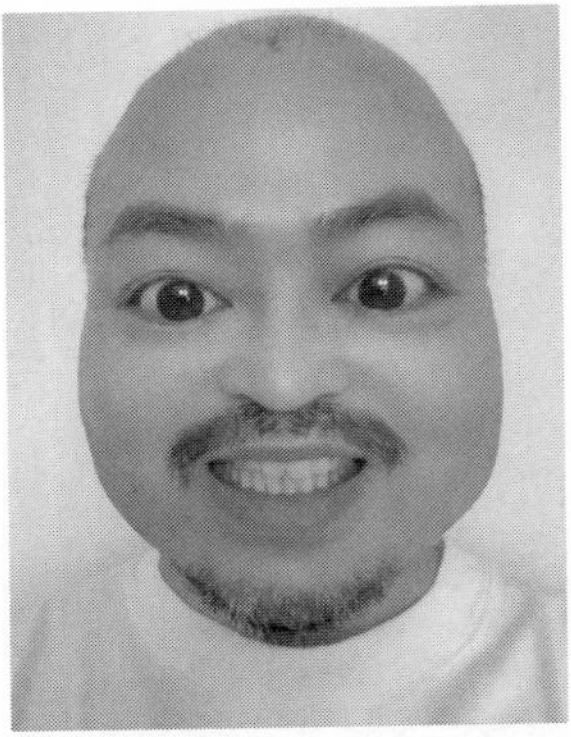
「赤ちゃんフィルター」。髭の生えた赤ちゃんになってしまった……

Z世代は、このアプリで自分の顔を診断し、その結果をSNS上でシェアし、間接的・婉曲的にかっこいい、可愛い自慢をしているのです。

「赤ちゃんフィルター」という加工も流行りました。これは、自分の今の写真を赤ちゃんのような顔に加工してくれるものです。自ら望んでこのアプリを使ったにもかかわらず、「こんな赤ちゃんにされちゃった」と加工結果をSNS上でシェアし、間接的・婉曲的に「赤ちゃん顔の私も可愛いでしょ」ということを周りにアピールするのです。

どの赤ちゃんも、ほぼ例外なく可愛いように、赤ちゃん顔に加工すれば、誰でもある程度は可愛くなるに決まっています。これも他の例同様、間違いなく計画的な犯行です（笑）。

このように、SNSの普及によって「間接自慢」という手法が広がり、自己承認欲求や発信欲求が強いZ世代は、炎上しにくい「間接自慢」の一手法としてこの「診断シェア」を好むようになったのです。

## 「診断シェア」を使った広告プロモーション

こうしたZ世代のニーズを受け、2019年上半期以降、「診断シェア」を使った広告プロモーションが、Z世代に向けてたくさん行われるようになっています。

例えば、自分の肌の状態などを入力すると、その人の肌質についての診断結果が出て、自分の肌質に合う、その診断ツールを作った化粧品会社の商品をオススメされるというもので、入力した人はその診断結果をSNS上でシェアすることができます。企業が、Z世代がシェアしたくなるような診断項目と結果を作ることができれば、その人のSNS上の友達など、たくさんの人の目に触れさせることができます。

結局、その企業の商品をオススメされるわけで、企業の宣伝行為だと不審に思わないのか気になりますが、Z世代の自己承認欲求と発信欲求を満たす、新しい「間接自慢」の手法であり、宣伝ツールになっています。

## 「映えピク」

2019年の上半期に、Z世代の間で流行ったモノの第2位は「映《ば》えピク」です。これは「インスタ映《ば》えするピクニック」の略です。

そもそもここ4、5年、Z世代の間で「#おしゃピク」という投稿がSNS上で流行りました。これは「オシャレなピクニック」の略で、ピクニックに行くこと自体が主たる目的ではなく、インスタ映えする写真や動画を撮ることを主目的とした、新しいピクニックのことを意味しています。

「おしゃピク」の写真例

「おしゃピク」とは、例えば、代々木公園などに友達と集まり、オシャレなお揃いのTシャツなどを着て、カラフルでオシャレな雑貨や食べ物や飲み物を買い、オシャレなレジャーシートの上にそれらを並べ、みんなでそれらを被写体に写真撮影や動画撮影を行い、インスタグラムに載せ、たくさんの友達から「いいね」をもらったのを確認した後に、ようやく本来のピクニック――飲んだり食べたりを始めるというものです。せっかく買い揃えた食べ物はきっと冷めてしまっているでしょうが……。

「おしゃピク」はZ世代の女子の間ではテッパンネタなので、間違いなく「いいね」がたくさんもらえ、彼らの自己承認欲求を満たすことができます。

ちなみに「#おしゃピク」の「#（ハッシュタグ）」について、もちろんご存知の方も多いと思いますが、インスタやツイッターなどのSNSで、ハッシュタグの後に特定のキーワードを書くと投稿がタグ化されるというものです。SNS上でタグ化されたキーワードを検索すると、他の人が書いた同じキーワードの投稿を見ることができます。

Z世代の間ではこの「#（ハッシュタグ）検索」が主流になりつつあり、「ググる（グーグルで検索する）」から「タグる（SNSで#検索をする）」時代になっています。

## 「若者の海離れ」から「海ピク」へ

ところが、2019年上半期は、主に公園で行われていた「おしゃピク」の場所が海辺に移りました。海水浴をメインの目的とせず、海辺での撮影を主目的としたこのピクニックのことを、私は「海ピク」とネーミングしました。

彼らは浜辺の砂浜の上にシートを敷き、その上に買い揃えたオシャレな小物（ドライフラワー、籠、ランチボックスなど）や食べ物（お酒、フルーツ、サンドイッチ）を並べ、自分は麦わら帽子を被り、白いワンピースを着るなどして、「海感」や「チル感」を演出した上で、得意の写真撮影や動画撮影を行うという新しいピクニックです。

日本では、実は長らく「若者の海離れ」と言われていました。

日本観光振興協会によると、２００５年には国内の海水浴場の数は１２７７ありましたが、10年に１２０３、15年に１１２８、17年に１０９５と減少の一途を辿っています。

また、レジャー白書（日本生産性本部発行）によると、１９９８年には参加したいレジャーの中で海水浴は18位でしたが、99年以降は20位を下回るようになっていきました。

海水浴客も２０１１年に１０００万人を割って９１０万人となり、15年には７６０万人まで減少したそうです。

つまり、日本全国の海水浴場の数は減り、海水浴のレジャーとしての人気もずっと下がっていたわけです。

こうした「若者の海離れ」が起こった主な理由として、若者たちが海の潮で身体がベタついたり、砂浜で足に砂がくっついたりするのを嫌がるようになったとか、マイルドヤンキーたちが海辺で酔っ払って爆音を流したり、しつこいナンパをしたりして海の治安が悪くなったからだとか、色々な要因が指摘されています。

こうして長らく続いた「海離れ」をはねのけるきっかけとなりつつあるのがこの「海ピク」で、Z世代たちは再び海へ向かい始めているのです。人によっては「水着」も持たずに、です。

ただし、2020年の夏は新型コロナによって、海開きをしない海水浴場が多く、物理的に「海ピク」をすることができないZ世代が多くいました。

## 「カフェピク」

写真撮影のためのピクニックが好きなZ世代の気質に目をつけたサービス側も出てきました。いくつかのカフェが、店に芝生の庭などを作り、そこにオシャレなピンクのブランコなどを設置し、うちのオシャレな飲み物や食べ物を買って、うちの庭でそれらの写真・動画撮影をしてSNSに載せてください、というサービスを始めたのです。

私は、こうしたカフェで行うピクニックのことを「カフェピク」と命名しました。つまり、コーヒーではなく、ピクニックを売りにするカフェが出てきたのです。こうしたサービスも、Z世代の自己承認欲求と発信欲求を満たすために生まれた、ということができます。

### 「映えピク」＝オシャレなピクニックの総称

「映えピク」とは、これまで主に公園で行われた「おしゃピク」、２０１９年に流行り始めた「海ピク」、そしてサービスサイドによる「カフェピク」などが加わった写真撮影を主目的とするオシャレなピクニックの総称としてネーミングしました（図３‐１）。

図3－1　「映えピク」とは

Z世代の自己承認欲求と発信欲求を満たす「インスタ映え」にとって、「ピクニック」がいかに重要な役割を果たすようになってきたかをご理解いただけたでしょうか。

今後、次なるピクニックの場所を考えついた企業は、Z世代の心をつかむことになるでしょうし、そうした場で行うイベントやドラマの撮影などは、きっと彼らの注目を集めるでしょう。

## 「チェンジング」

第3位は、「チェンジング」です。

これは、従来は変化しなかったモノに技術改良などを加えて変化するようにしたモノのことです。

例えば、100円均一ショップのダイソーには、注いだお湯の温度で色が変わるマジックマグカップという商品がありますが、これが「チェンジング」の例です。

フジコシェイクシャドウというアイシャドウは、最初は二層になっていますが、振ると一層に変化し（チェンジング）、Z世代の女子の間で大変人気です。

「ゴールデンタピオカミルクティー」はもともと台湾で流行ったもので、それをスシローが取り入れたようですが、下からスマホで照らすとタピオカが光ります（チェンジング）。

「天気の子　雨色ゼリーティー」は、大ヒット映画『天気の子』とローソンがタイアップしたもので、青い飲み物にシロップを入れると、紫色になる（チェンジング）飲料です。

**「見た目変」**

Z世代にとって、チェンジングするモノは純粋に面白く、ムービージェニックな点が魅力で、こうしたポイントが彼らの自己承認欲求と発信欲求を満たすようです。

多くの企業もチェンジングする商品を作れば、Z世代の心をつかむことができます。

Z世代が好むTikTok（詳しくは4章で後述）上でも、ダサいおじさんが急に綺麗な女子高生に変身するなど、チェンジングする動画がかなりウケる傾向にあります。

ラーメン屋さんで、食べている途中に薬味を加えて「味変」（味が変わる）できるものがありますが、ムービージェニックを重視するZ世代にとって、「見た目変」が魅力的なポイントとなっているようです。

以上が、2019年上半期にZ世代の間で流行ったトレンド商品・サービスの代表例とその理由の説明でした。

次に19年下半期から20年上半期に、Z世代の間で流行ったモノやサービスを見ていきましょう。

**潮流 1**
**新時代**
新しい時代や制度、価値観、サービスなどに対応するために、若者の間で生まれたニーズ

**潮流 2**
**新切り口**
全く新しい切り口やフックや付加価値が加わることによって、既存のモノやサービスが全く新しい体験になるという現象

**潮流 3**
**新インスタ映え**
「インスタ萎え」の後に若者の間で生まれた新しいインスタニーズ

**潮流 4**
**新タブー**
これまで日本でタブーとされていた価値観、表現、商品などのタブーが、若者たちの間でなくなりつつある現象のこと

図3－2　若者ニーズの４大潮流「４新」

## 「4新」

この時期に、Z世代の間では大きな四つのニーズが生まれました。それは「新時代」「新切り口」「新インスタ映え」「新タブー」の四つで、全て頭文字に「新」がついているので「4新」と呼んでいます（図3-2）。

まず、一つ目の「新時代」から説明します。これは、新しい時代になったことで――例えば、新しい元号や制度に変わったことで、あるいは、新しい時代の価値観が普及したことで、それらに対応するために、Z世代の間で生まれたニーズのことです。

## 1　「新時代」

### ①「8％映え」

「新時代」の一つ目の事例が「8％映え」です（図3‐3）。

2019年10月に消費税率が10％に増税されました。収入源がなけなしのバイト代やお小遣いに限られるZ世代の大学生や高校生がこれから受けた影響は中高年以上に大きく、結果、8％の軽減税率が適用されるテイクアウト需要が非常に高まりました。

増税前のZ世代は、例えば、オシャレなカフェに行き、映える店内で映える飲み物や器の写真を撮り、それをインスタにアップすることが多かったのですが、増税後は、軽減税率を求めてテイクアウトをする機会が増えました。そしてコロナ禍で、このニーズがさらに大きくなっています。

こうして、テイクアウトする商品自体が、オシャレな店内ではなく店外の路上やお店の壁の前などで映えることが大きな購入動機の一つに変わりました。

店外で一人で商品を撮影することが多いため、店外でも映えるという点に加え、ワンハン

増税要因

**店外でも映える** ＋ **ワンハンド**

スマホで撮影

**タコパン**　もともとは韓国のリゾート地、チェジュ島でブームになったタコの形をしたチーズ入りパンのこと。リアルなタコの見た目と、中に入っているモッツァレラチーズを伸ばす写真や動画を投稿する人が続出した。

**塩そふと丸十**　代官山「Tempura Motoyoshi いも」の看板商品「塩そふと丸十」。塩ソフトクリームにさつま芋天ぷらが載っている、ボリュームのある見た目が映えると話題に。

**寿清庵**　浅草にある「寿清庵」の抹茶クレープ。抹茶を練りこんだクレープ生地で、抹茶ティラミスを包んだもの。浅草の街並みを眺めながら食べ歩きできることで、インスタグラムで火がつき流行した。

**パンヤ**　大阪・玉造にあるフォカッチャ専門店「パンヤ」のフォカッチャ。パンの袋やドリンクの大きなロゴが、昭和レトロで可愛らしいしいとインスタに多数投稿された。

**菊水堂**　浅草の仲見世通りにある菊水堂。イチゴ串に恋みくじがついてくる食べ歩きスイーツ。食べる前も食べた後も楽しめる。

**SONOBON**　表参道にある低糖質ピザ専門店「SONOBON」のピザ。テイクアウト用の透明バッグが可愛いと話題に。

図3－3　8％映え

**THE coffee time**　大阪・堀江にあるコーヒースタンド「THE coffee time」では、レトロなセーラームーン柄のグラスで飲み物を提供してくれると人気に。

**おジャ魔女どれみ カフェ＆キッチン**　東京・西武池袋本店と大阪・あべのcontact で期間限定で開催された「おジャ魔女どれみカフェ＆キッチン」。アニメの中に出てくる食べ物が実際に食べられると話題に。

**Pokémon PON**　インターネットのハンコ屋「印鑑はんこ SHOP ハンコズ」が展開したオーダーメイドのポケモンはんこ「Pokémon PON」。全 386 匹の中からお気に入りのポケモンが選べる。

**全プリキュア大投票**　NHK、BS プレミアムにて放送された番組「全プリキュア大投票」。視聴者がお気に入りの作品、キャラクター、歌を選び投票することができた。若年女子の間で 1 万票が投じられた。

**なかよし原画展**　1954 年に創刊された「なかよし」（講談社）が 2020 年 1 月号で 65 周年を迎えた記念として開催した展示会。幼少期に読んだ作品の原画に Z 世代は懐かしみを感じた。

**ユニクロ×セーラームーン**　「美少女戦士セーラームーン」の電子書籍化を記念して発売されたユニクロとのコラボ T シャツ。原作者、武内直子の原画が使用された T シャツは、1990 年代生まれのセーラームーン世代と呼ばれる Z 世代女子の間で話題に。

図3－4　平成懐古

ド（片手で持ち運べる）で持てる商品が好まれるようです。

**②「平成懐古」**

天皇の退位により、２０１９年5月、日本の元号は「平成」から「令和」に変わりました。これに伴い、平成生まれのZ世代の間では、自分がまだ幼かった頃の「平成」に流行ったモノやコトを懐かしむことがブームとなりました。正確に言えば、「懐かしむ」という「お祭り」的な行為を、ネット上も含め、皆で楽しんだ、と言った方がよいかもしれません。この現象を「平成懐古」とネーミングしました（前ページ図３‐４）。「セーラームーン」や「おジャ魔女どれみ」など、彼らが小さかった頃に放映されていたアニメとコラボした色々なものが、彼らが平成を懐かしむ儀式に使われました。

**③「睡眠」と「リラックス」**

前述した通り、Z世代が、最も大切にしている価値観の一つが「チル」です。

現在、約30人のZ世代が私の研究を手伝ってくれており、私は長年、毎日彼らと過ごしていますが、「ゆとり世代」が若者だった頃と比べると、Z世代は本当に「マイペース」な人が増えています。

マイペースなのでフットワークの重い人も増えており、良い誘いであっても、自分の予定を調整してまで人の誘いに乗っかるより、自分にとって快適で居心地のよい「マイタイム」である「チルタイム」を大切にする人が増えています。

私は仕事を手伝ってくれている学生たちに、彼らの「成長」のために、彼らだけでは体験できない機会をなるべく提供するように心がけています。

例えば、大企業の人事担当役員の方を毎年お呼びし、就活生に向けてレクチャーをしていただいたり、私が出演する番組の観覧に呼んだり（新型コロナのせいで今は難しい）、友人の芸能人とのＺｏｏｍ飲みに誘ったり……。しかし、そうした誘いも、年々断られることが増えています。ではそれらを断って彼らが何をしているかと言うと、実は大したことはしていないのです。

また、昭和から平成中期の頃の若者のように、徹夜で仕事をするとか、朝まで盛り場で遊ぶといった若者もいなくはないですが、大変少なくなっています。

働き方改革が叫ばれ、ワークライフバランスが重視される世の中で生きてきた彼らは、居心地のよいプライベートの生活や、リラックスタイムの質を重視します。

**睡眠の質を高める**　**リラックスの質を高める**

**GABA for Sleep**　食べると睡眠の質を高めるチョコレート「GABA for Sleep」。ツイッターで話題になり人気に。

**睡眠用うどん**　頭専門マッサージ店「悟空のきもち」から発売されたうどんを模した布団。隙間が多いためスマホを弄りながら布団をかけることができる上、体にフィットしやすいと話題に。

**おやすみ**　無印良品のエッセンシャルオイル「おやすみ」。本当に眠れる…！とツイッターでバズり、完売店舗が続出した。

**CHILL OUT**　「ストレス社会にチルでクリエイティブなライフスタイルを」というコンセプトの日本初のリラクゼーションドリンク。

**ston**　「吸うカフェイン」という新ジャンルのリラックスデバイス。味はカフェイン含有ミントフレーバーとGABA含有のココナッツフレーバーの2種類がある。

**Floating Flower**　LUSHで発売開始された、入浴剤の中に花が入っていて、お湯に入れると花が湯船に浮いたようになる商品。

**図3－5　リラックスタイムの質を重視**

彼らの好きな「チル」を象徴しているものの一つが「睡眠」です。日常的にスマホを長時間、朝から寝るまでずっと見ている目の疲労も大きく（Z世代の間で「スマホ老眼」が増えているという報道もある）、スマホを見過ぎて寝つきが悪い人もおり、良質なリラックスタイムや睡眠時間を求めるようになっています（図3－5）。

ビデオリサーチと電通の調査によると、20代から30代前半の若い世代の睡眠時間が、この10年間に1割程度増え、約8時間になったそうです。このことからも、彼らがいかに睡眠を重視しているかが分かります。

## 2 「新切り口」

二つ目のニーズは「新切り口」です。

これは新しい切り口や新しいフック、新しい付加価値が加わることで、既存のモノやサービスが、全く新しく魅力的なものに見えるようになる現象のことを指します。

日本はいつの間にか豊かになり、全てのモノの質の平均値が高くなりました。昔はイマイチなものも多かったコンビニのPB（プライベートブランド）商品も今ではどれも美味しくなったし、コンビニスイーツもそこら辺のケーキ屋さんに負けないくらいのレベルです。

ユニクロも、昔は着ていることがバレたくない「ユニばれ」といった言葉もありましたが、今はそんな感覚をユニクロに抱いている人は皆無でしょう。

モノ自体では、あるいはモノの機能や性能では競合商品とほぼ差別化できなくなった時代を生きてきたZ世代にとって、モノそのものやモノの機能より、新しい切り口が刺さるようになっているようです。

## ①「時限フード」「時限コンテンツ」

「美味しさ」だけでなく、様々な食べ物の「見た目」もどんどん美しくなっています。これは「インスタ映え」が全世代に徐々に広がっていることを示していますが、こうした中、Z世代の心をつかむ新しい切り口として注目を集めているのが、食べ物の「短い時間制限」を前面に打ち出す手法です（図３‐６）。

タイムリミットのある「時限爆弾」のように、美味しく食べることができる賞味期限を極端に短く設定し、それを敢えて前面に打ち出すことで、消費者に「そんな短い賞味期限が設定されているなら、その賞味期限内に食べたらきっとすごく美味しいに違いない」と想起させ、このオンラインショッピング全盛時代に、わざわざそのお店まで行って食べてみたい、と思わせる効果があります。

この切り口は、食べ物だけに当てはまる話ではありません。２０１９年12月からツイッター上に投稿されて話題になった「１００日後に死ぬワニ」も「時限」という新しい切り口で大ヒットした、いわば「時限コンテンツ」です（図３‐７）。１００日後に死ぬ、ということをタイトルで言うことで、その結末（死に方）を知りたいという気持ちが喚起され、結

**短すぎる賞味期限** ＋ **食べに行きたくなる**

**モンブランスタンド**　鎌倉にあるモンブラン専門店のテイクアウトメニュー。「賞味期限2時間」というキャッチコピーが話題になった。

**そんなバナナ**　鮮度で味や完熟度が変わってしまうので、できたての瞬間の美味しさを重視し、賞味期限が20分に設定されているバナナジュース。

**Patisserie l'abricotier**　高円寺にある洋菓子店「Patisserie l'abricotier」の生モンブラン。土台のメレンゲが生クリームを吸って本来の食感を楽しめなくなってしまうため、賞味期限は60分に設定されている。

**泡泡泡ぷりん**　石川県加賀市のかがの湯ぷりんで販売されている「泡泡泡ぷりん」。繊細な泡が消えない期限として賞味期限は5分に設定されている。

**KYOTO KEIZO**　京都市の菓子工房KYOTO KEIZOで販売されている「10分モンブラン」。賞味期限はメレンゲの食感が楽しめる10分に設定。

**くろぎのわらび餅**　東大本郷キャンパス内にある廚（くりや）菓子くろぎのわらび餅。わらび餅の独特な弾力が保たれる時間を30分と設定している。

図3－6　時限フード

**オチと終了時期を開示** ＋ **予想したくなる**

**元祖　時限コンテンツ**

**100日後に死ぬワニ**　きくちゆうき (@yuukikikuchi) が2019年12月12日からツイッターで毎日連載した4コマ漫画。100日後にワニがどう死ぬかを予測して盛り上がる人が多く、最終話は74.4万RT214.2万いいねを獲得し、出版化され、映画化も予定されるなど話題となった。

**100日後にプロポーズするオレ**　ほのぼのくれいじ～☀ (@iloveyoulovei) が3月23日からTikTokで投稿を開始。100日後にプロポーズする予定で彼女には完全に内緒で二人の様子を投稿しており、彼女に投稿がバレないか、プロポーズが成功するのかというドキドキ感を味わうことができる。

**100日後に死ぬ受験生**　じゃむ (@Jum516) が3月11日からツイッターで連載した4コマ漫画。本家の登場人物であるワニくんとネズミくんが東京大学に合格するまでの物語。

**170杯目に目覚める青汁君**　あおじるくん (@iam_aojiru) が4月28日からツイッターで連載した4コマ漫画。170日目の目覚めの日に何かが起こるという予告のもと、青汁王子の人生が描かれている。

**100日後にタヒぬワイ**　ワイ (@100YnoY) が3月21日からツイッターで連載した4コマ漫画。本家のワニくんに少し似ている「ワイ」というキャラの日常が描かれている。

図3－7　時限コンテンツ

末をツイッターで予想し合って遊ぶことが流行りました。

「100日後に死ぬワニ」にインスパイアーされ、似たコンテンツもたくさん作られました。

この「時限」という切り口は、食べ物とコンテンツ以外にも応用できるでしょう。もちろん、食べ物に関しても図3-6のバナナジュースやモンブランだけではなく、もっと色々なものに応用できるはずです。

例えば、「3日化粧水」と言われたら、3日の間に使えば、肌がとても綺麗になりそうなイメージが湧きます。このように、今後、もっと様々なジャンルでこの切り口は使われていくようになると思います。

**②情緒ネーミングと過剰ネーミング**

私は長らく広告業界にいるので、新商品のネーミングが生まれるシーンを数多く目撃してきました。いくら機能が良くても、ネーミングがイマイチだったことが理由の一つで、その商品が売れなかったケースはいくらでもあり、商品にとってネーミングは大変重要な要素です。

商品の例ではありませんが、私には食べることくらいしか趣味がありません（だから太る)。もちろん、多くの人にとって、レストランの一番の評価ポイントは料理で、次いで接客や店の雰囲気などでしょうが、店名や料理名などのネーミングも重要だと私は思います。

会食などで人を誘う場合、店名から想起されるイメージで相手がワクワクするケースもあるし、人にお店を紹介する時も、発音が難しいフランス語の長い店名だったりすると、ちょっとだけ紹介しにくくなります。

このように、全ての売り物にとってネーミングは大変重要な要素の一つです。ここで、過去の日本の商品で、良いネーミングと言われているものをいくつか挙げてみましょう。

ウォークマン

それまではあり得なかった、外を歩きながら音楽を聴くことができる、というイノベーションを起こす目新しい機能を、とっつきやすい親近感のある言葉で表現しています。

セブン‐イレブン

今や24時間営業、いや、それを通り過ぎて時短営業が議論されていますが、1946

年にアメリカで、朝7時から夜11時まで毎日営業することにちなんで「7-ELEVEN」と命名されました。日本にスーパーしかなかった時代に、スーパーより早くから遅くまで営業している、ということをシンプルに伝えています。

ごはんですよ！

1950年当時に発売された「江戸むらさき」という海苔佃煮を、子供にも食べてもらえるようにと甘くて柔らく仕上げて73年に発売されました。新しい海苔佃煮の開発に成功した桃屋の社長が、居間で奥さんが子供たちに「ごはんですよ！」と呼びかけているのを聞き、ひらめいたそうです。子供にも食べてほしい、ということが直感的に分かる表現です。

無印良品

読んで字の如く、ノーブランドという名のブランドであることをシンプルに示しています。うちはブランド名に頼って、高いだけで中身のない商品は売りません、かと言って、ブランド名のない質の悪い商品とも違います、ブランド名に頼らず、高品質な商品を提供します、ということをたったの4文字で表現しています。

熱さまシート

機能を分かりやすく商品名にしています。面白い商品名をつけるので有名な小林製薬には他にも、洗眼薬「アイボン」(アイ〈eye〉が新しく生まれ変わる〈born〉から)、口中清涼剤「ブレスケア」(読んで字の如く)、おりものシート「サラサーティ」(サラサラが30日間続く)、タンククリーナー「ブルーレット」(ブルーの水が流れるトイレット)などがあります。

なっちゃん

シンプルな名前ですが、飲料のネーミングに人の名前がつけられたのはおそらく初めてで、オレンジジュースという子供向けの商品に親近感を与えることに成功しています。

まだまだ優れたネーミングの商品例はたくさんありますが、前述の例を見ると、「機能をうまく表現したネーミング」(ウォークマン、セブン‐イレブン、熱さまシート)、「企業姿勢をうまく表現したネーミング」（無印良品）、「誰がターゲットかを想起しやすいネーミング」（ごはんですよ！、なっちゃん）などが良いネーミングのポイントであることが分かります。

ところが最近は、その商品を使うとどんな気分になるか、あるいは、その商品はどんな気分の時に使うものかということを感じさせるネーミング、いわば「情緒ネーミング」が新しい切り口として、Z世代から注目を集めています。情報過多で何を買ったらよいか悩みやすい時代に、直感的・感覚的に商品を選択できるのが利点のようです（図3-8）。

もう一つ流行っている新しいネーミングの手法があります。それが「過剰ネーミング」です（図3-9）。Z世代は、実際にどの程度そうなのかを試したくなり、つい購入してしまうようです。

新規性 **新鮮で可愛い響き** ＋ 情報過多時代 **直感的選択**

**LEBECCA boutique**　「静かなロマンのワンピース」「力を借りるオックスフォードシューズ」など、情緒的なネーミングの商品を販売するオンラインファッションストア。

**SHISEIDO PICO STORY**　ミニサイズコスメブランド、「SHISEIDO PICO」の新作リップとネイル。各色は東京の1日を表現した「甘い余韻」「路地裏に猫」「皇居ラン」などのネーミングがつけられている。

**Maison Margiela ミニ香水**　2019年11月にミニタイプの香水が限定発売されて話題になったMaison Margielaの香水の香りの名前は「Lazy sunday morning」「Coffee Break」など。

**fujiko リップ**　fujikoの「ミニウォータリールージュ」は、全7色で、各色の名前は1週間の曜日と気分で構成される。「Monday / 起動せよ」「Tuesday / 演出せよ」など。

**moviebox_of/playlist_of**　インスタグラムの映画紹介アカウント「moviebox_of」と、音楽紹介アカウント「playlist_of」。気分に合わせた映画・音楽が紹介されている。「別れを前向きに捉えられる映画」「思いっきりゆっくりしたい夜に聴きたいプレイリスト」などがそれにあたる。

図3－8　情緒ネーミング

新規性 **どんな味か気になる** ＋ 情報過多時代 **直感的選択**

**やりすぎアイスバー**　セブン－イレブン限定で売られている「やりすぎアイスバー」。「おおすぎ～。」「すっぱすぎ～。」「さわやかすぎ～。」がある。

**つぶつぶつぶつぶコーンポタージュまん**　セブン－イレブンが2019年10月に発売した新作中華まん。「つぶ」が多いネーミングに惹かれ、手を伸ばす人が多く見られた。

**あと5分待ってて。中のアイスがとろっとしてくるから。パイン味のアイスバー。**　とにかく名前が長く、どんな味か気になる、と話題に。

**極濃**　カルビーポテトチップス「極濃」シリーズ。パッケージの「濃さ、最強」という強調表現が話題に。

**セブン史上最も美味しいチーズケーキ**　セブン－イレブンで限定で発売されているバスクチーズケーキ「BASQUE」。セブン－イレブン史上最高においしいチーズケーキというコピーがついている。

図3－9　過剰ネーミング

## 3　「新インスタ映え」

### 「インスタ映え」「インスタ萎え」の後に

Z世代の、特に女子の象徴であるインスタグラムは、2014年に日本語版がリリース、15年にインスタグラム広告が日本で導入され、17年「インスタ映え」が「ユーキャン新語・流行語大賞」となりました。

インスタが日本で本格的に普及し始めたのが16年あたりからなので、インスタはここ5年程度で、日本の中心的なSNSの一つになったわけです。

インスタの登場、普及とともに生きてきたZ世代ですが、初期の頃は、オシャレな写真を撮るために過剰な演出合戦を繰り広げていました。

オシャレなお店、オシャレなスイーツの写真を投稿するのはもとより、リムジンを借りてリムジン女子会をやった写真、ラブホテルの一室を女子同士で借りてバルーンなどで綺麗に装飾するいわゆるラブホ女子会の写真、「若者の海外離れ」と言われる中、わざわざ南米のウユニ塩湖まで友達と行って撮った写真……。

確か15年頃だったと思いますが、仕事を手伝ってくれている学生さんたちを連れて沖縄に調査に行った時に、思い出にインスタ映えする写真を皆で撮ろうという話になりました。海を背景に皆で浜辺でジャンプをした写真にしようということになったのですが、なんと撮影が完了するまでに2時間もかかりました。

「どれも同じじゃない？　もうこれでいいんじゃない？」とすぐに悲鳴をあげる私に対し、学生たちのこだわりは強く、何度も何度もタイミングを合わせて皆でジャンプしたり、色々な角度で撮り直したり……。「インスタ映え」にはこんな努力が必要なのかと、当時、とても驚いたことを覚えています。

大量に撮った写真をくまなく見てみましたが、審美眼のない私からしたらどれも似たようなものに感じてしまいました……。

しかし、若者たちも徐々にこうした過剰なインスタ映え合戦に疲れを見せるようになり、ここ数年、「インスタ萎え」という言葉も使われるようになりました。

過剰な「インスタ映え」、それに疲れて「インスタ萎え」……この後に今、来ているのが、「新インスタ映え」です。

過剰な演出合戦が繰り広げられた初期の「インスタ映え」とは違う。かと言って、人に見せる前提であるSNS上に投稿する写真なので、気を抜きたくない。気合いを入れ過ぎず、気を抜き過ぎず、「手軽に気軽に映える」というのが、この「新インスタ映え」のポイントです。

「匿名映え」の一つ「顔隠しフィルター」

**①「匿名映え」**

Z世代の間で、「顔を隠した自撮りをSNSに載せる」ことが流行っています（図3 - 10）。「そこまでして自分を載せたいのか！」と上の世代は突っ込みたいと思いますが、自己承認欲求と発信欲求の強いZ世代は、そこまでしてでも載せたいのです。しかも前述した通り、SNS上で周りの心象が悪くならない程度に、一見控え目に載せたい。

顔を隠した写真であれば、「インスタ映え」合戦の時代ほど、労力をかけなくてもよい。その日のメイクには自信がないけど可愛い洋服を着たから、洋服だけをアピールしたい。顔は写したくないけど、友達が多いアピールや友達との仲良しアピールは、他の友達にしたい。複数人で写真を撮るとき、自分だけ可愛く写ってない場合、可愛く写るまで、周りに謝っ

過剰な盛り意識　　　　自信がない、写りたくなくても…

**事故防止** ＋ **気軽に投稿**

**DISNEY ファンキャップ**　ディズニーランドのパーク内で被る、キャラクターの帽子。キャップを被り、少しうつむき加減で、顔を隠して写真を撮ることが流行っている。ミッキーとミニーが定番で、女子高生の間でトイ・ストーリーのハム（豚）も人気があるそうだ。

**DISNEY 手持ちバルーン**　パーク内限定で購入することのできるミッキーかミニーの「手持ちバルーン」。バルーンで顔を隠して撮影するZ世代が続出。

**狐のお面**　浅草、京都、鎌倉などの神社で狐のお面を被って撮る写真が流行っている。浴衣を着て写真を撮りたいものの、周りに見せつけるような自撮りはしたくないというZ世代の悩みをお面が解決した。なお、浴衣や着物をレンタルできるお店でお面も一緒に貸し出しているケースが多い。

**カップルイラスト**　イラストレーターに頼み、写真をイラスト化してもらう「カップルイラスト」。2人の自撮りを投稿するのは恥ずかしいと思うカップルに刺さり、Z世代に人気。

図3－10　匿名映え

**間接自慢** ＋ **自撮りの言い訳**

**ゲームフィルター**　インスタグラム・ストーリーズのゲームのフィルターで、顔の動きで遊ぶ。ゲームをしているだけなので、自撮りしても嫌味にならない。

**SNOW 芸能人診断**　撮影すると芸能人の誰に自分が似ているかを判断してくれる、カメラアプリSNOWの「そっくり診断」。芸能人、YouTuberがインスタグラムやツイッターで公開し話題に。全然似てない芸能人に診断されることもあり、ネタとしてインスタグラム・ストーリーズに投稿する人が多数いた。

**Matt 化**　タレントのMattのような顔にする写真加工。Mattがインスタグラムで芸能人の顔をMatt化した投稿をし、多くのZ世代が真似た投稿をした。

**#顔だけどあっぷ**　TikTokのエフェクト「顔追跡機能」を使って、「Bagaikan Langit (cover) -_ucil」のビートに合わせて、変顔やキメ顔、絵文字の真似をするチャレンジ。

**ノーズペイント**　TikTokのエフェクト。起動すると、写っている人の鼻の位置を把握し、鼻でお絵かきができ、結果的に自撮りを載せることができる。

図3－11　自撮り免罪符

**間接自慢** ＋ **自撮りの言い訳** ＋ **ぶりっ子の言い訳**

**顔面シール**　子供がシールをどこに貼っていいかわからず、顔に貼ってしまっている姿を高校生女子がまねて、体育祭の時やプリクラ撮影時に顔にシールを貼ること。

**地雷メイク・量産型メイク**　白い肌に泣きはらしたような赤い目元、赤いリップで「メンヘラ地雷女」感を演出する「地雷メイク」や、ジャニヲタに多いとされているピンクを基調とした「量産型（ヲタク）メイク」に挑戦するZ世代女子が増加。

**雲メイク**　頬に雲を描くメイク。ふわふわ感が演出できると、雲メイクをして自撮りやプリクラを撮るZ世代女子が増えた。

図3－12　ぶりっ子免罪符

て何度も撮り直すのは申し訳ないが、この手法を使えば、自分の写りに納得できない、いわゆる「事故画《じこが》」（自分の写りに納得できない失敗写真）をインスタにアップする（あるいは友達にアップされてしまう）ハメにならずに済む。

また、笑顔を作るのが苦手な人や、自分の顔に自信が持てない人、インスタに自分の顔を載せたくない人でも、顔を隠してなら、卑屈にならずにみんなと撮影をしたり、インスタに投稿したりできます。

中高年の読者の方は、これらの理由を聞いてもなお「そこまで自分を載せたいのか！」と思うかもしれませんが、そこまで自分を載せたいのです。しかも、初期の「インスタ映え」より手間や労力をかけない形で、周りの心象が悪くならない範囲で、です。

**②「自撮り免罪符」**

自己承認欲求と発信欲求の強いZ世代は、本音では自撮り写真をSNSに載せたいのです。でも、軽率に載せると、「自意識過剰な人」とか「自分で可愛いと思っている人」と周りに思われてしまうのではないか……そんなことで日々葛藤しています。

そんな中、彼らが自撮り写真を載せやすくするモノ、自撮り写真を載せる「言い訳」や

「免罪符」になるモノが彼らの心を捉えています（129ページ図3‐11）。

これも「間接自慢」の一種です。

2019年上半期に出てきた「恋愛免許証」や「性格免許証」などの「診断シェア」は、恋愛性向や性格など自分の「内面」を「間接自慢」するものでしたが、ここで紹介するのは「外見」をアピールできる「間接自慢」ツールです。

ゲームフィルター

ノーズペイント

SNOW芸能人診断。いずれも「自撮り免罪符」

### 「ぶりっ子免罪符」

また、女子の場合、「自撮り免罪符」の派生バージョンとして、「ぶりっ子免罪符」も流行っています（129ページ図3‐12）。

これは例えば、「流行りの雲メイク！」というコメントとともに、実際に「雲メイク」（ア

雲メイク

リアナ・グランデなどが雲メイクをやったことで世界に広がった。ちなみに雲メイクは、雲だけではなく、空の色をカラフルにして個性を出すことも。この「カラフルな空に雲」が「夕焼け」を想起させてエモい〈諸説あるが「エモーショナル」が語源で、感情が高まっている状態を指す若者のスラング〉ということで若者の間で話題になった）をして、SNSに自撮りをアップするものです。

「雲メイク」は、日常ではなかなかできないかなり特殊なメイクなので、あくまで家の中でやり、SNS上に載せて楽しむものです（野外フェスなど特別なシーンでやることはあり得る）。しかし、この「日常ではできない」という点が、逆に彼女らにとっては好都合。特殊なメイクだからこそ、逆に「敢えてやってみた」という名目が使いやすいのです。

### ③「偏見ペルソナ」

マーケティングの現場では、「ペルソナ」という概念がよく使われます。「ペルソナ

(persona)」とは、サービス・商品の典型的なユーザー像のことで、その人物が実在しているかのように、年齢、性別、居住地、職業、役職、年収、趣味、特技、価値観、家族構成、生い立ち、休日の過ごし方、ライフスタイル……などリアルで詳細な情報を設定します。ペルソナを設定し、そのペルソナのニーズを満たす商品を設計したり、販売戦略を組み立てたりするマーケティングのことを「ペルソナマーケティング」と呼びます。

このように、ペルソナを設定し、そのペルソナに刺さるようなマーケティングを実施すると、ペルソナを設定しないで行ったマーケティングより、成功する確率が高くなるのです。私もその商品のユーザーとなり得るZ世代のリアルなペルソナを何万回と作成してきました。

若者を描くのが非常にうまいイラストレーターに依頼し、ペルソナのリアルなビジュアルも作成し、企業がその商品のターゲットをより明確にイメージできるようにします。これがあると企業は、その商品をどんな形状や色にしたらよいか、どんな店舗に置けばよいか、どんな広告・プロモーションを行えばよいかなど、様々なマーケティングのポイントを想像しやすくなるのです。

以前、歌手の西野カナさんが、多くの友達に恋愛事情に関するアンケート調査を行い、その意見を参考に曲ごとに一人の女性像（性格や恋愛遍歴など）を詳細に設定し、それを基に曲を作っていくとテレビで話していました。これがまさにペルソナマーケティングです。

が、これまでマーケティングのプロが行っていたペルソナ作りを、Z世代の大学生たちが自分の独断と偏見で行い、SNS上でシェアすることが流行っているのです（図3‐13）。「このタバコを吸っている人ってこんなタイプが多いよね？」とタバコの銘柄ごとに「いるいる」と周りが共感しそうなペルソナを作り、あたかもマーケッターのような、自分の〝高度な分析能力〟を周りに示すのです。

④「フェイク飯」

見た目と味に大きなギャップのある食べ物が、Z世代の間で大人気になっています。

例えば、一見いくら丼に見えるが、ご飯の上に載っているのはいくらではなく、実はタピオカだったり、一見マヨネーズに見えるものの、マヨネーズの代わりに容器に入っているのはプリンだったり。これらを「フェイク飯」とネーミングしました（図3‐14）。

フェイク飯の魅力は、自撮りのような自慢ではないので周りから反感を買いにくい、ビ

**独断と偏見　＋　擬人化**

**ファンの偏見シェア**　ジャニヲタなど、推し別のファンの特性を分析している。

**タバコの銘柄の擬人化**　タバコの銘柄、それを吸っている人ごとの特徴を偏見でまとめること。

**#ほろよいチャレンジ**　サントリーの低アルコールの酎ハイ「ほろよい」のパッケージに合わせて、推しの画像を並べてシェアすること。

**アルコールの擬人化**　自分の好きな缶酎ハイや缶ビールを擬人化してその特性を分析すること。

**デパコスの擬人化**　デパートコスメブランド別に擬人化し、その特性を分析すること。

図3－13　偏見ペルソナ

**見た目と味のギャップ　＋　味の予想がつかないスリル**

**タピオカ漬け丼**　富士そばが期間限定で販売した「タピオカ漬け丼」。醤油に漬けられた小粒のタピオカのどんぶりメニュー。見た目はまさに「イクラ風」で、タピオカ独特のムチムチとした食感が楽しめる。

**プリーーーン！**　大阪・なんば駅のプリン専門店で販売されている「チューチュープリン」。マヨネーズのような容器の中身はクリームチーズや生クリームを存分に使った濃厚プリン。

**おむすびケーキ**　ルミネエスト新宿1階で発売されている「OMUSUBI Cake」。見た目はおむすび、中身はケーキというインパクトのあるフェイクスイーツ。

**どんぶりプリン**　福知山市のスイーツカフェ「アン.ドンプリ」で販売されている「どんぶりプリン」。見た目は「丼」だが、食べると甘くてクリーミーなプリンという一風変わったスイーツ。

**ミニシャーペイケーキ**　豪徳寺駅の台湾タピオカ専門店「cloud」で販売されている。〝シャーペイ〟は中国生まれの闘犬でブサカワ犬として人気の犬種で、毛並みまで再現されているそのリアルさが話題となった。

図3－14　フェイク飯

ジュアルとして単純に面白いのでSNS上で話題やネタになりやすい、味の予想がつかないのでスリルを味わえる、友達との罰ゲームに使える、などだそうです。

**⑤「高さ映え」**

この数年、インスタグラムのストーリーズ（インスタで投稿した写真や動画が「24時間」で消える機能のこと。消えてしまうので、キメ過ぎた写真を載せるプレッシャーがなく、気軽に投稿できる点が人気のポイント。詳細は4章で）が、Z世代を中心に普及しています。

ストーリーズには、写真や動画が縦画面で表示されるので（インスタの本投稿であるいわゆるフィード投稿は、投稿した写真が正方形で表示される）、今、縦画面で映えやすい高さのあるモノが人気を博しています。これを「高さ映え」とネーミングしました（図3-15）。

**⑥「はかな萌え」**

「インスタ映え」合戦に疲れたZ世代の間で、逆に地味で淡い色の投稿が流行っています。

地味で淡い色のモノを投稿して「はかない」世界観をアピールし、まだ煌《きら》びやかな投稿から抜け出せていない人と差別化を図るこの現象を「はかな萌え」と名付けました（図3-16）。

**縦長スイーツ** ＋ **ストーリー映え**

**ストロベリーフェチ**　韓国の屋台などで売られているいちご飴。30センチほどの長さが映えるということで話題に。渋谷109にもいちご飴専門店ができて人気沸騰。

**エッグムーンカフェ**　埼玉県ふじみ野市にあるエッグムーンカフェの「クリームチーズパンケーキ」。縦向きに3つパンケーキが積まれており、その上にクリームチーズなどが載っている。

**eert**　韓国のソンスにあるカフェ。3段の木箱にスイーツが入っている。高さがあり、動画を撮ってストーリーズに投稿しても映えると、韓国・日本のZ世代の間で人気に。

**山登りパフェ**　大阪のカフェ〝all day dining Hikari〟のパフェ。まるでいちごの山を登っているかのように、クッキーの人形がパフェに添えられていて、高さに圧倒されるような縦長写真の投稿ができる。

**図3－15　高さ映え**

**淡い色味** ＋ **無機質・シンプル**

**RiLi浴衣**　10代～20代向け女性メディア・RiLiから2019年5月に発売された浴衣。ベージュ、ピンク、淡いグリーンなど、くすみカラーが特徴。

**＃消えそうな色コーデ**　ベージュ、ホワイトなど、大人っぽさや落ち着いた印象を与える色合いのコーディネートを投稿する「＃消えそうな色コーデ」が増えている。

**ラテ系ヲタク**　白とベージュを基調としたラテコーデをしたヲタク。うちわや、グッズを入れるカバンもラテカラーに統一している。

**hince**　韓国コスメブランド・hinceの化粧品。ブラウン系のシンプルな落ち着いた色のパッケージが使われている。

**ラテカラーヘア**　ラテカラーコーデに合わせた暖色系で柔らかさのあるベージュ系のヘアカラー。

**図3－16　はかな萌え**

「はかな萌え」は、初期の「インスタ映え」のような押しの強い「プッシュ型のアピール」ではなく、控え目な「プル型のアピール」です。周りに一見控え目な印象を与えながらも、差別化でき、目立てる点が魅力です。無機質でシンプルな雰囲気を出すことによって、大人っぽさや落ち着き、清純さをアピールすることもできます。

くすんだブラウンやベージュなどカフェラテのような色を、最近では「ラテカラー」と言いますが、これも「はかな萌え」です。ラテカラーで全身をコーディネートする女子は「ラテガール」と呼ばれ、ラテカラーによるコーデは「ラテガールコーデ」と呼ばれます。

ちなみに、マスク着用が日常となっているコロナ禍の今、「血色マスク」と呼ばれるマスクがZ世代の女子の間で大ヒットしています。

「血色マスク」とは、チーク（頰紅）のように血色を良く見せてくれるカラーリングが特徴のファッションマスクで、スノーホワイト、ミルキーピンク、ジューシーピーチ、ココアモカ、ハニーブラウンなどの色があり、どれも色合いが淡く、これも「はかな萌え」です。

例えば、企業の商品開発の現場で、ある商品の色を決める時に「こんな地味な色は今の子は好きじゃないかも」と思ってしまいがちな中高年がいるかもしれませんが、こうした「新インスタ映え」の流れを知るといいかもしれません。

## 4 「新タブー」

四つ目のニーズは「新タブー」です。これまでの日本社会でタブー（禁忌）とされてきた価値観や事柄の中で、最近、Z世代の間でタブーではなくなってきたモノやコトを指します。

ツイッターでちょっと不適切な発言をしただけで、一般人でさえ容易に炎上する時代になり、世の中が不寛容になっているように見えます。しかし、実はタブー自体は、Z世代の間では徐々に減ってきています。ただし、まだタブーとして残っている事柄に触れてしまった人には制裁が下され、徹底的に叩かれる、という構造になっています。

### ①「無性限」

小学生のお子さんのいる親御さんはご存知だと思いますが、この数年、「うんこ」がブームになっています。『うんこドリル』シリーズの大ヒット、お台場には「うんこミュージアム」がオープンして大人気です。

私もこのミュージアムに行きましたが、便座に座って写真を撮ってもらったり、カラフルなウンチがもらえたり、でっかい声で「うんこー」と叫ぶアトラクションがあったり、すごい時代になったものだと驚きました。

どんな客層が来ているかを観察してみると、意外にZ世代の若者が多く、さすがにデートでは少し来にくいのか、女子同士の姿を多く目撃しました。若い女子が2、3人で「うんこー！」と叫ぶ姿はなかなかシュールなものがありましたが。

インスタグラム上にはカラフルなうんこを持ったZ世代女子の写真がたくさん投稿されており、日本のタブーが大きく変化したことを強く実感します。

この「うんこ」のように、それまでタブーだった価値観やモノが、むしろ「消費の対象」になるという現象が、今、Z世代の間で広がってきています。

この1年の間に起こったのは、「性」にタブーがなくなった、ということです。この場合の「性」とは、「性別」と「性的なモノ」という二つの意味を指します。これらに制限がなくなったので、この現象を「無性限」というキーワードにしてみました（図3－17）。

### ②「死考」

これまで「死」は、日本社会では大きなタブーの一つでした。しかし、「うんこ」や「性」

**タブー消費　＋　性**

**カマたく**　新宿でゲイバー「CRAZE」を運営しているインフルエンサー。ツイッターのフォロワー数は119.5万人。「ゲイAVの撮影でしんどかったベスト5」といった動画を投稿し、知名度が上がった。

**生理ちゃん**　女性の悩みである生理の辛さを主題にした漫画。男子が見ても楽しめるように「性欲くん」や「童貞くん」などの擬人化キャラが登場。映画化もされた。

**性いっぱい展**　池袋サンシャイン水族館で期間限定（2019.9.27～11.4）で開催されていた「性いっぱい展」。魚が交尾を行う際の体位の名称の紹介やサメの生殖器を触れるおさわりBOXなどがあった。2020年にも「もっと♡性いっぱい展」として開催。

**コンドームソムリエAI**　性教育インフルエンサー「コンドームソムリエAi」（@Ai_con_j）。ツイッターでのフォロワー数は2万人を超え、コンドームの「試触会」を定期的に行い、コンドームの種類や特徴についての投稿をしている。

**図3－17　無性限**

**タブー消費　＋　死**

**セミファイナル**　蝉（セミ）の最期（ファイナル）というツイッター上で流行ったブラックジョーク「セミファイナル」。瀕死状態で突如動き出す、まだ生きている蝉と既に死んだ蝉を簡単に判断できるというツイートが話題に。

**人生会議ポスター**　「人生会議」とは、厚生労働省が提唱する人生の終末期にどのような治療やケアを受けるか家族で事前に話し合うことの呼称。PRポスターに起用された小藪千豊の昏睡状態での呟きがユーモラスで話題になり炎上。

**100日後に死ぬワニ**　きくちゆうきがツイッターで連載した4コマ漫画。100日目で死ぬことがあらかじめ告知され、「ワニの死に方」の予想をすることでツイッターが盛り上がった。書籍化もされた。

**塩田千春展**　六本木の森美術館で期間限定（2019.6.20～10.27）で開催された「塩田千春展：魂がふるえる」。「生と死」を主題とした赤と黒の糸を大胆に使った作品がSNS上で注目を集めた。韓国でも巡回展が開催され人気に。

**図3－18　死考**

同様、Z世代の間では、「死」をテーマにした展覧会がヒットしたり、「死」をテーマにしたコンテンツが大きな話題を呼んだりしています。

こうした「死」に関するモノやイベントをSNSに投稿することで、自分の哲学的な一面、あるいは普段と異なる自分の二面性を周りにアピールすることができる点が、Z世代にウケている理由のようです。

このように「死」がファッション化された現象を「死考」と命名しました（図3-18）。

本章では、2019年上半期から20年上半期にかけて、Z世代の間で流行ったり、話題となったりしたモノ・コト、そしてその背景にある新しいニーズを紹介してきました。「診断シェア」「映えピク」「チェンジング」「新時代」「新切り口」「新インスタ映え」「新タブー」など、Z世代特有のニーズをご理解いただけたと思います。

自己承認欲求と発信欲求が強い、自意識過剰なZ世代たちの流行りのベースには「インスタ映え」があり、それが彼らの大きな行動動機や消費動機になっていることも同様にご理解いただけたのではないでしょうか。

さて、そのインスタもメディアの一つです。次の章では、Z世代の「メディア生活」をデータとともに読み解いていきましょう。

# 4章　Z世代の「メディア生活」

調査目的：若年層に各種メディアへの接触・利用実態を把握するための調査
調査対象：全国にお住まいの13～59歳の方
（※13～15歳は保護者等による代理回答にて調査）
有効回答数：1,680サンプル（男女年代別に均等割付）

| | 若年層 | | | | | | | | | | | | | | | | | ミドル | | | |
|---|---|---|---|---|---|---|---|---|---|---|---|---|---|---|---|---|---|---|---|---|---|
| | 10代 | | | | | | | 20代 | | | | | | | | | | 30-50代 | | | 合計 |
| | 13歳 | 14歳 | 15歳 | 16歳 | 17歳 | 18歳 | 19歳 | 20歳 | 21歳 | 22歳 | 23歳 | 24歳 | 25歳 | 26歳 | 27歳 | 28歳 | 29歳 | 30代 | 40代 | 50代 | |
| 男性 | 40 | 40 | 40 | 40 | 40 | 40 | 40 | 40 | 40 | 40 | 40 | 40 | 40 | 40 | 40 | 40 | 40 | 40 | 40 | 40 | **800** |
| 女性 | 40 | 40 | 40 | 40 | 40 | 40 | 40 | 40 | 40 | 40 | 40 | 40 | 40 | 40 | 40 | 40 | 40 | 40 | 40 | 40 | **800** |
| 合計 | 80 | 80 | 80 | 80 | 80 | 80 | 80 | 80 | 80 | 80 | 80 | 80 | 80 | 80 | 80 | 80 | 80 | 80 | 80 | 80 | **1,600** |

調査方法：インターネットリサーチ（調査会社：マクロミル）
調査時期：2019年8月16日～8月18日

**図4－1　調査概要**

本章では、Z世代の「メディア生活」について解説します。

2章で前述したように、「ゆとり世代」とZ世代で最も異なる点は、思春期のメディア環境とそこから発生するメディア生活です。具体的に言えば、思春期に持ち始めたのがガラケーかスマホか、複数のSNSを使っていたか否かといった点です。この違いをきちんと定量的に理解することで、ゆとり世代とは違うZ世代のオリジナリティが明確になっていくはずです。

ではさっそく、彼らのメディア生活に関する定量調査を見ていきましょう。調査概要は図4-1の通りです。

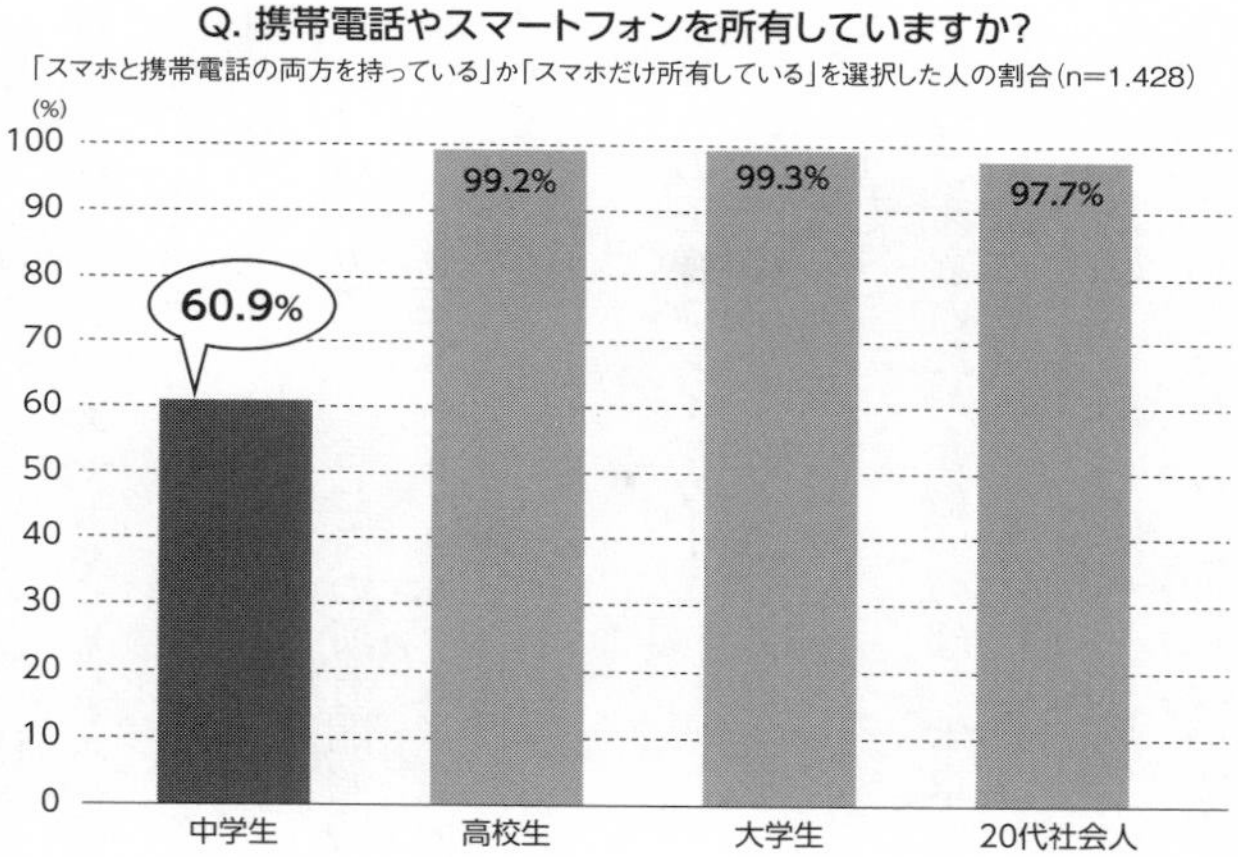


**図4－2　スマホ利用率**

## 高校生以上のスマホ所有率はほぼ100%

まず、基礎的な話から入ります。

日本では中学生のスマホ所有率は60・9%であり、約4割はスマホを持っていません。一方、高校生以上になると、ほぼ100%がスマホを所有しています（図4－2）。

Z世代を何歳からと定義付けるかによりますが、中学生に関しては、まだスマホを持っていない人が4割いるため、基本的にはマスメディア中心のメディア生活を送っており、高校生以上のZ世代とはだいぶ異なることを理解しておく必要があります。

もちろん、中学生はパソコンを使っていると思いますが、前述した通り、日本では自分専用パソコンを持っている若者の比率が海外に比べると圧倒的に少なく（これは大学生であっても、です）、スマホを所有するまでは、マスメディアの影響力が大きいのが特徴です。なお、このデータは、スマホを持っていない人も含む中学生である13歳以上の人に対する調査結果となっています。

スマホ（ガラケー含む）の所有開始時期に関する項目では、現在の中学生の29・1％が12歳の時に、高校生の35・9％、大学生の36・2％が15歳の時に持ち始めたと回答しており、それぞれ一番のボリュームゾーンになっています。

## SNSの王様はツイッター

次にZ世代は一体どんなSNSを使っているのか、若年層とミドル層（30〜50代）と比較してみましょう。

一つご注意いただきたいのは、本章で取り上げる各種データの「若年層」とは、13〜29歳を指す点です。本書では、Z世代の年齢の上限を25歳前後としていますが、この「若年層」のデータには、一部、「ゆとり世代」（26〜29歳）が含まれることになります。「若年層」のほとんど（13〜25歳）はZ世代なので、大雑把にZ世代の特徴をつかむことはできると思い

Q. 現在利用することがあるメディアを全てお選びください。

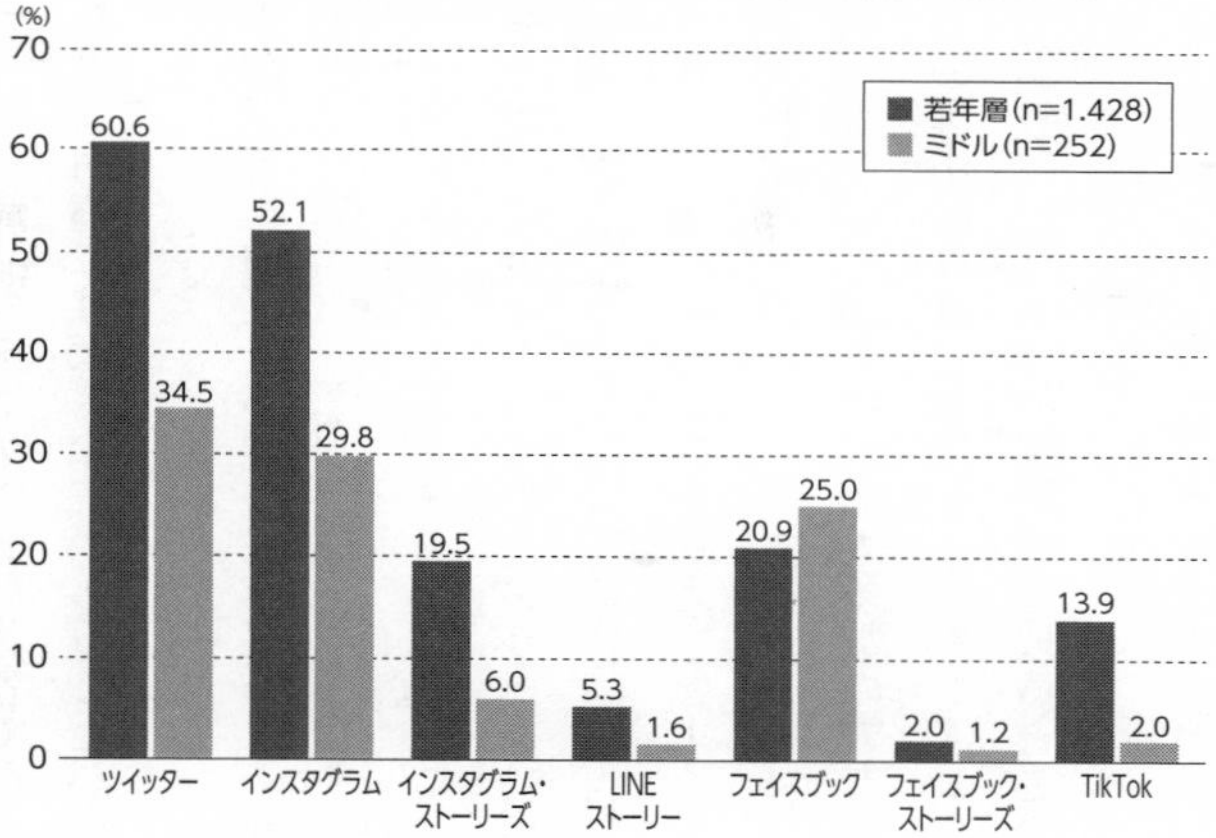


**図4－3　若年層のSNS利用率**

ますが、この点、ご留意いただけると幸いです。

全てのSNSの利用率を俯瞰して見ると、フェイスブック（若者20・9％、ミドル25・0％）以外の全てのSNSの利用率は、若年層がミドルを上回っています（図4－3）。

よく「中高年もSNSをやる時代になった」と言われますが、いまだにSNSは〝圧倒的に若者のもの〟と断言してかまわないでしょう。

1章の冒頭に書いた通り、「SNSで（商品情報などを）拡散させたりバズらせたりする」ためには、Z世代の心に響かせ、彼らに拡散してもらわないと、その確率が下がるのです。仮に商品のターゲットが若者でなくても同様です。そのくらい、若年層と中高年のSNSの利用率には大きな差があることが一目で分かります。

また、若年層にとっても（ツイッター利用率60・6％）、ミドルにとっても（ツイッター利用率34・5％）、SNSの王様は圧倒的にツイッターであり、日本で最も使われているSNSはダントツでツイッターだということが分かります。

そして、若者にとっても（インスタ利用率52・1％）、ミドルにとっても（インスタ利用率29・8％）、利用率2位のSNSはインスタグラムです。

若者と言えば「インスタ映え」とよく言われますし、3章でも散々その説明をしてきましたが、利用率2位のインスタグラムも4位のインスタグラム・ストーリーズ（若年層利用率19・5％）も、ともにまだ大多数の若者が使用しているわけではないことにご注意下さい。

この理由は後ほど詳述しますが、インスタグラムは圧倒的に若年層の女子が中心のメディアであり、世代全体の平均値を取るとこのような利用率になる、ということです。

## 情報拡散のキーはZ世代女子

続いて、個別のSNSについて見ていきましょう。

まず、ツイッターです。

ツイッターにはいわゆる「炎上」を引き起こす「リツイート機能」（人のつぶやきを自分のページに表示できる機能。自分のコメントとともに表示することもできる。誹謗中傷のコメントとともに表示されるケースも多々ある）があります。

また、罵詈雑言、誹謗中傷、下品な文言も他のSNSより多いメディア（ただし、度を過ぎた書き込みに対してはツイッター社に報告できる機能もある）ですので、ツイッターと言えば、「男性」が多くやっているイメージを持っている人も多いかもしれません。

しかし実際は、どのクラスタでも女性の利用率が男性を上回っています（図4‐4）。

高校生男子66・2％に対して高校生女子67・5％、大学生男子70・3％に対して大学生女子77・5％、20代社会人男性58・4％に対して20代社会人女性68・3％となっています。

クラスタの中で最も利用率が高かったのは、大学生の女子でした。高校生は部活や受験などがあって忙しく、大学生が一番時間的ゆとりのある年代で、かつ、大学生の中でも女子の方がツイッターを利用している、ということです。

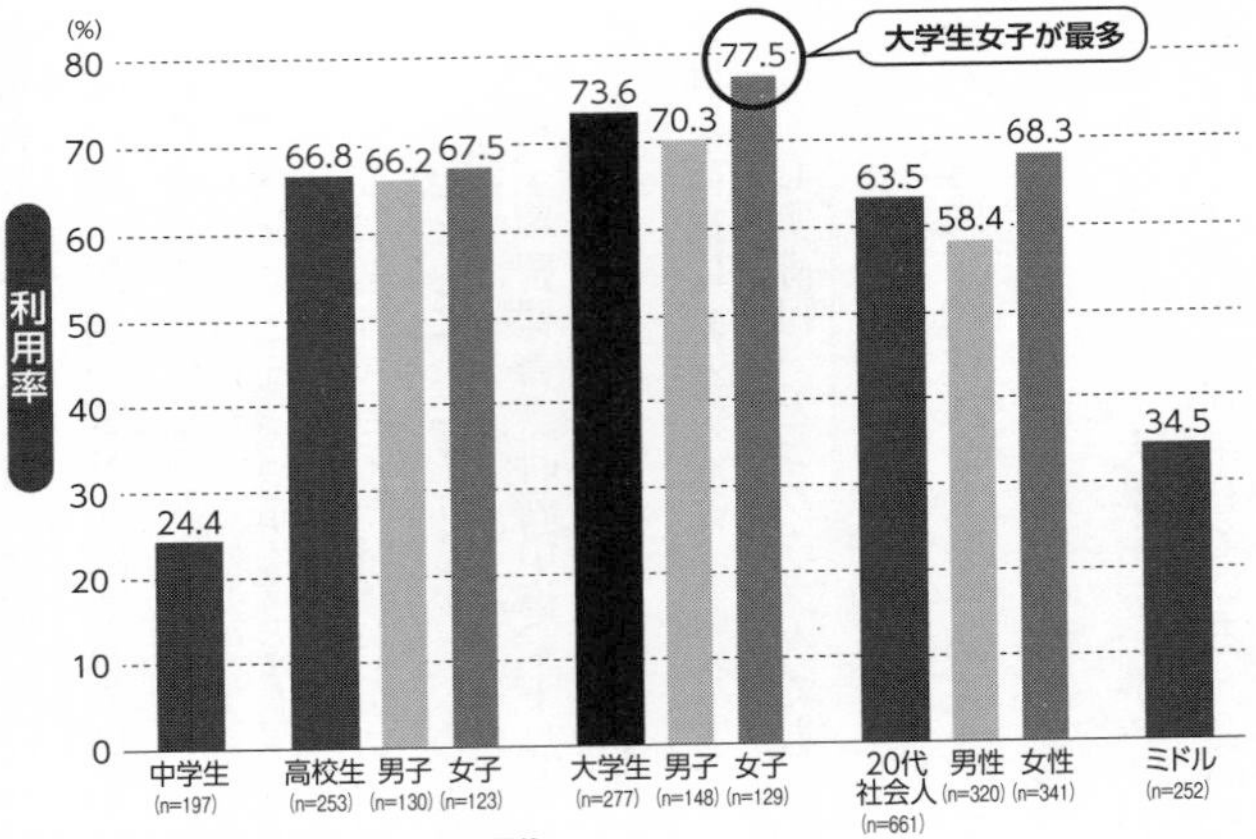


※中学生の男女別は母数が少ないため無記載

図4－4　若年層のツイッター利用率

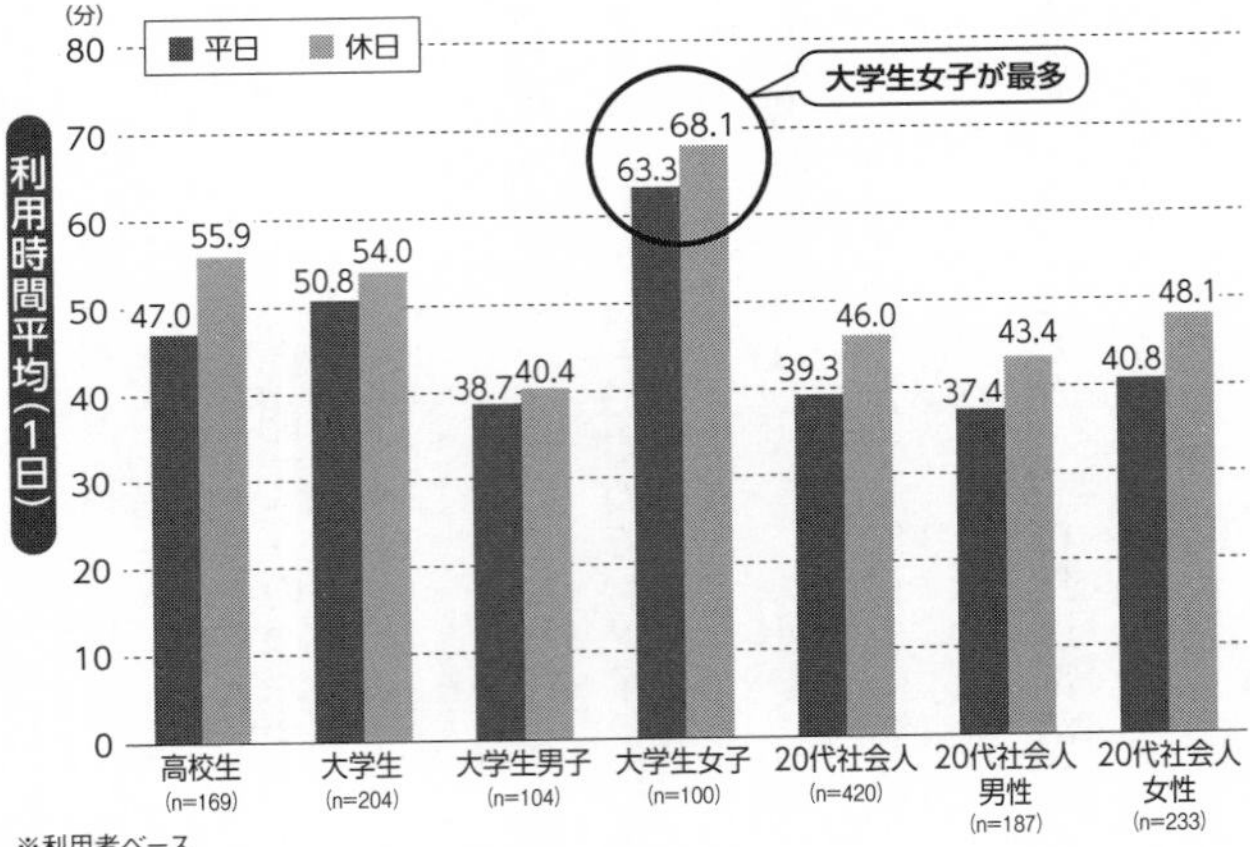


※利用者ベース
※中学生、高校生の男女別、ミドルは母数が少ないため無記載

図4－5　若年層のツイッター１日当たり平均利用時間

ちなみに、ツイッターに限らず、全てのSNSは若年層男子より若年層女子の方が利用率が高いので（女子の方が他人に関心が高い）、SNSは若年層女子のものである、ということができます。

企業が情報拡散を狙う場合、Z世代を狙わないといけない、と前述しましたが、厳密に言うと、情報拡散の上でキーとなるのはZ世代の女子であることを理解する必要があります。

ツイッターの平均利用時間も、平日、休日ともに全てのクラスタで男性より女性の方が長くなっています（図4-5）。SNSは若年層女性のもの、という言葉は、ここからも裏付けられます。

また、平日、休日ともにやはり時間的ゆとりがあり、SNS感度の高い大学生女子（平日63・3分、休日68・1分）が最も長時間、ツイッターを利用していることが分かりました。

**若者はツイッターのアカウントを平均2・11個持っている**

図4-6はツイッターの平均アカウント数を示したものです。これを見ると、若年層はツイッターのアカウントを平均2・11個持っていることが分かります。

全体平均は2.11個

| | 高校生 n=169 | 大学生 n=204 | 20代社会人 n=420 |
|---|---|---|---|
| 平均 | 2.82個 | 2.45個 | 1.79個 |
| 1個 | 37.3% | 43.1% | 57.6% |
| 2個 | 20.1% | 20.6% | 23.1% |
| 3個 | 18.9% | 17.6% | 12.1% |
| 4個 | 12.4% | 9.8% | 3.8% |

※利用者ベース

図4－6　若年層が所有するツイッターアカウント数

| | | |
|---|---|---|
| 1位 | 身内アカ | 54.9% |
| 2位 | 公開アカ | 37.5% |
| 3位 | 趣味アカ | 27.0% |
| 4位 | アイドルアカ | 23.6% |
| 5位 | 愚痴アカ | 14.3% |

※利用者ベース　n=419

図4－7　若年層が複数アカウントを持つ理由

| | | |
|---|---|---|
| 1位 | 日常の些細な様子、出来事 | 69.7% |
| 2位 | 自分の趣味にまつわること →全SNS中1位 | 46.2% |
| 3位 | お出かけ・旅行の様子 | 18.7% |
| 4位 | 愚痴・悪口 →全SNS中1位 | 15.6% |
| 5位 | ネタ →全SNS中1位 | 14.5% |

※利用者ベース　n=419

図4－8　若年層はツイッターに何を投稿するのか

また、Z世代の高校生は、平均すると3個近い2・82個のアカウントを持っていて、4個持っている子も12・4％、3個持っている子も18・9％います。

若年層がツイッターのアカウントを複数持つ理由を、ツイッターをやっていない、あるいはあまりツイッターに馴染めていないミドル層は理解できないかもしれません。

Z世代がツイッターのアカウントを複数持つ理由は、コミュニティごとにアカウントを使い分けているからです。

図4‐7の1位に、ツイッターで複数アカウントを持つ理由として、「身内アカ」（若年層所有率54・9％）とありますが、これは本当に仲の良い友達（身内）とだけやり取りするアカウントで、アカウントに鍵をかけ、他の人には見られない設定にしているものです。

2位の「公開アカ」（若年層所有率37・5％）とは、その名の通り、誰でも見られるようにしているアカウントで、大して親しくもない人に紹介するアカウントです。

余談ですが、私は毎年、全国のたくさんのZ世代にインタビューを行っています。その際に「ツイッターのアカウント教えて。君をフォローしたい」と言うと、大変残念ながら、この「公開アカ」を教えられることが多く、このアカウントでは、ほとんどの若者があまりつぶやかないので、インタビュー後に彼らの情報をツイッターから得るのは難しい状況です。

私としては、せっかくインタビューでその子の考え方やライフスタイルを知ることができたので、さらに深く理解するために、その子がどう変化していくのかをトレースして研究材料にしたい。しかし、彼らからすると、時に毒づくこともある自分の真の姿を、一回インタビューされただけのハゲたおじさんに見られ続けるのは嫌なのだと思います。

3位の「趣味アカ」(若年層所有率27・0%)は、好きなアニメなどの情報収集をしたり、それに関するつぶやきだけを行ったりするアカウントのことです。

4位の「アイドルアカ」(若年層所有率23・6%)は、自分の推しのアイドルの情報収集やつぶやきだけを行うアカウントです。

5位の「愚痴アカ」(若年層所有率14・3%)は、愚痴や悪口だけをつぶやくアカウントです。これが時に誹謗中傷や炎上の原因になります。そして、これは誰にも教えないか、ごく親しい人にだけ教える最も秘匿性の高いアカウントです。

## 「裏垢」と炎上体験

もうだいぶ前の話になりますが、こんなことがありました。

私があるアイドルグループについてツイッターに書いたコメントが、やや誤解もあり、ファンの人たちによって少し炎上してしまったことがあります。ファンたちから飛んできたあまりに心ない罵詈雑言に傷ついた私は、仕事を手伝ってくれている若者数人に「あのアイドルのファンはおかしいと思わない？」といった内容のＬＩＮＥを送りました。

ところが、数人の若者の中にそのアイドルのファンがいたようで、私の文章がスクショ（スマホの画面の写真を撮ること）され、おそらくその中の誰かの「愚痴アカ」に載せられ、それが他のファンに発見され、さらに炎上する、といった出来事がありました。

私の文章を晒した本人は、自分だと特定される情報が一切載っていない「愚痴アカ」に載せたので、その晒し行為を私が発見しても、それが自分と特定される恐れがないと思ってやったのでしょう。

事実、いまだにそれが誰の仕業なのか分かりません。おそらくあまり親しくない子だったとは思うのですが、とても悲しい出来事でした。

なお、公開アカウント以外、どのアカウントを周りの人に教えるか、隠すかは人それぞれですが、その人が隠したいアカウントのことを「裏垢（裏アカウント）」と呼びます。

最近の企業は、自社を受けている就活生の本性を暴くために、彼らの「裏垢」を探すのに躍起になっているという話もあります。


このように、ツイッターはすぐにいくつものアカウントを作ることができ、一人が複数のアカウントを持つことが普通です（インスタも同じく複数アカウントを作ることができるが、若年層の平均アカウント数は１・４９個〈高校生１・７５個、大学生１・６０個、20代社会人１・３８個〉とツイッターより少なく、複数アカウントはツイッターの特徴と言ってよいかもしれない）。即席で匿名のアカウントを作り、他人を誹謗中傷する際に使うといったケースを、皆さんも報道などで目にしたことがあるでしょう。

一見穏やかそうに見えるZ世代が、裏でこうした炎上に加担しているケースもあります。上の世代を含めた多くの人間に多面性がありますが、彼らは日常を様々な顔で矛盾なく過ごしているので、表面的なリアルな場での印象だけでZ世代を判断してはいけないと思います。

なお、「ＳＮＳで炎上経験がある」と回答した人は、若年層男子で８・０％でした。13～29歳の男子の１割弱が炎上体験をしたことがあることも覚えておくとよいかもしれません。

では、Z世代は、ツイッターに何を投稿するのでしょう。

154ページ図4-8の2位「自分の趣味にまつわること」（若年層46・2％）は、若年層に限ると全SNS中1位であり、前述のように、「自分の趣味」や「推しのアイドル」について熱い思いや情報をつぶやく場としての魅力がツイッターにあることが分かります。

また、4位「愚痴・悪口」15・6％、5位「ネタ」14・5％も、若年層に限ると全SNS中1位でした。

鬱憤やウサを晴らしたり、くだらないことで笑ったりする場としての魅力も高いようです。

## インスタグラムはツイッター以上に女子のもの

次に、Z世代とインスタグラムの関係について見ていきましょう。

クラスタごとのインスタグラムの利用率を見ると、ツイッター同様、どのクラスタも女子の方が男子よりも利用率が高いことが分かります。同時に、男女の利用率の差がツイッターより大きいことも分かります（図4-9）。

高校生男子43・1％に対して高校生女子74・8％、大学生男子45・3％に対して大学生女

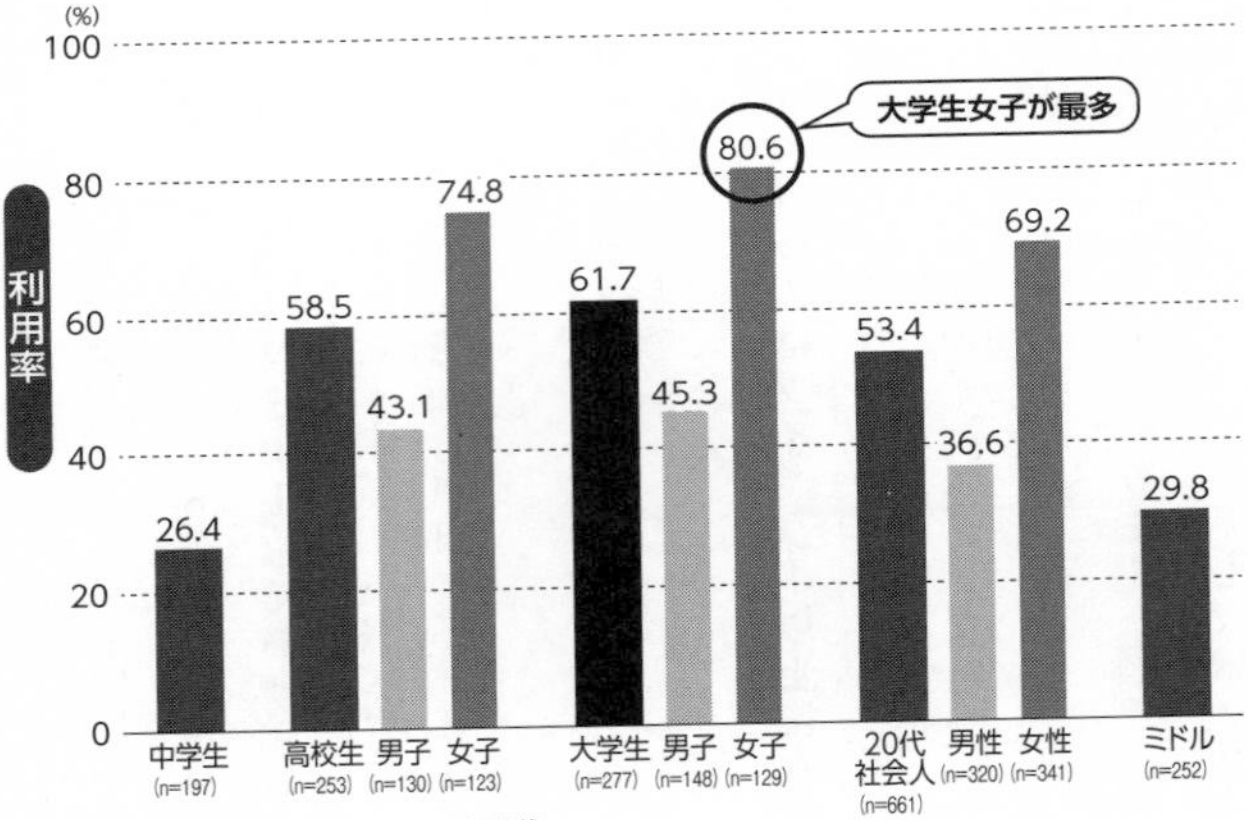


※中学生の男女別は母数が少ないため無記載

図4－9　若年層のインスタグラム利用率

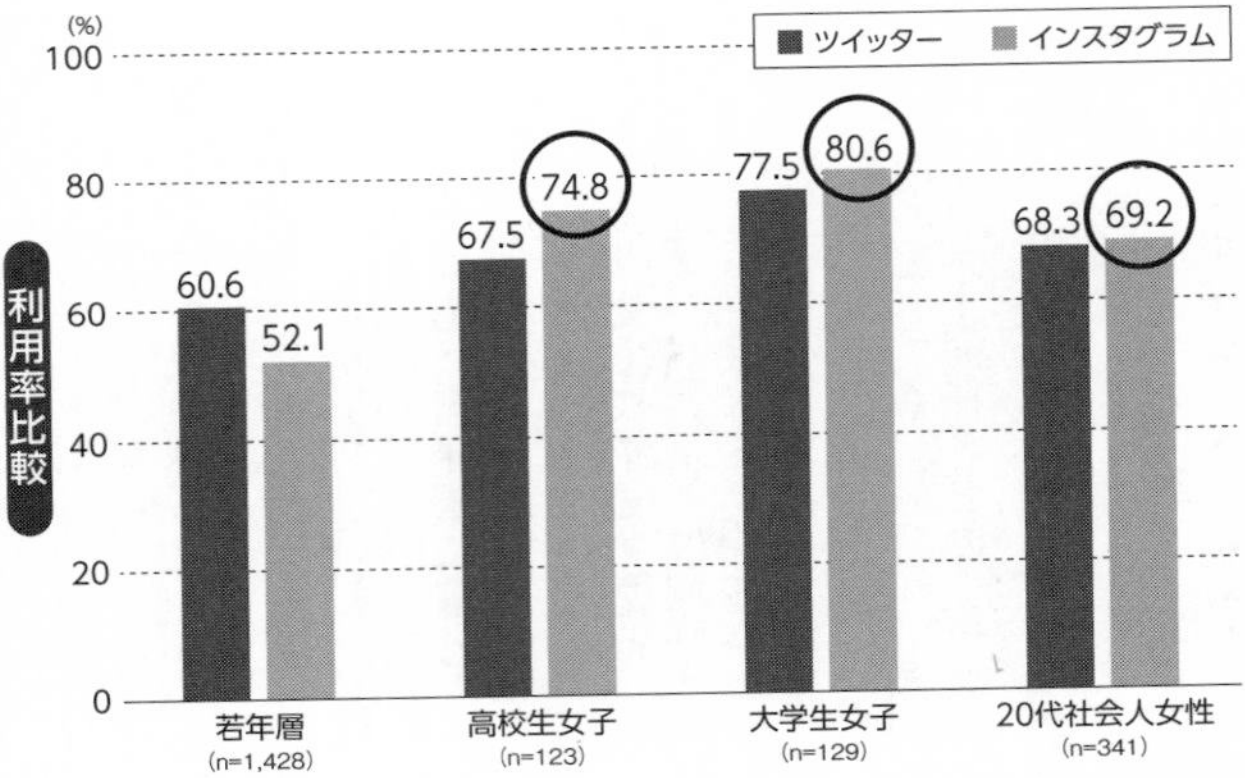


図4－10　若年層女子のツイッターとインスタグラムの利用率比較

子80・6％、20代社会人男性36・6％に対して20代社会人女性69・2％となっています。

インスタグラムは、ツイッター以上に「Z世代女子のもの」と言えるでしょう。

この理由として、テキスト中心のツイッターと違い、インスタグラムは写真や動画中心のSNSなので、美しいものを見るのが女子の方が好きだったり、映える写真を撮るのが女子の方がうまかったり、そもそも映える写真を撮ることのできるトレンドスポットに、男子より女子の方が行く機会が多かったりすることなどがあると考えられます。

以前、あの村上春樹さんも1年だけいた都内の有名な男臭い男子寮に、テレビの取材で行ったことがあります。その寮に住むZ世代男子にインタビューしたのですが、これだけ「インスタ映え」と言われる世の中であるにもかかわらず、多くの子がインスタをあまり利用していませんでした。

なぜインスタを使わないのか聞くと、「普段、男だけで汚い部屋で過ごしているので、インスタ映えする写真を撮る機会がない」「寮で体育祭のようなものがあるが、男だけで裸で行うので全くインスタ映えせず、とても載せられない」といった答えが返ってきました。彼らのこの回答が、インスタというSNSの特徴をよく表しています。

ただし、インスタをやっていない、あるいはインスタに興味がない若年層男子が一定数いたとしても、彼らも女子のいる大学のサークルで出かける時やデートの時はオシャレなパンケーキ店に行ったり（行かされたり？）するので、Z世代全体の行動原理や消費原理が、インスタを中心に形成されていることは理解しておかなくてはなりません。

ツイッターとインスタグラムについて、若年層女子の各クラスタの利用率を比較してみると、どの層でもインスタがツイッターを上回っていることが分かります（160ページ図4-10）。

高校生女子はインスタ74・8％に対してツイッター67・5％、大学生女子はインスタ80・6％に対してツイッター77・5％、20代社会人女性はインスタ69・2％に対してツイッター68・3％となっています。

Z世代にとって、「SNSの王様はツイッター」ですが、Z世代の女子に限定すると、「SNSの王様はインスタグラム」であり、「インスタ映え」は特にZ世代女子のもの、と言うことができます。

インスタグラムの各クラスタの平日、休日別の利用時間を見ると、ツイッター同様、時間的ゆとりがあり、情報感度の高い大学生女子が最も利用していることが分かります（図4-11）。平日55・3分、休日62・7分となっています。

図4-12は、インスタグラムに投稿する内容に関する若年層の調査結果です。2位「お出かけ・旅行の様子」46・2％は全SNS中1位でした。これは非日常の綺麗な景色や風景の投稿を指しており、いわゆる「インスタ映え」を最も象徴しています。

## インスタグラム・ストーリーズについて

次に、インスタの一機能であるインスタグラム・ストーリーズについて見てみましょう。

前述のように、これは投稿した写真や動画が24時間で消えるという機能で、Z世代には「ストーリーズ」と呼ばれています（フェイスブックにもLINEにもストーリーズ機能が加わりましたが、あまり使われていません。図4-3参照）。

24時間で消えてしまうので、あまりキマってない、あまり映えない写真や動画でも載せやすいと、今、急激に利用率が上がっています。

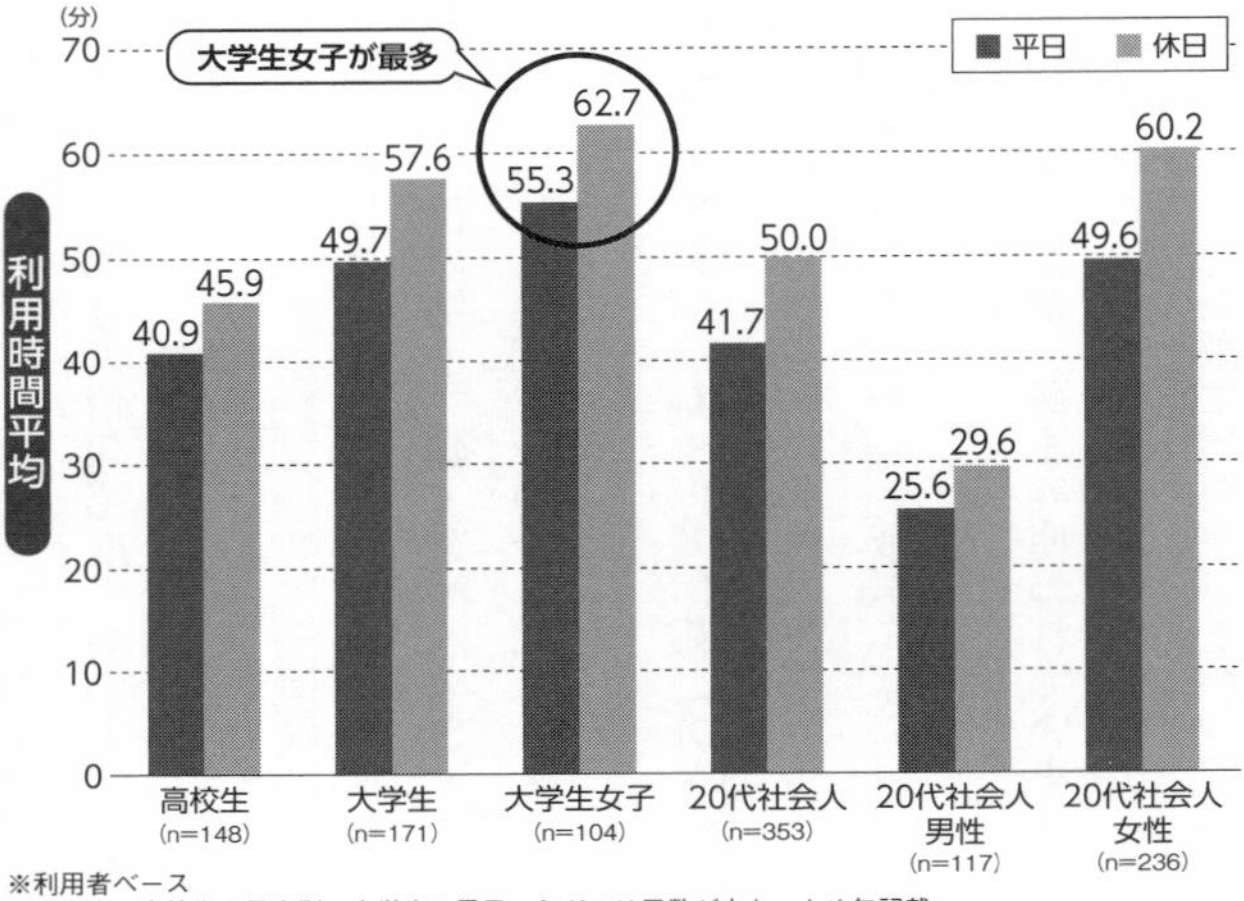


※利用者ベース
※中学生、高校生の男女別、大学生の男子、ミドルは母数が少ないため無記載

図4－11　若年層のインスタグラム1日当たり平均利用時間

| | | |
|---|---|---|
| 1位 | 日常の些細な様子、出来事 | 50.7% |
| 2位 →全SNS中1位 | お出かけ・旅行の様子 | 46.2% |
| 3位 | 自分の趣味にまつわること | 18.7% |
| 4位 | ご飯・カフェ・レストランに関すること | 15.6% |
| 5位 | 自分の画像・情報 | 14.5% |

※利用者ベース　n=477

図4－12　若年層はインスタグラムに何を投稿するのか

元々はスナップチャットというSNSが生み出した機能でしたが、インスタグラムがこれを取り入れてから利用者が急増しています（どれだけ急増しているかは後述）。

利用率を見ると、スマホ所有率がまだ6割の中学生（7・1％）やミドル（6・0％）はストーリーズをあまり使っていないことが分かります（図4‐13）。

また、20代社会人女性の利用率（23・2％）も、高校生女子（35・8％）や大学生女子（38・0％）に比べるとかなり低く、ストーリーズは「ゆとり世代」ではなく、Z世代の女子に特に使われている機能と言えるでしょう。

## 最も投稿されやすいSNS

ストーリーズは投稿しやすいと書きましたが、実際にストーリーズは、圧倒的に投稿されているSNSです。若年層の46・4％が月に1～9回投稿しており、これは全SNS中1位の数値です（図4‐14）。

マスコミに勤務する中高年のおじさまで、フェイスブックに一日何回も熱い持論を投稿している人をよく目にしますが、Z世代が最も投稿しているストーリーズでさえ、月に1～9

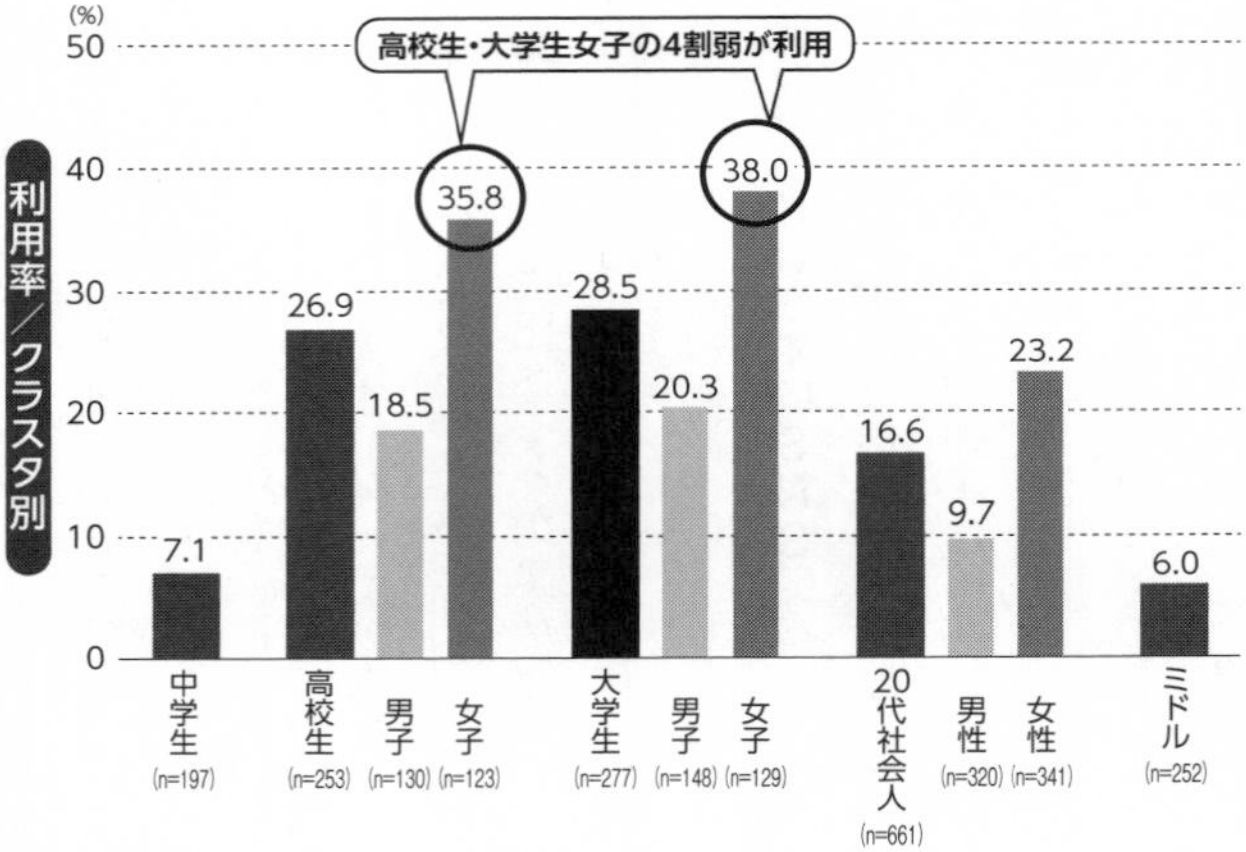


※中学生の男女別は母数が少ないため無記載

図4－13　若年層のインスタグラム・ストーリーズの利用率

**若者の1ヶ月の投稿頻度**

| | |
|---|---|
| 1回未満 | **31.7%** |
| 1～9回<br>全SNS中最多 | **46.4%** |
| 10回以上 | **21.9%** |

※利用者ベース　n=278

図4－14　インスタグラム・ストーリーズは若年層が最も投稿するSNS

| | | |
|---|---|---|
| 1位 | 日常の些細な様子、出来事<br>→全SNS中1位 | 50.7% |
| 2位 | 自分の趣味にまつわること | 33.5% |
| 3位 | お出かけ・旅行の様子 | 33.0% |
| 4位 | ご飯・カフェ・レストランに関すること<br>→全SNS中1位 | 22.9% |
| 5位 | イベント<br>→全SNS中1位 | 21.6% |
| 6位 | 友人に関すること<br>→全SNS中1位 | 18.3% |

※利用者ベース　n=218

図4－15　若年層はインスタグラム・ストーリーズに何を投稿するのか

回（週に2回程度）の投稿が平均です。

主張したいことがあふれまくっている投稿頻度の高いおじさまは、実はZ世代に相当煙たがられている可能性があるのでご注意下さい。

## SNSは「一投入魂」

1章でZ世代の特徴として「自己承認欲求」と「発信欲求」を挙げましたが、これらはSNS投稿の「頻度」によって満たされているのではない点も重要です。

むしろ投稿「頻度」の高い人は、Z世代の間では煙たがられたり、センスがないと思われていたりする可能性があります。

彼らは周りに煙たがられない数少ない投稿――しかし自分のセンスを周りに示せる珠玉の投稿で、自分たちのこうした欲求を満たしているのです。

ストーリーズの投稿は気軽だと書きましたが、それでも多くの人に見られる場である以上、インスタのフィード投稿ほど気合を入れないにしても、珠玉の一投稿に力を注いでいるのです。SNSは「一球入魂」ならぬ「一投入魂」が基本だと、持論投稿好きなおじさまたちには分かっていただきたいところです。

## インスタのフィード投稿との違い

では、Z世代を中心とする若年層は、ストーリーズにどんな投稿をしているのでしょう。全SNS中1位だったのは、「日常の些細な様子、出来事」50・7％、「ご飯・カフェ・レストランに関すること」22・9％、「イベント」21・6％、「友人に関すること」18・3％でした（166ページ図4‐15）。

「イベント」には非日常の映え写真・動画も含まれるかもしれませんが、基本的には、あくまで「日常のちょっとした映え」を投稿するのがストーリーズ、「バッチリインスタ映え」を狙った写真を投稿するのがフィード投稿、と覚えておくとよいかもしれません。

フィード投稿が「オン」のインスタ映え、ストーリーズが「オフ」のインスタ映え、という表現が分かりやすいかもしれません。

## フェイスブックは働く若年女性のビジネスツール

次に、マスコミのおじさまたちが大好きなフェイスブックについて見ていきましょう。

唯一フェイスブックだけが、若年層よりミドルに利用されているSNSであることは前述

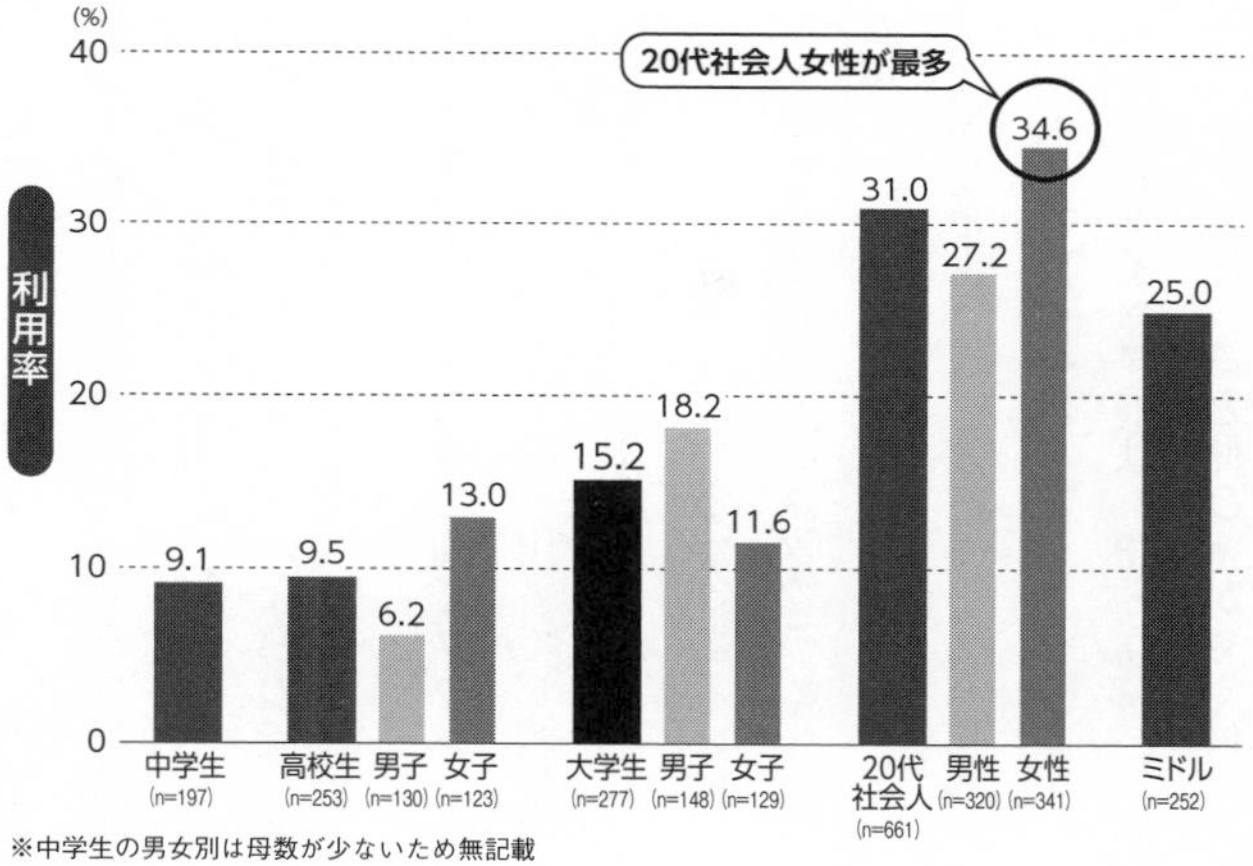


※中学生の男女別は母数が少ないため無記載

**図4－16　クラスタ別フェイスブックの利用率**

した通りです。

ところが、クラスタ別で見ると、フェイスブックは20代社会人（31・0％）、その中でも女性（34・6％）に最も使われており、この層はミドル（25・0％）以上であることが分かりました（図4－16）。

前述のように、本章のデータの「20代社会人」には「ゆとり世代」（26〜29歳の社会人）も含まれており（20〜25歳の社会人はZ世代に該当）、76ページでゆうこすさんが言っていた通り、フェイスブックは「ゆとり世代（特に女性）のSNS」と言えるかもしれません。

ただし、Z世代の年齢が上がれば、フェイスブックの利用率も上がる可能性もあります。

つまり、フェイスブックは、「ゆとり世代」のSNSなのか、若手社会人（特に女性）のビジネスツールなのかは、もう少し時間が経たないと判明しないということです。

ただ、Z世代の大学生以下の利用率が大変低いSNS（高校生9・5％、大学生15・2％）であることは間違いないので、現時点ではZ世代のアイテムとは言えません。

## フェイスブックは若者の間でダウントレンド

図4‐17は、1年前と比べて、若年層がそのSNSを利用することが増えたかどうかを質問したものです。数字は、1年前より「増えた」と答えた人が、「減った」と答えた人を何パーセント上回っているか、あるいは下回っているかを示しています。

これを見ると、インスタグラム・ストーリーズが＋54・7％で1位、次いでインスタグラムが＋53・9％、TikTokが＋49・2％と続きます。

前述したように、まだベースとしての利用率はそこまで高くはないものの、今、若者の間で最もきているのはインスタグラム・ストーリーズなのです。

4位のツイッターは＋23・0％と、伸びてはいるものの、もともと利用率が高いため、他のSNSに比べると伸び率がやや低いと言えるかもしれません。

Q.1年前と比べて、以下のメディアを利用する頻度はどう変化しましたか?

| | インスタグラム・ストーリーズ n=278 | インスタグラム n=744 | TikTok n=199 | ツイッター n=865 | フェイスブック n=298 |
|---|---|---|---|---|---|
| 利用増減 若年層の回答の「増えた割合」−「減った割合」 | +54.7 | +53.9 | +49.2 | +23.0 | −12.0 |
| 増えた 上記選択肢で1か2を選択 | 66.2% | 63.0% | 61.8% | 44.2% | 24.2% |
| 減った 上記選択肢で4か5を選択 | 11.5% | 9.1% | 12.6% | 21.2% | 36.2% |

※各メディア利用者ベース

図4−17　若年層の利用が「増えた」「減った」SNS

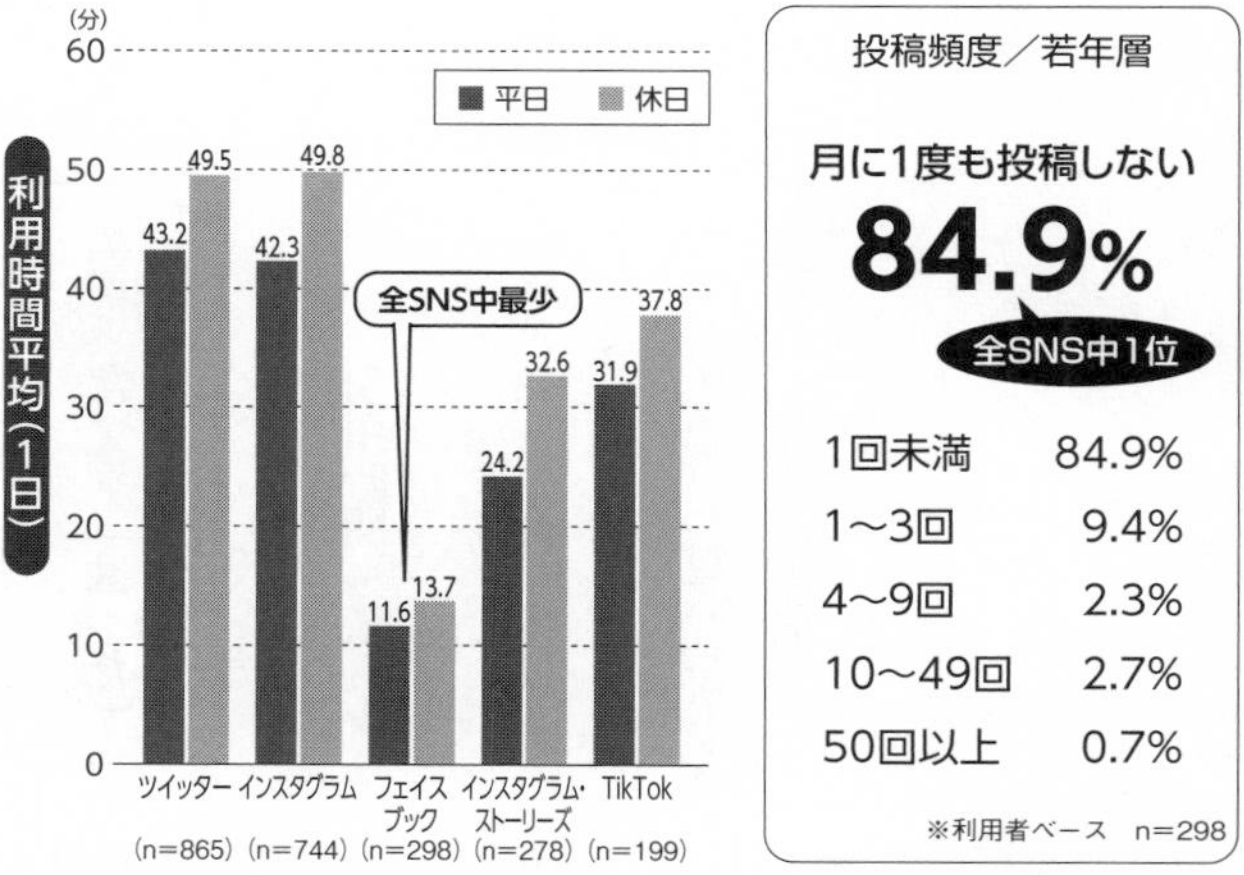


図4−18　若年層のフェイスブック１日当たり平均利用時間・投稿頻度

フェイスブックだけがマイナス12・0%と、唯一、1年前より利用が「増えた」と答えた人が「減った」と答えた人より少なく（他のSNSは全て「増えた」が「減った」を上回った）、フェイスブック全体が若年層の間でダウントレンドになっていることが分かります。

フェイスブックについては、若年層の間で利用率だけでなく、利用時間も最も少ないSNSだということが分かります（前ページ図4-18）。

平日11・6分、休日13・7分の利用時間は、ツイッターの平日43・2分、休日49・5分、インスタグラムの平日42・3分、休日49・8分、インスタグラム・ストーリーズの平日24・2分、休日32・6分、TikTokの平日31・9分、休日37・8分と比べると短い結果です。

そして、若年層の84・9%が月に一度も投稿しない、と回答しており、投稿しにくいSNSである、ということも分かります。

## TikTokはZ世代女子のもの

続いてTikTokについて見てみましょう（図4-19）。

TikTokは現在、アメリカと中国の間で政争の具となっています。詳細は省きますが、こ

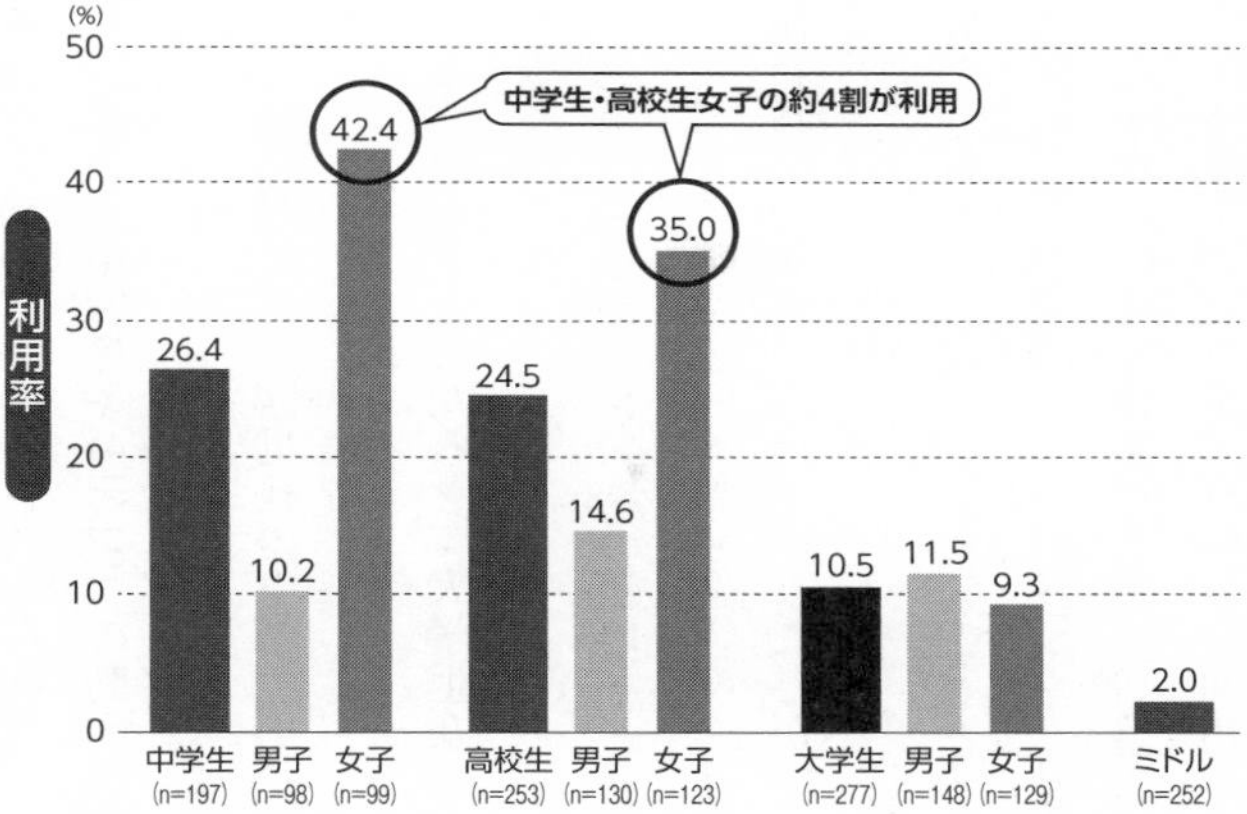


※中学生の男女別のサンプル数は少ないので、あくまで参考値

**図4－19　若年層のTikTokの利用率**

**ツイッターは圧倒的SNSの王様**

利用率で見るSNSの王様は若年層（約6割）、ミドル（約3割強）と、共にツイッター。

**インスタグラムは女性の中でSNSの王様**

若年女性はインスタの利用率がツイッターを上回る。特に大学生女子の利用率（80.6%）と利用時間（平日55.3分、休日62.7分）が最長。

**フェイスブックは中年SNS**
**ただし、20代社会人女性（「ゆとり世代」が中心）だけには強い**

唯一ミドル（3割弱）が若年層（約2割）を上回るSNS。しかし、利用率はミドルもツイッターとインスタに及ばない。ただし、20代社会人（「ゆとり世代」が中心）、特に20代社会人女性だけには強い（利用率3割強）。

**TikTokは中高生女子のもの**

TikTokは中学生女子（4割強）と高校生女子（4割弱）。Cf.ミドル2.0%。

**図4－20　押さえるべきSNSの特徴は四つ**

の報道で初めてこのSNSの存在を知った中高年の方もいるかもしれません。

今後の米中関係やTikTokの動向はさておき、日本では、Z世代の中学生女子の42・4%、高校生女子の35・0%が使っていることが分かります。

これに対して、同世代の中学生男子は10・2%、高校生男子は14・6%と、男子は利用率が低いことが分かります。

また、大学生になると、大学生女子の利用率9・3%（大学生全体では10・5%）とさらに低くなります。

ツイッターやインスタの利用率と利用時間は、大学生女子がトップでした。TikTokについては、中学生女子や高校生女子により使われているという点で、若者の中でもより若者に使われているSNSだということができると思います。

「TikTokを中高年のおじさんたちが使うようになって、おじさんたちに見られたり、おじさんたちから連絡がきたりするようになった女子高生たちが気持ち悪いと感じ、若者のTikTok離れが起こっている」という噂話を聞いたことがある人もいるかもしれません。

しかし、図4－19を見る限り、TikTokは「中学生女子、高校生女子のメディア」であり、ミドルはたったの2・0%しか利用していません。

フェイスブックは「ゆとり世代」のもの、今、利用者が急増しているストーリーズと女子中高生に使われているTikTokはZ世代女子のもの、と言ってよさそうです。

ここまでの話をまとめましょう（173ページ図4-20）。

①ツイッターは圧倒的SNSの王様
②インスタグラムは若年層女子の間でSNSの王様
③フェイスブックはゆとり世代以上のSNS
④TikTokは中高生女子のもの

以上、Z世代の「SNS生活」を見てきました。

## テレビとYouTube

次に、Z世代とSNS以外のメディアについて説明していきます。

最初に「若年層」という視点で最も注目すべき、もはやガチンコのライバルになりつつあ

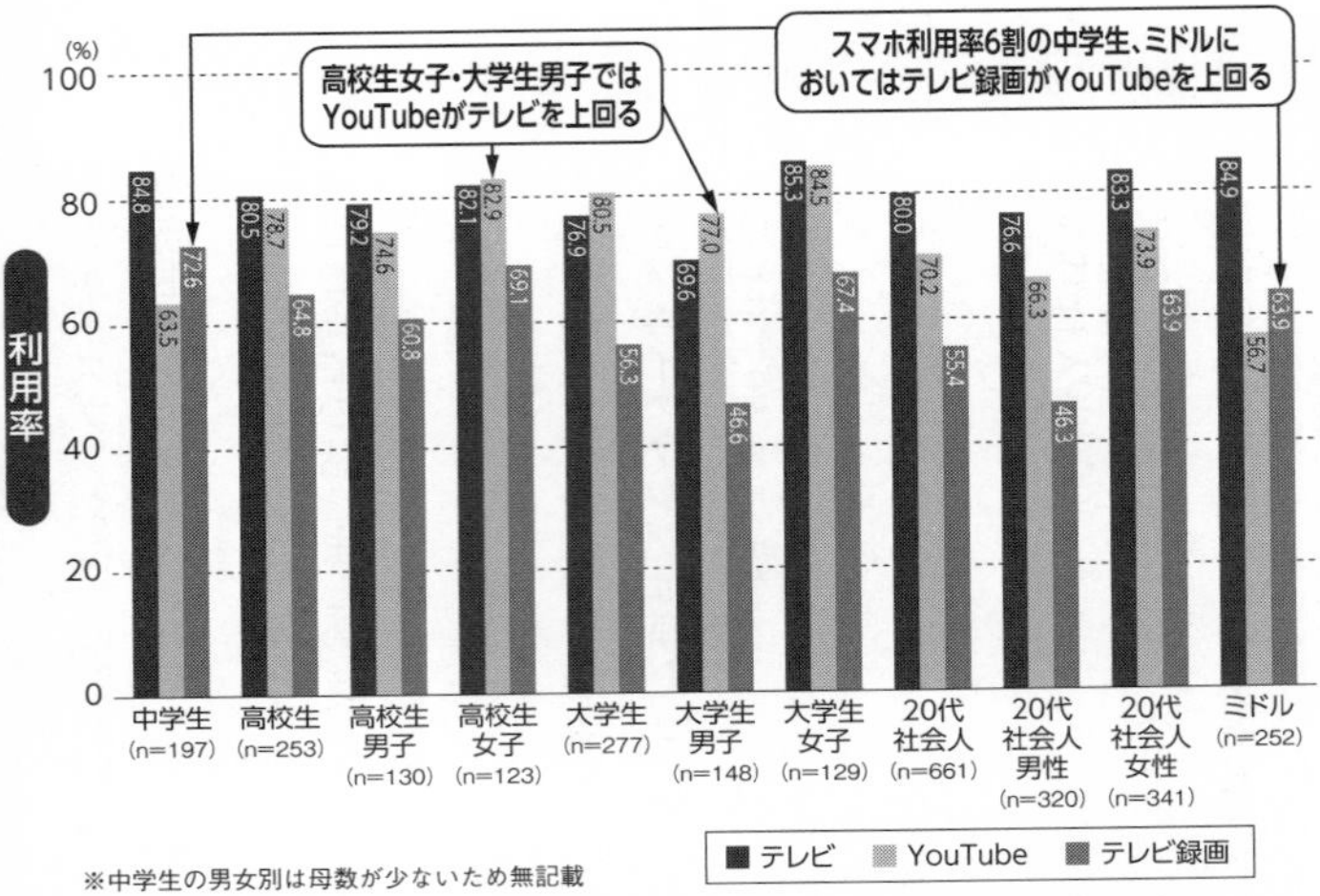


図4－21　クラスタ別のテレビ、YouTube、テレビ録画の利用率比較

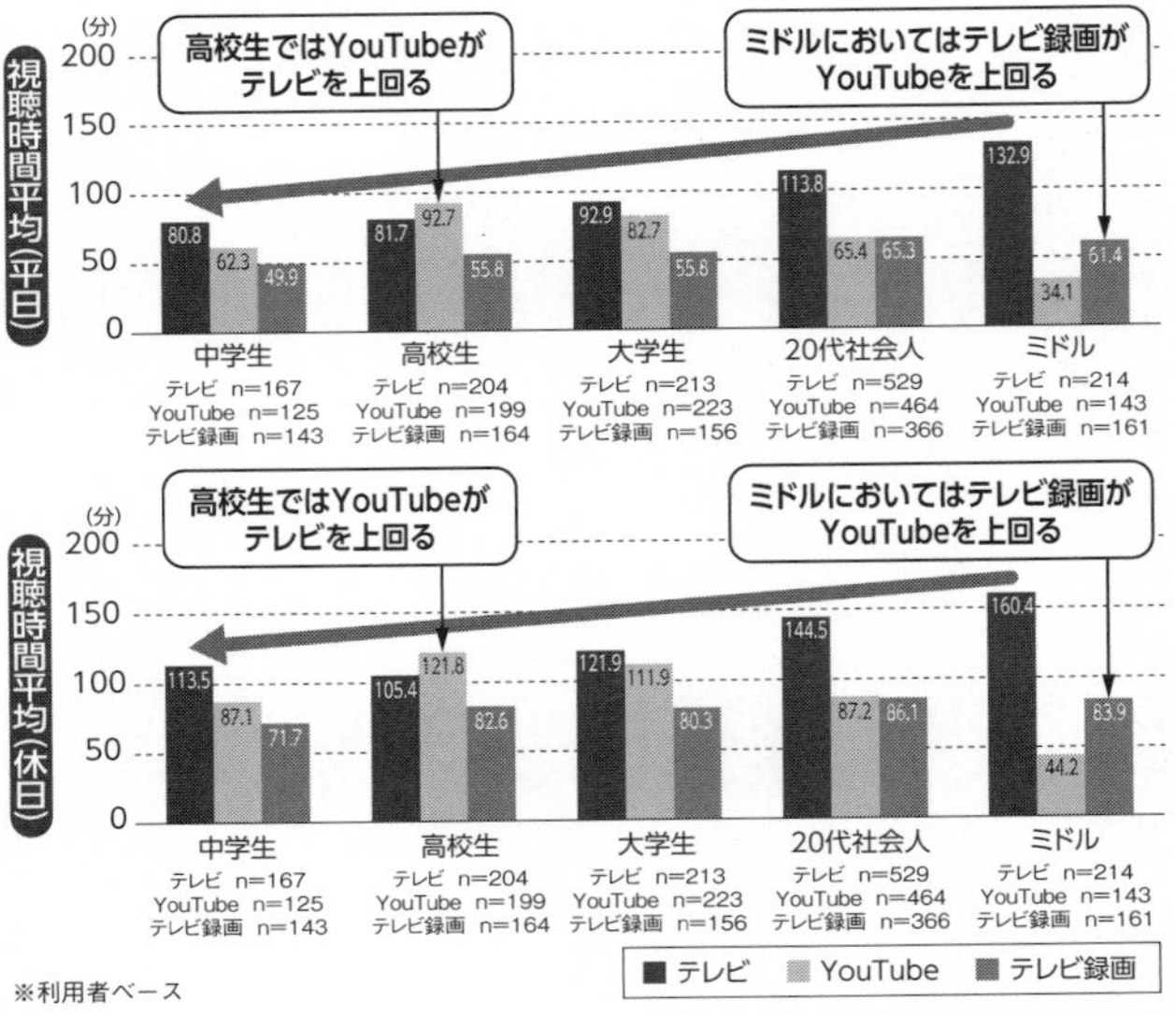


図4－22　クラスタ別のテレビ、YouTube、テレビ録画の１日当たり平均視聴時間比較

ると言っても過言ではない、テレビとYouTubeについて見ていきたいと思います。

図4‐21は「テレビ」「YouTube」「テレビ録画」について、各クラスタの利用率の比較をしたものです。

この図を一望すると、中学生からミドルまで、テレビを利用しない層がどのクラスタでも2割程度はおり、利用率の観点からは「若者のテレビ離れ」が起こっている、とは言えないことが分かります。

とはいえ、高校生女子、大学生男子では、YouTubeの利用率（それぞれ82・9%、77・0%）がテレビのそれ（それぞれ82・1%、69・6%）を上回っており、Z世代から本格的にテレビ利用率の低下が起こるという予測も成り立ちそうです。

1章で前述したように、テレビ局がこぞってお笑い第7世代や東大王を起用するようになっている背景も、ここからうかがえます。

また、スマホ所有率がまだ6割である中学生と、テレビ世代であるミドルはテレビ依存度が高く、テレビ録画の利用率が特に高いことも分かります。

## 習慣からコンテンツへ

176ページの図4‐22はテレビとYouTubeの利用時間を比較したものです。年齢が若くなればなるほど、テレビの視聴時間が減っていることが分かります。図4‐21の利用率では、それほど年代差はなかったものの、この利用時間を見ると、「若者のテレビ離れ」が進行していることが分かります。

Z世代は、年齢的にまだ実家にいる人も多く、親がテレビをつけていることも多いので、テレビの利用率自体は上の世代と変わりません。しかし昔の若者のように、家にいる間はずっとテレビを見ている、といった視聴スタイルは消えつつあり、「この日のこのドラマだけは見よう」「このバラエティだけは見よう」などと、見たいコンテンツだけを見るような視聴スタイルに変化している可能性があります。

私のSNSには、日々、全国のたくさんの若者から連絡や相談が寄せられます。「若者研究」をしているので、どうやら「自分たちのことを分かってくれる人だ」と思ってくれているようです。彼らに、私のことをどこで知ったか聞くと、大概は私が出ている比較的若者向けのテレビ番組で、よく出ている中高年視聴者がメインの情報番組を挙げる若者はあまりいません。比較的若い層に見られている朝の情報番組に出ていた時は、渋谷の道玄坂を歩いていると多くの若者に声をかけられましたが、その番組を卒業した今は中高年がよく見る情報番組に複数出ているので、上野や浅草で中高年の方に話しかけられるようになりました。

かつてみんなで見るマスメディアであったテレビはターゲットメディアになりつつあり、それぞれの人が見たいコンテンツだけを見るメディアに変わってきていることを実感します。

テレビ視聴のスタイルが、受像機や視聴習慣に依拠するのではなく、コンテンツに依拠するようになっているということは、テレビ局にとってはかなり危機的状況にあると言えます。

今、動画視聴の方法は多様化し、テレビだけでなくアマゾンプライムやネットフリックスなどの動画配信アプリなども存在しています。テレビ自体を見る視聴習慣が変化しているということは、若年層向けのコンテンツをテレビ局が作り続けないと、彼らは、自分たち向けのコンテンツを流してくれる他のサービスへ容易に移行してしまうのです。

また、前述したように、若くなればなるほど、複数のＳＮＳの利用率が高くなっており、結果、「メディアの分散化」が起こっているという点も、若くなればなるほどテレビの視聴時間が減っていることの理由の一つでしょう。

## テレビとYouTubeの棲み分け

若年層は、テレビとYouTubeで、それぞれ何を見ているのでしょう。

図4－23を見ると、「バラエティ」（テレビ67・0％、YouTube30・5％）だけは両者に共通しているものの、テレビではニュース51・7％、国内ドラマ42・5％、アニメ35・6％、YouTubeでは音楽47・4％、趣味31・7％、ゲーム実況30・5％と、現状では、意外と視聴コンテンツの棲み分けがされていることが分かりました。

別の見方をすれば、こうなります。

平成の高齢化の時代に、テレビ局が世帯視聴率にこだわり、中高年中心の編成になり、テレビから若者向けの音楽番組などがどんどん減っていきました。テレビがこうした若者向けのジャンルを捨てている間に、YouTubeがそれらのジャンルを拾いながら拡大してきた、ということもできそうです。

ちなみに、YouTubeにおける「バラエティ」とは、YouTuberによる独自コンテンツだけでなく、過去のテレビのバラエティ番組の違法アップロードも含まれていると思います。

**視聴ジャンル／テレビ**

| | | |
|---|---|---|
| 1位 | バラエティ | 67.0% |
| 2位 | ニュース | 51.7% |
| 3位 | 国内ドラマ | 42.5% |
| 4位 | アニメ・特撮 | 35.6% |
| 5位 | 邦画 | 27.4% |
| 6位 | 音楽 | 24.4% |

n=1,184

※利用者ベース

**視聴ジャンル／YouTube**

| | | |
|---|---|---|
| 1位 | 音楽 | 47.4% |
| 2位 | 趣味 | 31.7% |
| 3位 | ゲーム実況 | 30.5% |
| 3位 | バラエティ | 30.5% |
| 5位 | アニメ・特撮 | 25.4% |
| 6位 | 音楽 | 24.4% |
| 7位 | メイクHow To | 18.3% |

n=1,041

図4－23　若年層はテレビとYouTubeでそれぞれ何を見ているのか

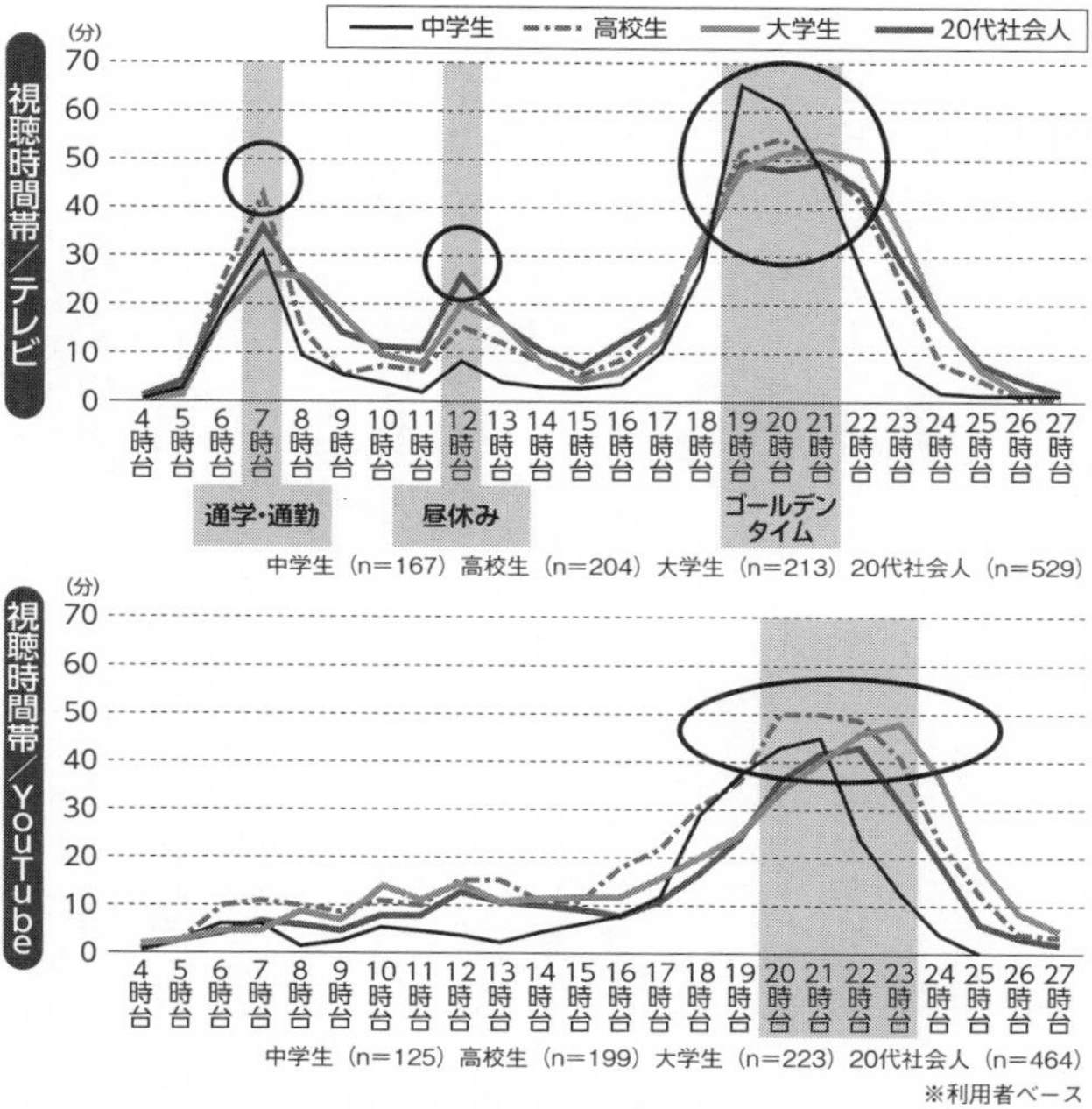


図4－24　若年層のテレビとYouTubeの視聴時間帯の比較

## Z世代の夜の可処分時間の取り合い

前ページの図4-24は、若年層のテレビとYouTubeの視聴時間帯についての結果です。テレビの視聴時間が減っている今時の若年層も、テレビを見る時は昔ながらの視聴時間帯に見ていることが分かりました。具体的には、若年層にも昔ながらの三つの視聴時間帯の山（通学・出勤前の朝、昼休み、夜のゴールデンタイム）があるということです。

それに対しYouTubeは、圧倒的に「夜型メディア」であることが分かります。

このことから、朝の通学・出勤前に時計代わりにテレビをつける習慣、昼休みなどにテレビを見る習慣は若年層の間でもまだある程度健在であり、YouTubeと食い合っていないものの、夜の時間帯は、テレビとYouTubeがガチンコのライバルになっていることが分かります。

今、テレビのゴールデンタイムから深夜のバラエティ番組で、お笑い第7世代の起用が増えていますが、お笑い第7世代と人気YouTuberたちによる「Z世代の夜の可処分時間の取り合い」戦争が勃発しているであろうことが想像できます。

ここまでのポイントをまとめましょう（図4-25）。

①YouTubeの利用率は、Z世代の高校生、大学生あたりからテレビを超えるようになってきている。

②テレビは、スマホ所有率がまだ低い中学生と、30代以上のミドルに特に強い。

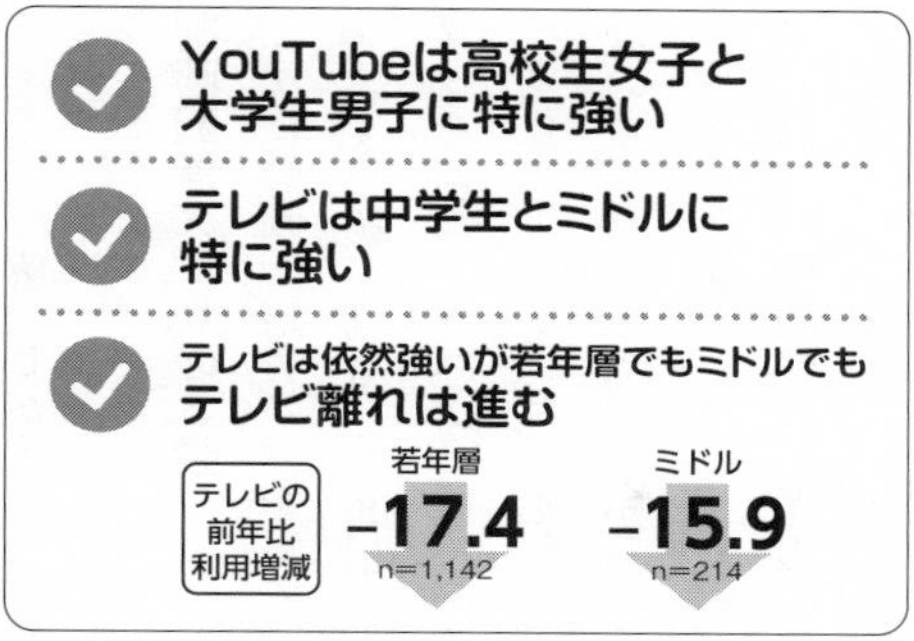
YouTubeは高校生女子と
大学生男子に特に強い
テレビは中学生とミドルに
特に強い
テレビは依然強いが若年層でもミドルでも
テレビ離れは進む
テレビの
前年比
利用増減
若年層
−17.4
n=1,142
ミドル
−15.9
n=214

図4−25　押さえるべきテレビとYouTubeのポイントは3つ

③テレビは若年層（マイナス17・4％）でもミドル（マイナス15・9％）でもダウントレンド（前年より利用が「増えた」と答えた人より「減った」と答えた人のパーセンテージが高かった）。

ただし、これはコロナ禍前のデータであり、今はコロナ禍によってお家《うち》時間が増え、テレビの視聴時間も全世代で増加している。しかし、アフターコロナの時代を見据えると、最大のテレビ世代である団塊世代が後期高齢者に突入し、あまりテレビを見られなくなる人も出てくるだろう。また、コロナ禍前にミドルにおいてもテレビがダウントレンドになっていたことを考えると、テレビが大きな変革を迫られる時期に差し掛かっていることは間違いない。

## 動画配信アプリの3強

次に動画配信アプリを見ていきましょう。

図4‐26を見ると、若年層にとってはＴＶｅｒ17・2％、ABEMA16・1％、アマゾンプライム15・5％が3強であることが分かります。

また、ＴＶｅｒは見逃したドラマの視聴が多く、ドラマは基本的に女性が好んで見るものなので、女性の利用率が高いこと。ABEMAは圧倒的に高校生女子の利用率が高く、インスタのストーリーズ、TikTok同様、Ｚ世代女子に強いメディアであること。アマゾンプライムは、圧倒的に若年層男子に見られており、その中でも特に大学生男子が多いことが分かりました。これはアマゾンプライムに学割があることと関係しているかもしれません。

では、それぞれの動画配信アプリで、どんなジャンルが見られているのでしょうか？

ＴＶｅｒではテレビで見逃した国内ドラマ、バラエティ、ABEMAではアニメ・特撮、恋愛リアリティ（ABEMAには恋愛リアリティ専門チャンネルがある）、アマゾンプライム

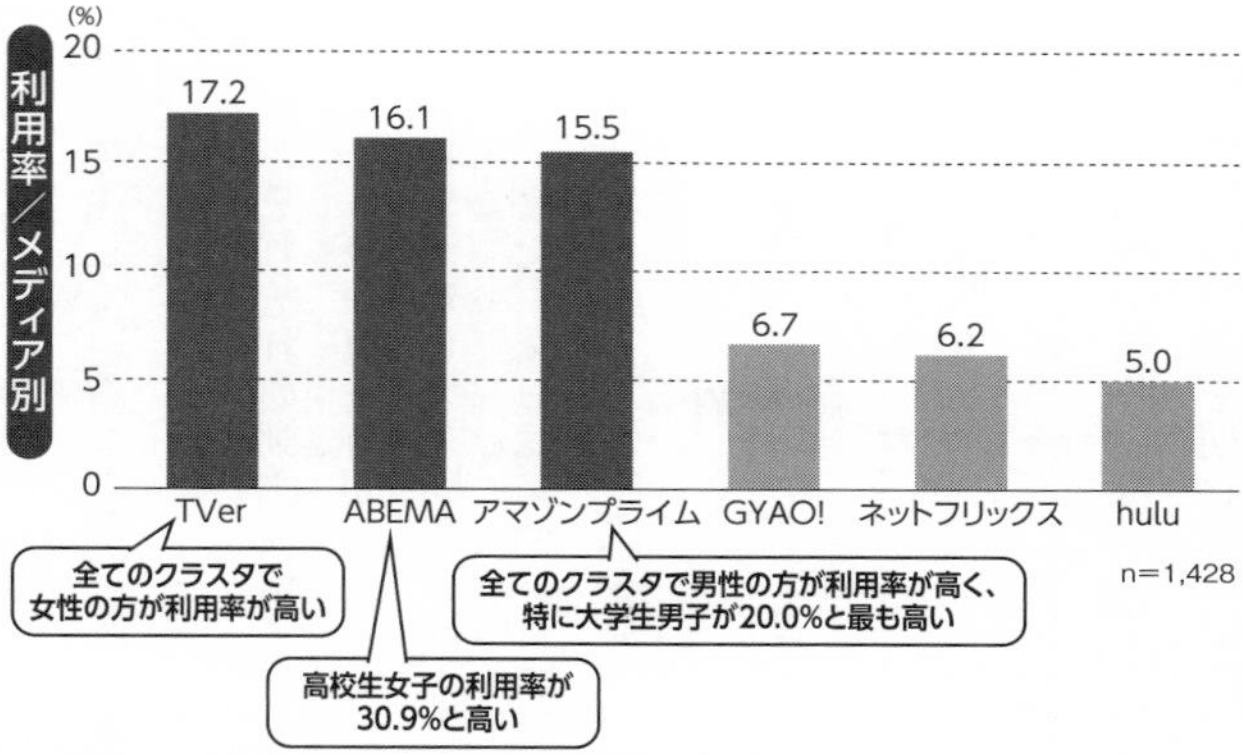


図4－26　若年層の動画配信アプリ利用率

| 視聴ジャンル／TVer | | 視聴ジャンル／ABEMA | | 視聴ジャンル／アマゾンプライム | |
|---|---|---|---|---|---|
| **1位　国内ドラマ** | 61.8% | **1位　アニメ・特撮** | 34.3% | **1位　映画（邦画）** | 59.7% |
| **2位　バラエティ** | 30.9% | **2位　恋愛リアリティ** | 33.9% | **2位　映画（洋画）** | 57.5% |
| 3位　映画（邦画） | 15.9% | 3位　バラエティ | 26.5% | 3位　アニメ・特撮 | 51.6% |
| 4位　アニメ・特撮 | 14.6% | 4位　国内ドラマ | 13.5% | 4位　海外ドラマ | 28.1% |
| 5位　恋愛リアリティ | 14.2% | 5位　音楽 | 10.4% | 5位　国内ドラマ | 27.1% |
| | n=246 | | n=230 | | n=221 |

図4－27　若年層は動画配信アプリで何を見ているのか

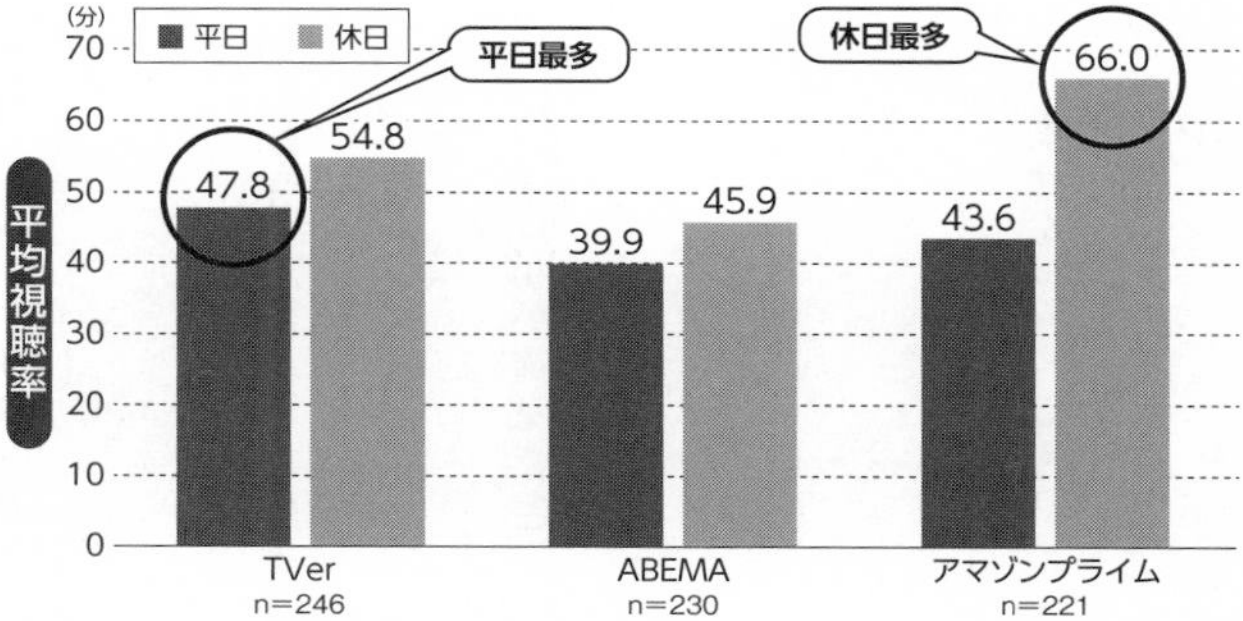


図4－28　若年層の動画配信アプリ別１日当たり平均視聴時間比較

では邦画、洋画が見られており、この動画配信アプリではこれを見る、というものが明確に存在していることが分かります（前ページ図４－27）。

それぞれの動画配信アプリの若年層の視聴時間を見ると（前ページ図４－28）、平日はＴＶｅｒの視聴時間が長く（47・８分）、これはおそらく見逃したドラマを平日の早いうちにキャッチアップしているであろうことが想像できます。

また、休日はアマゾンプライムの視聴時間が長く（66・０分）、これは時間が確保できる休日にゆっくり映画を見ているであろうことが読み解けます。

## 若者のコミュニケーションツールはＬＩＮＥ一強

次にコミュニケーションツールについて見てみましょう。

ＬＩＮＥについては言わずもがな、ほとんどの若年層が利用しています（図４－29）。しかし、どのクラスタでも１割くらいの若年層はＬＩＮＥを利用していません。

高校生以降、ほぼ全ての若者がスマホを持ち始めているので、この１割がほぼ無料で使えるＬＩＮＥを使わない理由は不明です。

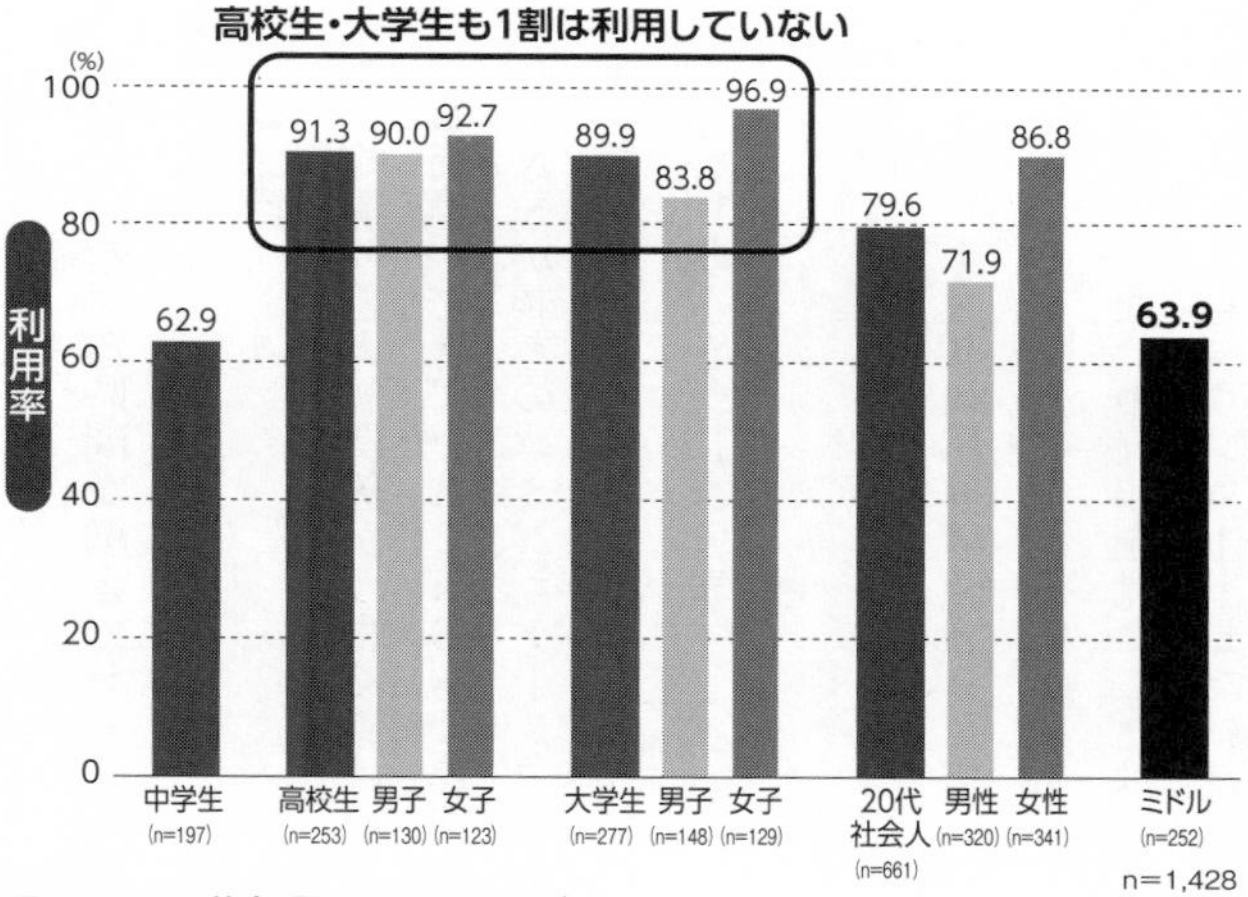


図4－29　若年層のLINE利用率

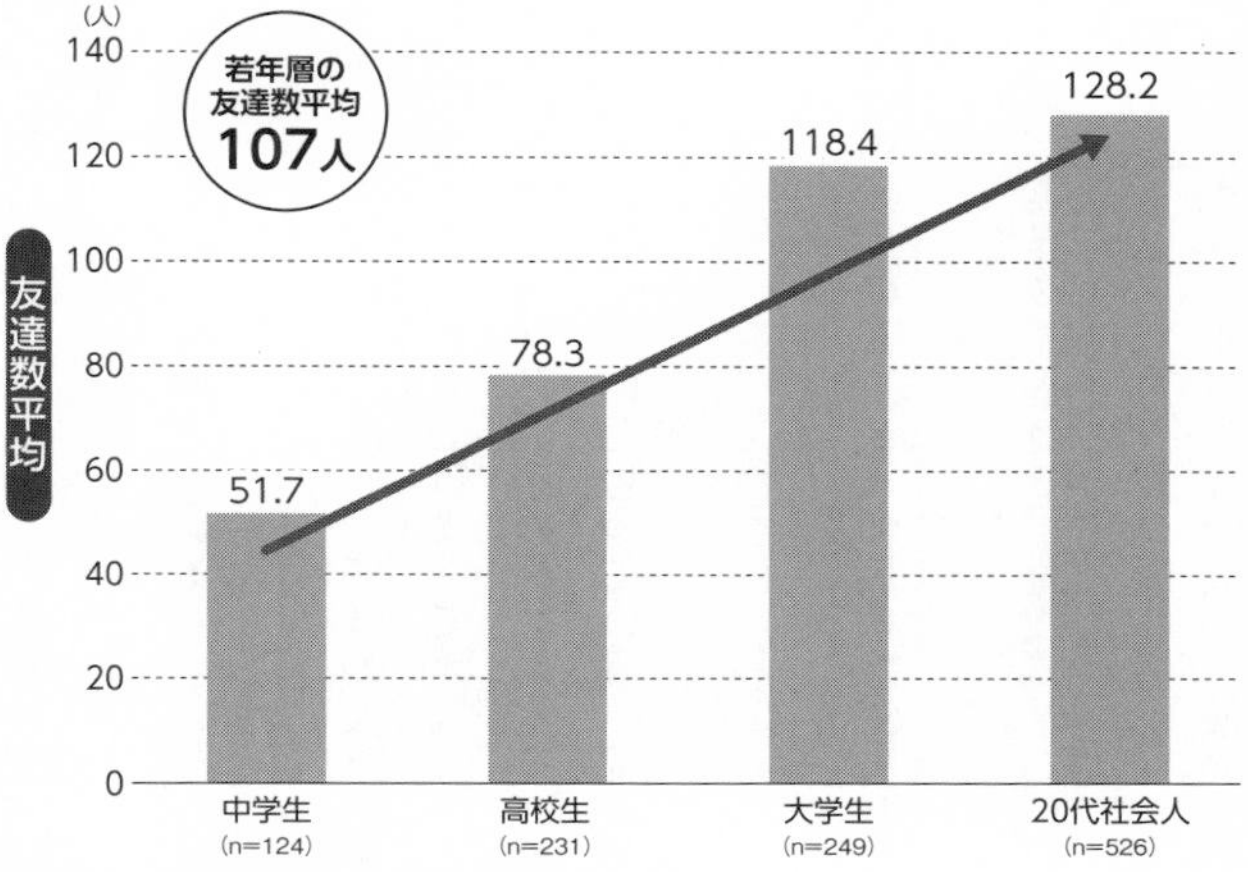


図4－30　若年層のLINEの友達数平均

私が日々Z世代にインタビューしている中で何度か出てきた話として、若年層の間でインスタグラムを見る時間が増えており、結果、インスタグラムのDM（ダイレクトメッセージ。LINEのように人とやり取りできる機能）でやり取りする人も増えている、というものがありました。

また、周りと人間関係がうまく築けない不器用なごく一部の若者は、クラスの人たちとLINE交換ができず、LINEを使わずに高校生活を終えることもあるようです。

LINEが若者のコミュニケーションインフラになればなるほど、その輪に入りそびれてしまった、あるいは入りたくても入れない、あるいは入りたくないと思っている一部の若者たちの心理状況が気になります。

話を図4－29に戻すと、スマホ所有率がまだ6割の中学生のLINE利用率は62・9％で、ミドルのLINE利用率は63・9％でした。

私はずっとメディアと関係する広告やマーケティング業界にいるので、同じ業界でLINEを使っていない中高年を見たことはありませんが、同窓会などで昔の友達に会うと、40代でもLINEをダウンロードしたけど使っていない、ダウンロードしていない、使い方がよく分からないという人がいて、とても驚くことがあります。

この「アプリの王者」とも言えるＬＩＮＥでさえ、ミドルの利用率が６割なのに、６割の人が登録しないと機能しないと言われる、政府が新型コロナ対策のために作った「接触確認アプリcocoa」を、普及させることができると本気で考えたのでしょうか？

ちなみに、フェイスブックメッセンジャーは、若年層の３・６％しか利用しておらず、フェイスブック同様、若者からは少し距離の遠いコミュニケーションツールです。

アメリカのティーンにかなり普及しているスナップチャットは、日本の若年層の間では３・７％しか使われておらず（高校生女子では８・９％）、ＬＩＮＥが普及している日本のＺ世代と、スナップチャットが普及しているアメリカのＺ世代の最大の違いと言うことができます。

米ＣＮＢＣによると、アメリカの10代が最も好きなＳＮＳアプリはスナップチャットです（34％がお気に入り）。２位はTikTok（同29％）、３位はインスタグラム（同25％）と続きます。

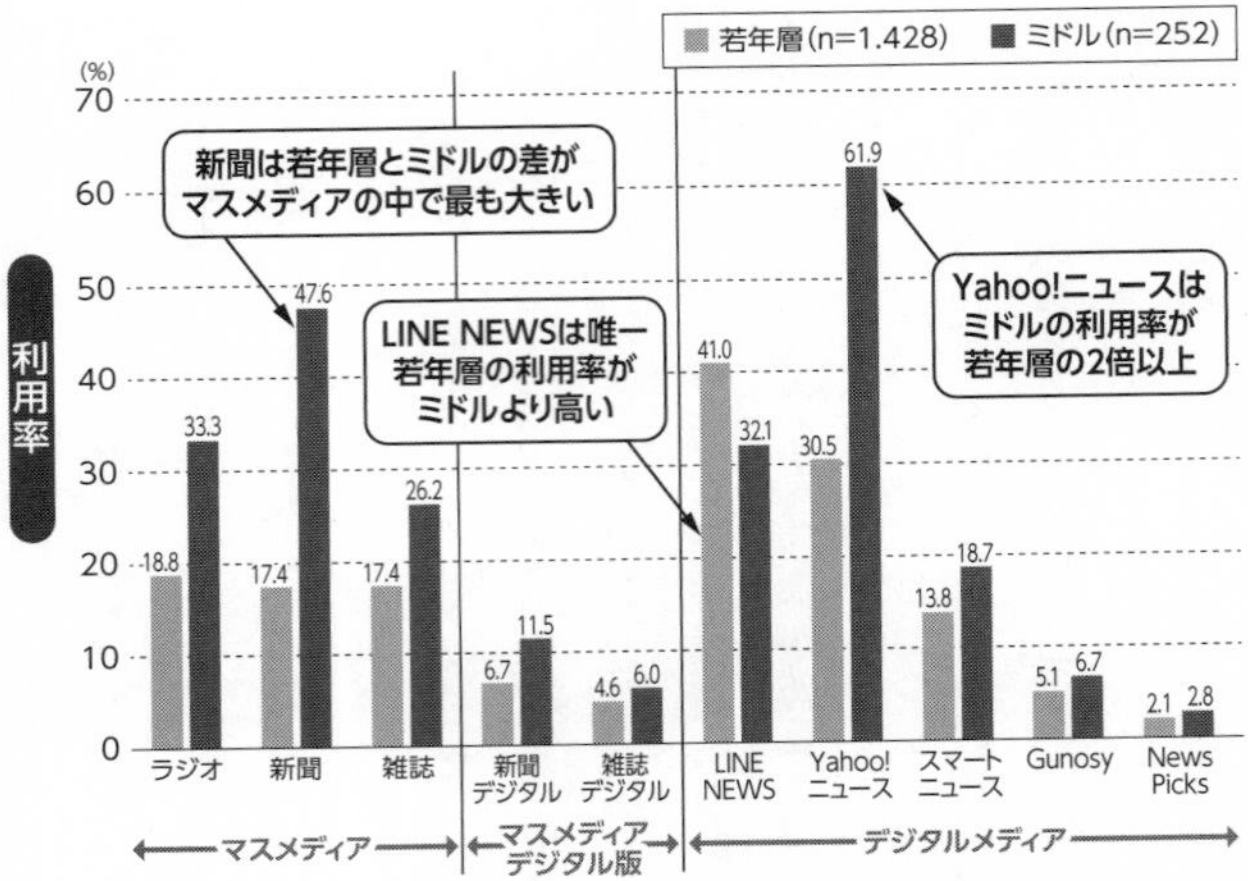


**図4－31　マスメディア、マスメディアのデジタル版、デジタルメディアの利用率**

また、ＬＩＮＥの友人の数は、年齢が上がり、人間関係が広がっていけばいくほど、増えていくことも分かりました（１８７ページ図４‐30）。若年層全体の平均は１０７人で、中学生では51・７人、高校生では78・３人、大学生では１１８・４人、20代社会人では１２８・２人です。

## ミドルの利用率が高いマスメディアとそのデジタル版

次に、マスメディアとマスメディアのデジタル版、デジタルメディアの利用率を見ていきましょう（図４‐31）。

ほとんど全てのメディアにおいて、それがデジタルであろうとなかろうと、ミドルの利用率が若年層のそれより高いことが分かります。

つまり、「ニュース」という存在自体を求める人はミドルに多く、若年層でニュースを求めている人は少ない、ということです。あるいは、〝若年層が求めているニュース〟を世の中のメディアが提供できていない、とも言えるかもしれません。

ただし、LINE NEWSの利用率だけは唯一若年層（41・0％）がミドル（32・1％）を上回っています。

これは、若者が普段からよく使うＬＩＮＥ上にあるニュースメディアなので、ＬＩＮＥをチェックするついでにLINE NEWSも見るという行為につながっているのでしょう。

また、LINE NEWSのニュースの内容自体も、新聞などのオールドメディアの観点からすると、とてもニュースとは言えないライトなものが多いこともウケる要因になっていると思います。

例えば、「もうイヤだ…。愛が冷めてしまい別れを悩んだ彼氏のＬＩＮＥ」「浮気相手の家に彼氏は来るのか?·確かめるべく、浮気相手の部屋に潜入【突撃!·浮気調査官Ｖｏｌ．13】」「必ずチェック!『彼女を大事にする』男性の見極めポイント」「大塚愛、バッサリ〝セルフカット〟のイメチェン報告に反響『器用すぎる』『めちゃくちゃ素敵』」——LINE NEWSにはこういったタイトルの記事がずらっと並んでいます。

逆に言えば、Z世代をつかむメディアになるためには、こうしたタイトルの記事こそが有効であり、重厚な政治ニュースを、政治離れしていると言われる彼らに伝えるのはなかなか困難であろうことが想像できます。

確かに政治ニュースは若者にはとっつきにくい存在ですが、生活していく上で大変重要なので、ニュースメディアの方々にはぜひ、LINE NEWSのライトなテイストを参考に、政治ニュースをZ世代に伝えていっていただきたいと思います。

## ラジオは若年層で最も伸びたマスメディア

「若者のテレビ離れ」よりずっと前から「若者のラジオ離れ」が言われてきました。実際、ミドルのラジオの利用率は33・3％、若年層の利用率は18・8％で大きな差があります。

ところが、若年層の中から高校生女子だけの数値を切り出すと、その29・3％がラジオを利用しており、ミドルの利用率に肉薄することが分かりました（図4‐32）。

「若者の雑誌離れ」も叫ばれてから久しく、実際、ミドルの利用率が26・2％なのに対し、若年層では17・4％と、かつて雑誌は若者のものでしたが、今や雑誌はミドルのものになっ

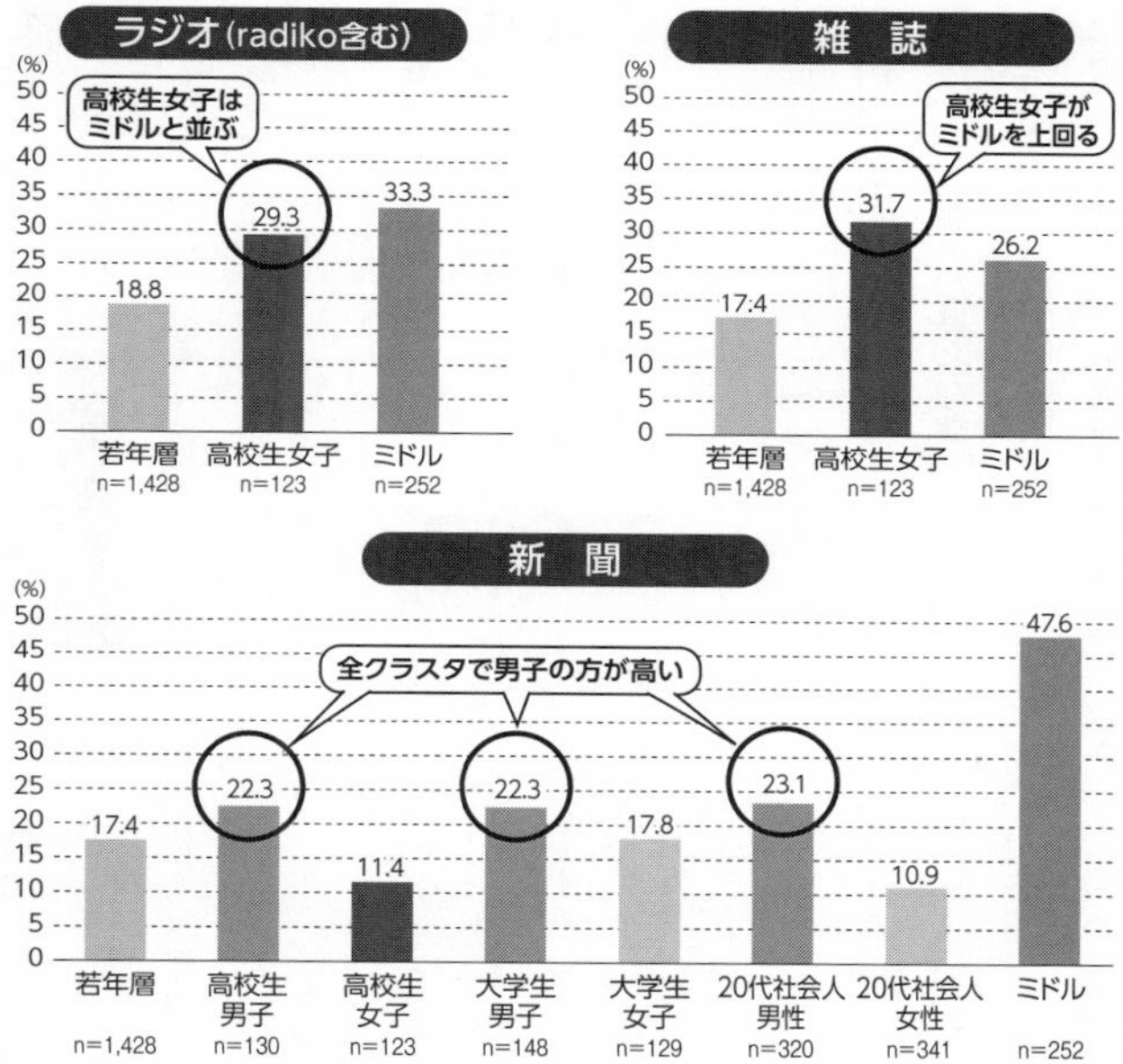


**図4－32　高校生女子のマスメディア利用率**

Q.1年前と比べて、以下のメディアを利用する頻度はどう変化しましたか？

| | ラジオ | 新聞 | 雑誌 |
|---|---|---|---|
| 若年層 | **+21.5**<br>増えた：41.6%<br>減った：20.1%<br>n=269 | **+4.0**<br>増えた：24.9%<br>減った：20.9%<br>n=249 | **−3.6**<br>増えた：23.3%<br>減った：26.9%<br>n=249 |
| ミドル | **+9.7**<br>増えた：35.9%<br>減った：26.2%<br>n=84 | **−10.0**<br>増えた：9.2%<br>減った：19.2%<br>n=143 | **−30.3**<br>増えた：4.5%<br>減った：34.8%<br>n=66 |

※利用者ベース

**図4－33　前年と比べて利用が「増えた」「減った」マスメディア**

ています。ところが、こちらも若年層から高校生女子の数値だけを切り出すと31・7%となり、なんとミドルを追い越します。

このように、最も感度の高いZ世代の高校生女子は、SNSはもちろんのこと、ラジオや雑誌などのオールドメディアからも情報をたくさん摂取していることが分かりました。

新聞はミドルの半数近く（47・6%）が利用しており（若年層は17・4%）、予想通り、ミドルのためのメディアだと言えます（この調査ではミドルは30〜50代なので、さらに上の高齢者にも調査を行えば、もっと高い数値が出るはずです）。

加えて、全てのクラスタで女性より男性の利用率が高く、新聞は中年男性（中高年男性？）のメディアということができるでしょう。

前述したLINE NEWSが女性的な切り口のニュース（恋愛の記事など）でZ世代全体の利用率を引き上げていることを考えると、オールドメディアである新聞がZ世代を取り込むには、「若年女性的な観点」というのも一つのキーになるかもしれません。

ちなみに、テレビを除く旧マスメディアの中で、この1年で利用が「増えた」と答える若年層が「減った」と答える若年層を大きく上回ったのは、ラジオ（＋21・5%）だけでした

（193ページ図4-33。一応「新聞」も上回っていますが、＋4・0％なので、誤差の範囲と考えるのが妥当です）。

ラジオがツイッターと同程度の数値が出るほど若年層の間で伸びている理由は、はっきりとは分かりません。しかし、最近、ラジオ側が人気YouTuberをパーソナリティーやゲストに取り込むことが多くなっているので（テレビ同様、ラジオもようやくZ世代に目を向け始めているのかもしれない）、これが若年層、特に高校生女子の利用を増やしているのではないか、と考えられます。

最近はテレビにも人気YouTuberの出演が増えていますが、前述したように、若年層の間でもミドルの間でもテレビはダウントレンドになっており（少なくともコロナ禍前までは）、この手法がラジオほどは効いていない、と言えるかもしれません。もちろん、テレビとラジオでは、もともとのユーザー数の桁が大きく違うので、純粋な比較はできませんが。

いずれにせよ、インスタグラム・ストーリーズ、TikTok、ABEMA、LINE NEWS、ラジオ、雑誌が、特にZ世代女子に強いメディアということが分かりました。

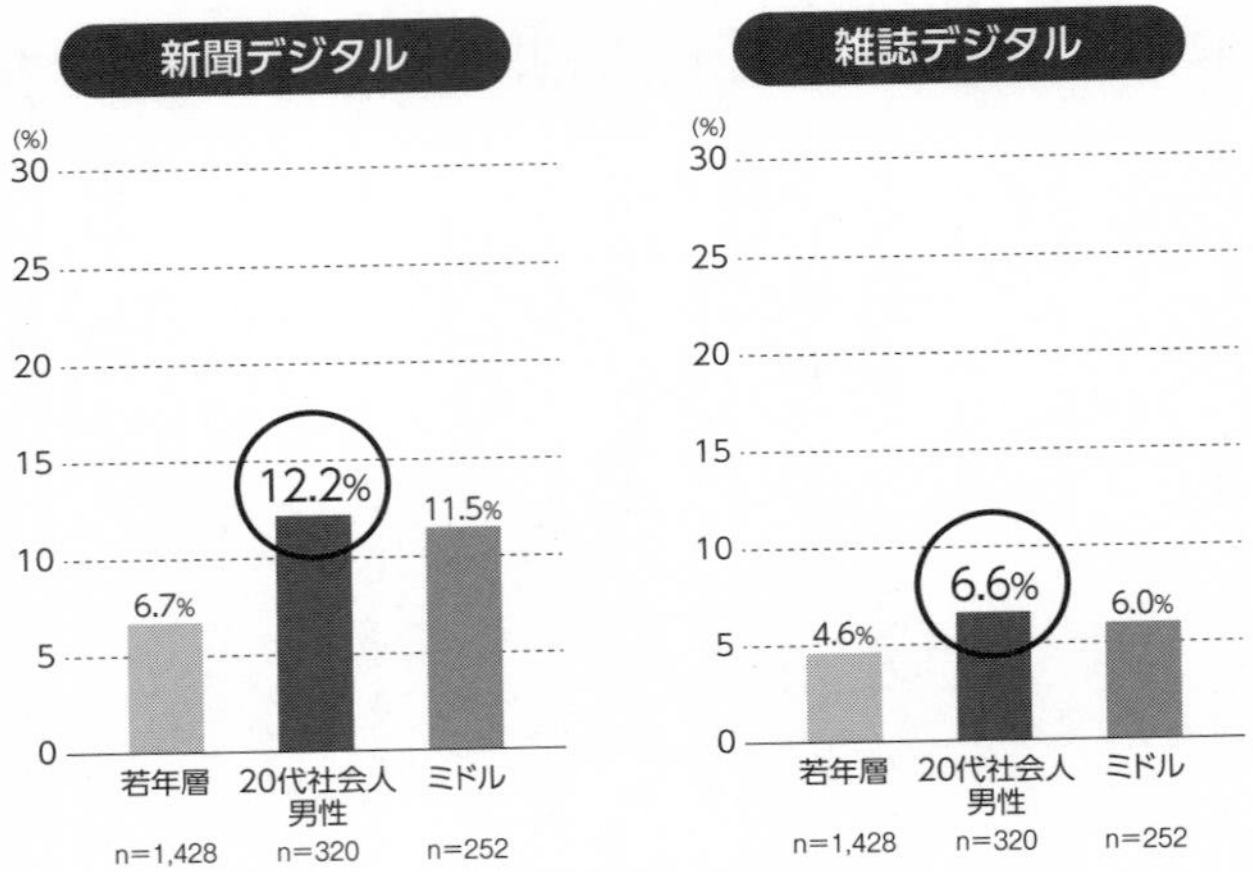


**図4－34　新聞と雑誌のデジタル版利用率**

## 新聞と雑誌のデジタル版について

新聞と雑誌のデジタル版は、前述した通り、紙でなくデジタル版であっても、若年層（新聞デジタル6・7％、雑誌デジタル4・6％）よりミドル（新聞デジタル11・5％、雑誌デジタル6・0％）の利用率が高くなっています（図4-34）。

しかし、20代社会人の数値だけを切り出すと、その利用率は若干ミドルを上回ります（新聞デジタル12・2％、雑誌デジタル6・6％）。大きな差はないので、ミドルと並ぶ、という表現が正確かもしれません。

20代若手社会人は、社会に早く溶け込むべく、社会常識を身につけようと、紙には手を出さないまでも、これらのデジタル版を読むようになっているのかもしれません。

かつての若者は、就活時期や入社後に突然、日本経済新聞を読み始めましたが、これに近い現象かもしれません。

ポスト団塊ジュニア世代である私も、就職が決まった後の大学4年時から、当時流行っていたｉモードで日経新聞を読むようになったことを覚えています。

ただし、20代社会人がミドルに並ぶと言っても、そもそも利用率自体が高くないので、20代社会人の一部にこういう傾向がある、という理解に留めておくのがよいと思います。

## Yahoo! ニュースは中年にとっての新しいマスメディア

LINE NEWS は若年層の利用率（41・0％）がミドルのそれ（32・1％）を唯一上回っている若者メディアだ、という話をしました。特に大学生女子の利用率はなんと6割を超え（60・5％）、20代社会人女性（52・5％）を大幅に上回っています（図4‐35）。

よって、LINE NEWS は、社会人が社会常識を得るためのメディアというより、大学生女子が暇つぶしに身近な情報を得るためのものと考えてよいでしょう。

一方、Yahoo! ニュースはミドルの6割以上（61・9％）が使っており、若年層の利用率

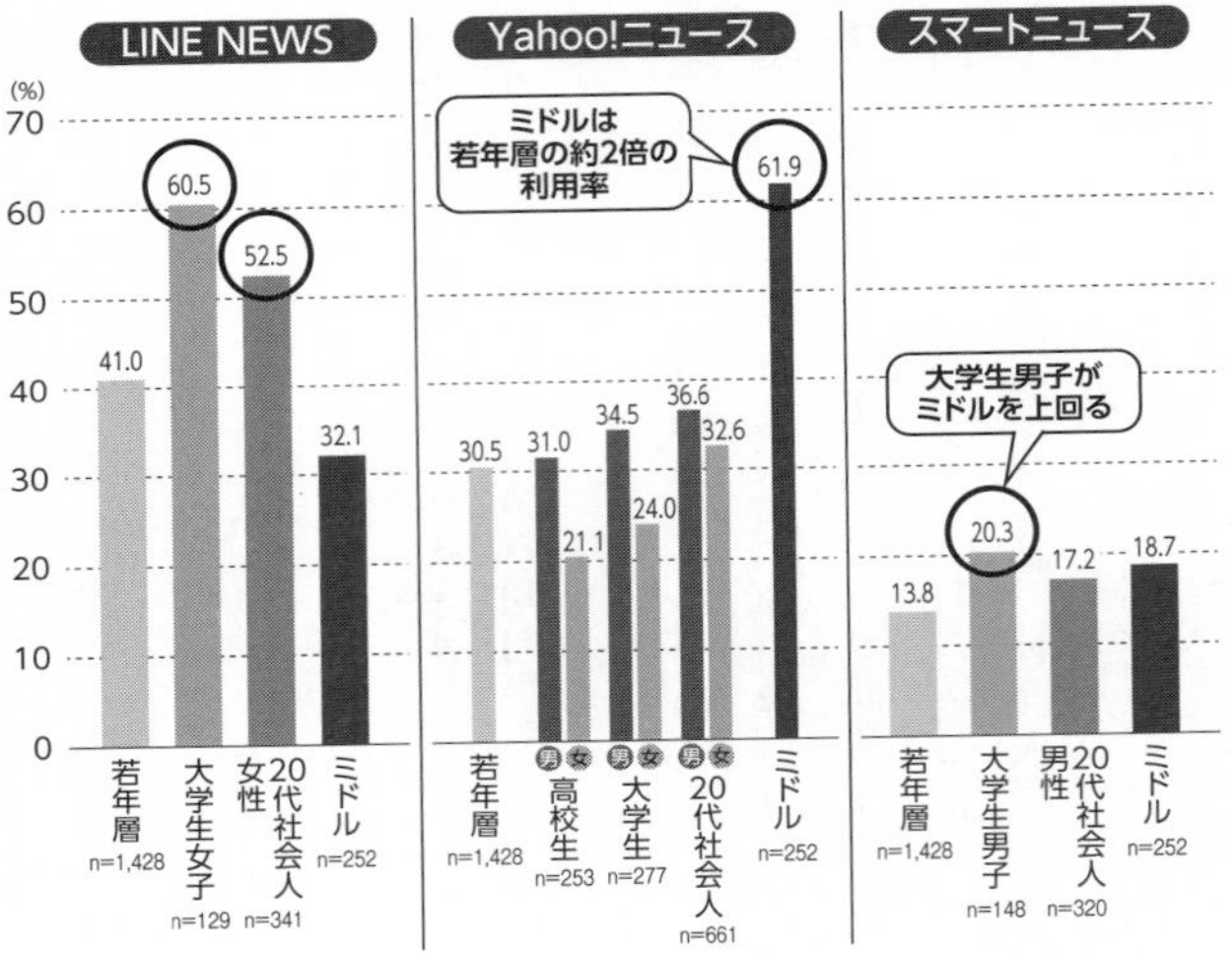


図4－35　デジタルメディア別利用率の比較

Q. 1年前と比べて、以下のメディアを利用する頻度はどう変化しましたか？

| | Yahoo!ニュース | LINE NEWS | スマートニュース |
|---|---|---|---|
| 若年層 | **+24.9**<br>増えた：37.4%<br>減った：12.5%<br>n=585 | **+21.7**<br>増えた：34.3%<br>減った：12.6%<br>n=435 | **+33.5**<br>増えた：47.2%<br>減った：13.7%<br>n=197 |
| ミドル | **+5.1**<br>増えた：14.7%<br>減った：　9.6%<br>n=156 | **+17.3**<br>増えた：23.5%<br>減った：　6.2%<br>n=81 | 母数が少ないので<br>無記載 |

※利用者ベース

図4－36　前年に比べて利用が「増えた」「減った」デジタルメディア

（30・5％）の2倍近くなので、「中年にとっての新しいマスメディア」と言えそうです。

スマートニュースはZ世代の大学生男子の数値（20・3％）が他のクラスタより高いのが特徴です。

この人気の理由ですが、大学生に聞いてみると、「自分好みにチャンネルをカスタマイズできる」「一般ニュースだけでなく、恋愛○○術などの軽い話題のまとめもある」「スマートモードにすると記事の簡単な内容がパッと分かる」の三つが大きいようです。

他に「通信制限状況下でも、事前にＷｉ‐Ｆｉ環境下で自動的に読み込んだニュースが読める」「ＣＭに出ている千鳥の影響も大きいのでは」「お得なクーポンがもらえる」といった意見もありました。

## デジタルメディアは若年層でもミドルでも伸びている

図４‐36は、デジタルメディアに関して、前年より利用が「増えた」と回答した人のパーセンテージから「減った」と回答した人のパーセンテージを引いたものです。

これを見ると、スマートニュースが若年層で大変伸びています（＋33・５％）。

もともと若年層に強いLINE NEWSも、まだ若者の間で伸びており（＋21・７％）、ミドルの間でも同程度伸びていることが分かりました（＋17・３％）。ミドルの「王様メディア」であるYahoo!ニュースは、普及している分、ミドルの間での伸び率は低い（＋５・１％）ものの、しかし、若年層の間では伸びています（＋24・９％）。

以上、Z世代のメディア生活を見てきました。Z世代のメディア生活が、いかにミドルや「ゆとり世代」と異なるかということがお分かりいただけたと思います。

## Z世代と広告――「広告接触率（週1）」という新たな指標

本章の最後に、Z世代と広告について見ていきたいと思います。全てのメディアは広告と密接な関係があり、メディア生活が変化した、ということは、広告に関する意識や態度も変化しているはずだからです。

加えて、ほとんどのメディアは、自社メディアの広告枠を売ってビジネスをしています。Z世代のメディア生活の実態とともに、自社メディア内の広告が彼らにどれだけ届くのかが最大の関心事である、と言ってよいはずです。

また、様々なメディアに広告を出す広告主の企業も、どのメディアの広告がZ世代に届きやすいかについては大変興味があると思います。

では、Z世代は、それぞれのメディアの広告にどれくらい接しているのでしょうか？

まず、今回新たに作った「広告接触率（週1）」という指標について説明します。これは「利用率」（そのメディアを利用している人の割合）と「利用者ベース広告接触率（週1）」（そのメディアを利用している人のうち、週1回以上そのメディア内の広告に接触する人の割合）を掛けたものです（図4‐37）。

つまり、そのメディア内に広告を流すと、どれだけの人がその広告に週1回以上接触するか、ということを示す指標です。

ちなみに「利用者ベース広告接触率」とは、そのメディア内で広告を流すと、どれだけそのメディアの利用者に届くか、ということを示しています。「広告接触率」が、そのメディアを利用していない人も含めた全ての人たちを分母にしているのに対し、「利用者ベース広告接触率」はあくまでそのメディアを利用している人だけを分母としたものです。

図4‐38は、メディアごとの「利用率」「利用者ベース広告接触率（週1）」「広告接触率

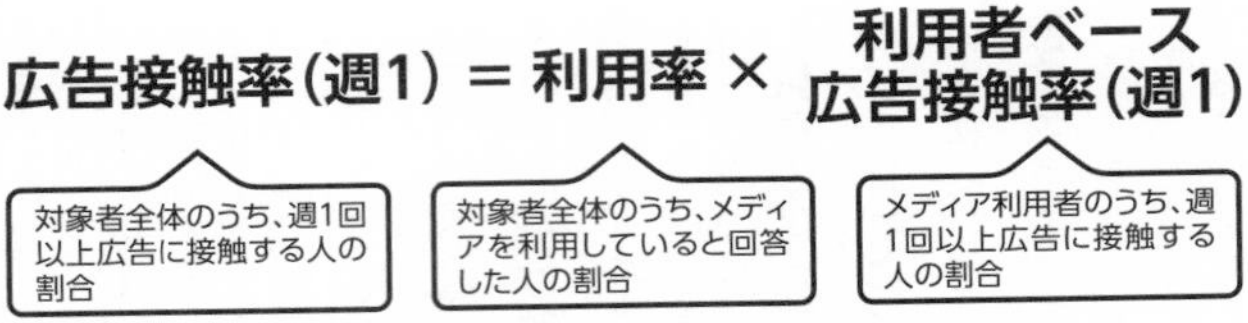


図4－37　「広告接触率（週1）」という指標について

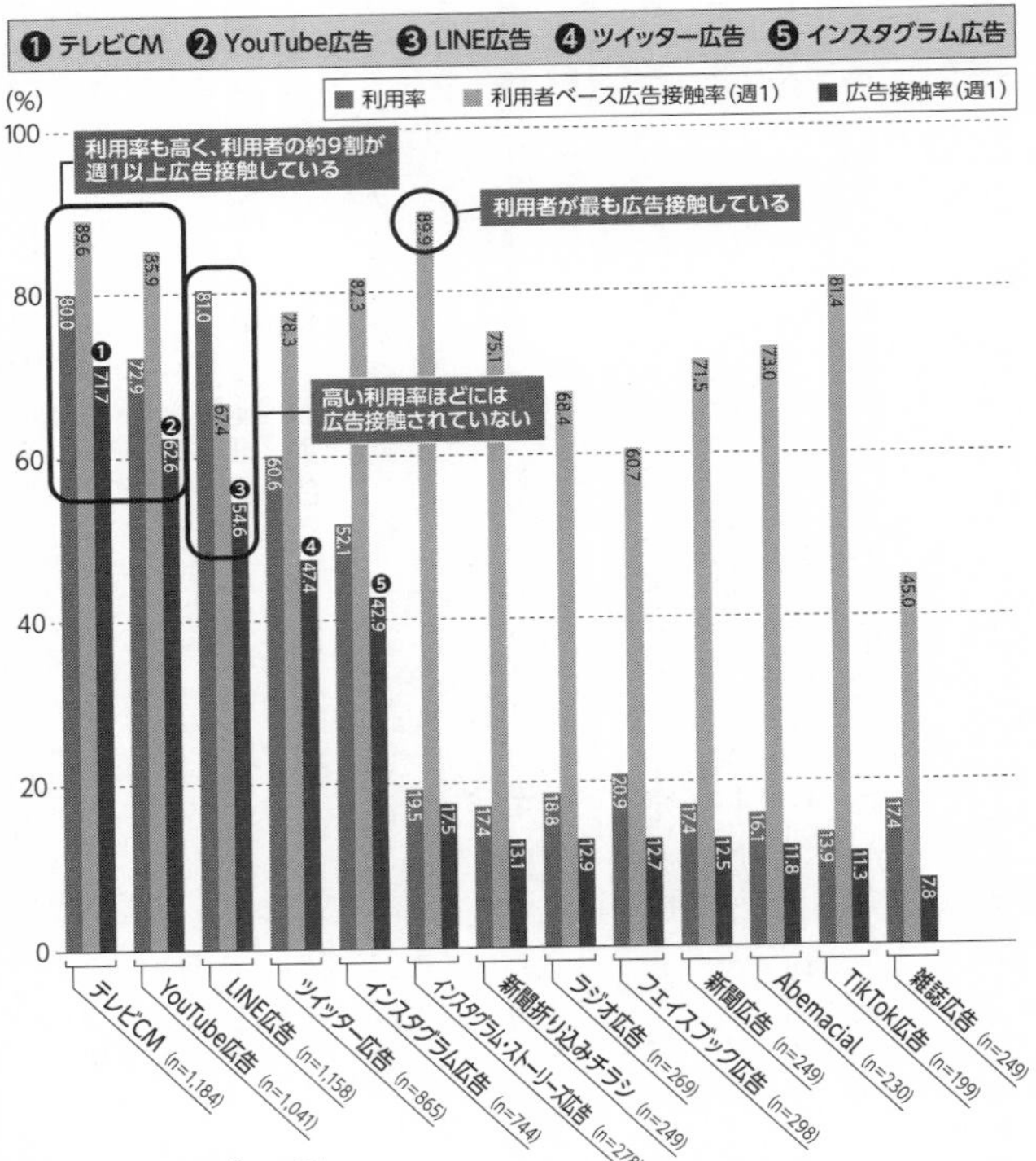


図4－38　メディア別
「利用率」「利用者ベース広告接触率（週1）」「広告接触率（週1）」

（週1）」の三つの棒グラフを並べたものです。

これを見ると、Z世代が広告に最も接触するメディア（広告接触率が高いメディア）は、1位テレビCM71・7％、2位YouTube広告62・6％、3位LINE広告54・6％、4位ツイッター広告47・4％、5位インスタグラム広告42・9％であることが分かります。

テレビ広告以外のマスメディア広告は、上位5位には入らず、スマホ第一世代であるZ世代にはYouTube広告やSNS広告が届きやすいことが分かります。

また、テレビとYouTubeはそもそも「利用率」自体が高く、「利用者ベース広告接触率」（そのメディア内で広告に接触する人の割合）も9割近くと高いので、この二つで広告を流すと、多くの若年層に接触されることが分かります。

利用率だけではなく、「広告」というビジネスの領域でも、ことZ世代という視点で見れば、テレビとYouTubeは本気のライバルになりつつあるのです。

## 本当は広告は見たくないけれど……

長らく広告業界に身を置いてきた人間として、こんなことは言いたくありませんが、多くの人は、本当は広告なんて見たくなく、そのままドラマを見続けたいものです。

ただし、歴史の長いテレビ広告であれば、テレビに広告はつきものだと、ある種の文化・習慣として受け止められている面もある（慣れている）のに対し、まだ歴史の浅いYouTube広告には時に違和感を覚えるZ世代も多いようです。

YouTuberが動画の好きなところに脈略なく広告を入れるケースも多く、Z世代にインタビューをしていると、YouTubeは話の途中でぶちっと切れて広告にいくのが嫌だという声を聞くこともあります。

Z世代の高校生の23・6％、大学生の32・3％、20代社会人の29・3％がYouTube広告を不快と感じており、これは他のメディアより高い数値です。

## 広告接触率が低いLINE、高いストーリーズ

前述のように、Z世代の9割はLINEを使っており、その利用率は他のメディアに比べて圧倒的なものの、LINE広告はその高い利用率ほどには接触されていません。

LINEでは、友達と会話をするチャット機能が最も使われますが、チャット機能を使っていても基本的に広告に接することはありません。フェイスブックのように個人が日記的なものを書き込める「タイムライン」という機能の中で、またはLINE NEWSの中で、広告

に触れる設定になっています。この「タイムライン」を利用していない若年層も多い、というのが原因でしょう。

先ほど、若年層の利用者が急増しているモノの一つとして、インスタグラム・ストーリーズを挙げましたが、利用率自体はまだそれほど高くないものの、利用者の多くが広告に接触していることが分かります。

ストーリーズ広告は、友達が投稿したストーリーズを見ていると、いつの間にか広告が表示される仕様になっており、「広告と気づかずについ見てしまう」「さり気なく広告が流れるので、広告を無理矢理見せられている嫌な感じがあまりしない」と言った声がZ世代からは聞かれます。

SNSの中でもよりリアリティ感を覚えやすいTikTokやインスタグラム・ストーリーズに触れることが多くなっているZ世代は、コンテンツのみならず広告にもリアリティを求めるようになっているようです。

前出の「Z世代白書2020」でも「広告臭がする、やらせっぽく感じるものは苦手だ」

（Z世代71・9%）、「好きなブランドでも広告っぽいと見たくない」（Z世代38・5%）に対する回答が高い数値になっており、また、「誤魔化しのないリアルなメッセージは信用できる」という質問に対するZ世代の回答の数値は上の世代より高く（Z世代83・0%、25歳以上68・0%）、「作られて完成」された広告に慣れた上の世代と、「リアルと共感」を求めるZ世代の間に大きな差があることが分かりました。

いずれにせよ、Z世代を広告プロモーションのターゲットに設定する場合、マスメディアではテレビ、基本的にはYouTubeやSNSを中心に考えるというのが基本戦略です。

# 5章　Z世代への新型コロナの影響

ニーズ1 ニアリアル

ニーズ2 0密遊び

ニーズ3 超家充ニーズ

ニーズ4 マスク盛り

ニーズ5 インフルエンサーワナビー

ニーズ6 コロナワード

図5－1　コロナによって若者に生まれた六つのニーズ

## 新たに生まれた六つのニーズ

本章では、Z世代の価値観やライフスタイルが、新型コロナウイルス感染症の蔓延によってどう変化したかを見ていきます。

価値観やライフスタイルがある程度凝り固まっている中年層ではなく、まだ若いZ世代は、この未曽有のコロナ禍にどのような影響を受けているのでしょう。

Z世代の間では、新型コロナによって新しい六つのニーズが生じたと私は考えています（図5－1）。「ニアリアル」「0密遊び」「超家充ニーズ」「マスク盛り」「インフルエンサーワナビー」「コロナワード」の六つです。

## 1　「ニアリアル」について

新型コロナによる外出自粛要請もあり、多くの大学ではオンラインでの講義が続けられ、企業でもテレワークが徐々に普及してきています。

こうした状況下、以前より友達と会えなくなっているZ世代の間では、そのストレスを解消するために、実際に人と会っているのに近い感覚を味わえるツール、いわば〝ニアリアル〟なモノが流行しています（図5-2）。

## 2　「0密遊び」について

コロナ禍で「3密」というキーワードが世の中に広がり、若者たちも中年ほどではないものの、これに気をつけるようになりました。特にZ世代が利用するSNS上には〝自粛警察〟がたくさんいて、「3密」で遊んでいる人を晒したり、批判したりすることもあります。

自粛警察の目を気にしながら、ソーシャルディスタンスを保ち、「3密」を回避できる遊

**リアルシーンのオンライン化** ＋ **リアルに近づける工夫**

**人狼GM** 人狼ゲームの進行をしてくれるLINEの公式アカウント。オンライン飲み会中に、このサービスを利用して人狼ゲームをする。簡単な操作で、実際に会っているかのように盛り上がることができ、多くのZ世代に利用された。

**ネトフリパーティー** 加入者同士であれば、誰でも複数人とネットフリックスを同時に遠隔でオンライン観賞できる無料サービス。

**飲みアプ** 「たくのむ」というオンライン飲み会用に開発されたアプリや、「Houseparty」というオンライン飲み会の流行により人気になったアプリが話題に。

**推しメン背景** Zoomの背景を推しメン・推しグループにすることで、まるで友達と一緒にいるかのような演出をすることが流行った。

**オンラインデート** Zoomなどを使ってリモートでデートをする恋人が増加している。物理的に会えなくてもリモートで共に時間を過ごす。

図5－2　ニアリアル

**シャボン玉×Dazzカメラ** 夜の公園など暗い場所で、シャボン玉を飛ばし、その様子を無料のレトロ加工アプリ「Dazzカメラ」を使用して撮影する。使用するのはシャボン玉とスマホのみ。お金がかからずZ世代の中高生に人気。

**手形アート** 手形や足形を、絵具で紙やトートバッグにつける遊び。自分たちだけの思い出の品を作ることができる。室内だとスペースが狭く作成しにくいため、公園や海辺など屋外の開けた場所で行うため、3密を避けられる。また、最後に手についた絵具を落とすのに手を洗うためコロナ対策をしている感覚にもなれる。

**ジオキャッシング** 世界規模で流行している宝探しゲーム。無料アプリを起動し、宝が発信するGPS信号を頼りに見つけ出す。中にお金が入っているわけではなく、仕掛けた人もしくは前に見つけた人の私物＋名前を書ける用紙が入っている。見つけてその中身をもらう場合、自分の私物と交換し、入っている紙に名前を記入する。歩き回る必要があり、コロナ禍の運動不足解消にもなる。

**車サプライズ** 車のトランク部分に、ケーキや花、プレゼントを置き、バルーンやライトなどで飾りつけをして、誕生日をお祝いする。家やお店で誕生日をお祝いするのは3密になるため避けたいと思う一方、友達の誕生日は直接何かしてあげたいと思うZ世代の間で、新たな定番のお祝い方法として定着。

図5－3　0密遊び

び——私は「0密遊び」と名付けましたが、これが流行っています（図5-3）。

## 3「超家充ニーズ」について

### 「ワンマイルウェア」

長く続く自粛生活の中で、少しでも家での生活を充実させたいというニーズがZ世代の間でも高まっています。

例えば、家からあまり外に出ないといっても、ジャージ姿で1日生活するのはだらしないし、気持ちにもハリが出ない。かと言って、外に出ず誰にも会わない日なのに、気合を入れすぎた格好をするのも違う。

そんな葛藤から生まれたのがいわゆる「ワンマイルウェア」です（図5-4）。

ちょうど近所のコンビニまで行くくらいの距離（ワンマイル）に適した服をZ世代は好むようになりました。これまでのモテや他人の目を意識し過ぎたファッションから、自分を満足させるファッションへの意識の転換が起こっています。

ただ、他人の目を全く気にしないわけではありません。オンライン授業やテレワークなど

**家での楽しみ**

**ワンマイルウェア**　１マイル（＝約 1.6km）の範囲を出歩くのにちょうどいい部屋着のこと。他人に見られても大丈夫で、着心地がよく、質の良いルームウェアの需要が高まっている。

**Zoom 映えコーデ**　画面に映る上半身のコーデを特に意識すること。黄色や赤など、鮮明なカラーを選んで画面映りを良くする。

**肌ケアメイク**　オンラインでモニター越しでしか人に会わなかったり、会ってもマスクをつけるので、メイクはカバー力よりも、肌に負担を与えないオーガニック製品・自然派コスメを選ぶＺ世代が増えている。

**お風呂時間**　家で過ごす時間が増え、お風呂にかけられる時間が増加する中、部屋だけでなく、お風呂の時間も充実させるようなグッズが流行。

**コルセットダイエット**　YouTuber の関根りさが動画内で紹介。家でできる筋トレ法のみならず、「コルセット」などの外出先では使いにくいグッズを使ったダイエットが流行っている。

**図5－4　超家充ニーズ**

で、Ｚｏｏｍ越しに人と話す機会は増えているからです。例えば、Ｚｏｏｍでも映える原色系の服を着たり、バッチリメイクをしても相手にはあまり伝わらないので、確実に伝わるアイメイクだけには気合を入れたり。

　そもそも若くてまだ肌が綺麗なので、もともとスキンケア意識が大変低く、でもメイク意識が非常に高いのがこれまでの若者像でしたが、時間がたくさんできたので、Ｚ世代の女子はスキンケア意識を高めています。

　コロナ前の慌ただしい生活ではシャワーの日も多かったけど、ゆっくりお風呂の時間を楽しむようになったり、ジムに行きにくくなった代わりに、コルセットダイエットなど家で楽にできる新しいダイエット法にトライしたりすることで、Z世代はお家時間を充実させるようになっています。

## 「お家カフェ」について

超家充ニーズの中でも、特に流行ったのが「お家カフェ」です。カフェに行きにくくなった分、カフェでしか味わえないような凝ったメニューを自宅で再現する、というものです。同様の趣向が中高年の間でも流行りましたが、Z世代の間で流行ったものの方が圧倒的にバリエーションが豊富でした。

また、Z世代の女子の間では、韓国文化の影響力がとても大きく、韓国は日本以上にカフェ文化が強いので、韓国発の「お家カフェ」がよく流行りました。

「ダルゴナコーヒー」（牛乳の上にふわふわのコーヒーをのせた韓国発のアレンジレシピ）や「センタルギウユ」（韓国風イチゴミルク）は、韓国発のお家カフェです。

韓国発の飲み物は、インスタ映えのために2層に分かれているものが多く（セパレートドリンクという）、この二つの事例はそれをよく象徴しています。

## 4 「マスク盛り」について

外出時、マスクをすることが当たり前になったコロナ禍の日常で、Z世代の女子たちは、マスクをしていても「盛れる」メイクや、マスク自体を「盛る」こと、マスクを取っても「盛れる」ことに注力しています（図5-5）。

3章で「血色マスク」を紹介しましたが、新型コロナウイルスがワクチンによって撲滅されるまで日常的にマスクを着用する必要があるので、オシャレなマスク、マスクをオシャレにデコレーションすること、マスクをしていても映えるメイク術や落ちにくいメイクグッズなどは定着していくでしょう。

## 5 「インフルエンサーワナビー」について

コロナ禍で、以前より友達に会えなくなったZ世代の間では、友達とのつながりを感じられるツールや、友達から注目を集められるツールが流行りました。

**アベノマスクチャレンジ**　アベノマスクに絵を描いたりシールを貼ったりしてデコること。Z世代の高校生に流行った。一人でいる時にアベノマスクをするのは恥ずかしいが、友達といる時にみんなで一瞬つけて写真撮影。使い道のなかったアベノマスクを活用した。

**#自慢のマスクを見てくれよ**　ツイッターでこのハッシュタグをつけて自作のマスクをアップし、オリジナリティあるマスクを披露すること。自分のクリエイティビティをアピールするチャンスに。

**マスクチャーム**　マスクの紐にアクセサリーを直接つけたり、布に刺繍を施したりして装飾し、マスクをアクセサリー感覚で楽しむ。ハンドメイドアイテムによる女子力アピールや個性を表現することもできる。

**#マスク女子**　マスクをしていても盛れるメイクのニーズが高まっている。人気YouTuberのななこ、かわにしみきにも取り上げられた。

**図5－5　マスク盛り**

**コロナ中に流行った**
**遠隔間接自慢**
＋
**コロナ後も流行るであろう**
**インフルエンサーワナビーサービス**

**Box Fresh**　SNSと連携できる質問箱アプリ。主にインスタグラムのストーリーズの投稿で利用されている。今までの質問箱と違い、同じ質問に対する知らない人の回答なども見て楽しめる。たくさんの質問が集まったことをシェアすることで、プチ人気者感を味わえる。

**インスタライブ**　家にいる時間が増え、友達とのオンライン上での会話を自ら配信することでインフルエンサーになったような気分になれる。普段だと恥ずかしくてできないが、コロナだからと理由もつけられるので利用するZ世代が増えた。

**インフルエンサー講座**　インスタグラムなどのSNSでインフルエンサーになるためのコツや基本スキルを教えるオンライン講座。例として、お家カフェを始めたい人向けの講座や、スマホでインスタ映えする写真を撮るための講座などがあり、「オンラインでインフルエンサーになりたくてもやり方が分からない」というZ世代の需要を満たす。

**図5－6　インフルエンサーワナビー**

また、友人とあまり会えない寂しさを紛らわせるために、インスタのライブ配信機能やライブ配信アプリ（SHOWROOMや17Live〈イチナナ〉やPococha〈ポコチャ〉など）を利用し、いわゆる「ライバー」（ライブ配信をする人）になるZ世代が急増しています。

アイドルや芸能人がライブ配信をし、テレビや映画とは異なるプライベートな一面をファンに見せる、というのはファンを獲得し、つかんでおくための手法ですが、ごく普通の高校生や大学生がライブ配信をする時代になっており、このことも「自己承認欲求」と「発信欲求」が強いZ世代の特徴をよく表していると言えます。

中年である私の感覚で言えば、多くの一般人は、ライブ配信をしてまで周りに伝えたいことはないはずですし、一般人である自分の一人語りを他人が見たがるはずはないと思うのですが……。もちろん一般人なので、ライブ配信を見てくれるのは、ほんのわずかな人数であるケースがほとんどです。

この「自分を周りに発信する」という欲求のことを、私は「インフルエンサーワナビー」と命名しました（前ページ図5‐6）。

**密ですゲーム**　2020年4月16日に発表されたブラウザゲーム。小池都知事が会見の際に発言した「密です」という言葉をモチーフにした内容。

**密ですEDM**　小池都知事が会見で言った言葉「お家にいてください」「ソーシャルディスタンス」「3つの密」を使用して作られたEDM音楽。TikTokでは200万再生を超える動画も。

**全部コロナのせいスタンプ**　新型コロナウイルスと若者ことばを掛け合わせたLINEクリエイターズスタンプ。

**#アマビエチャレンジ**　コロナウイルスの流行により「疫病退散にご利益のあるアマビエの力を借りよう」というブーム。SNS上でハッシュタグをつけて様々なアマビエの絵が投稿された。

**飛沫警察**　新型コロナウイルスの影響で飛沫に過敏に反応する人が増え、喋ったり咳をしている人がいると注意する人を総称して「飛沫警察」と呼ぶ。流行のきっかけはTBSの情報ワイドショー番組「グッとラック」でこのテロップが出たことがきっかけ。

**図5－7　コロナワード**

## 6　「コロナワード」について

新型コロナ禍で生まれた言葉を、コンテンツにしてユーモラスにいじることがZ世代の間で流行っています（図5-7）。

これが流行った要因は二つあり、一つは多数の印象に残る言葉を政治家がたくさん発信したこと、また、それが長期間繰り返し報道されたこと。二つ目は、誰もが関心を持っているコロナに関するワードは他人と共有しやすく、Z世代の強い発信・承認欲求とマッチしたこと。

この二つにより、世界的な疫病によって生まれた言葉をいじる現象が広がりました。

以上、Z世代の間で生まれた六つの新しいニーズを紹介しました。

これら新しいニーズ、特に「ニアリアル」「超家充ニーズ」「インフルエンサーワナビー」などは、「チル」と「ミー」という彼らの根源的な欲求を満たしているので、アフターコロナの時代にも重要なコンセプトとなっていく可能性があります。

## 新型コロナによってZ世代が変わったこと

新型コロナによってZ世代がどのように変化したのか、定量調査の結果を見てみましょう。

調査概要は図5－8の通りです。

調査時期：2020年6月5日から6月8日

調査方法：インターネットリサーチ

調査対象：全国15歳～69歳　3,094人

▼以下内訳

- 特定警戒継続地域：1,455人
- 首都圏（東京、神奈川、千葉、埼玉）：911人
- その他特定警戒継続地域（北海道、京都、大阪、兵庫）：544人
- 上記以外の地域：1,639人

調査期間：株式会社マクロミル

**図5－8　調査概要**

### 若い世代ほど収入が減少

まず、新型コロナによって、若い世代ほど収入が減り

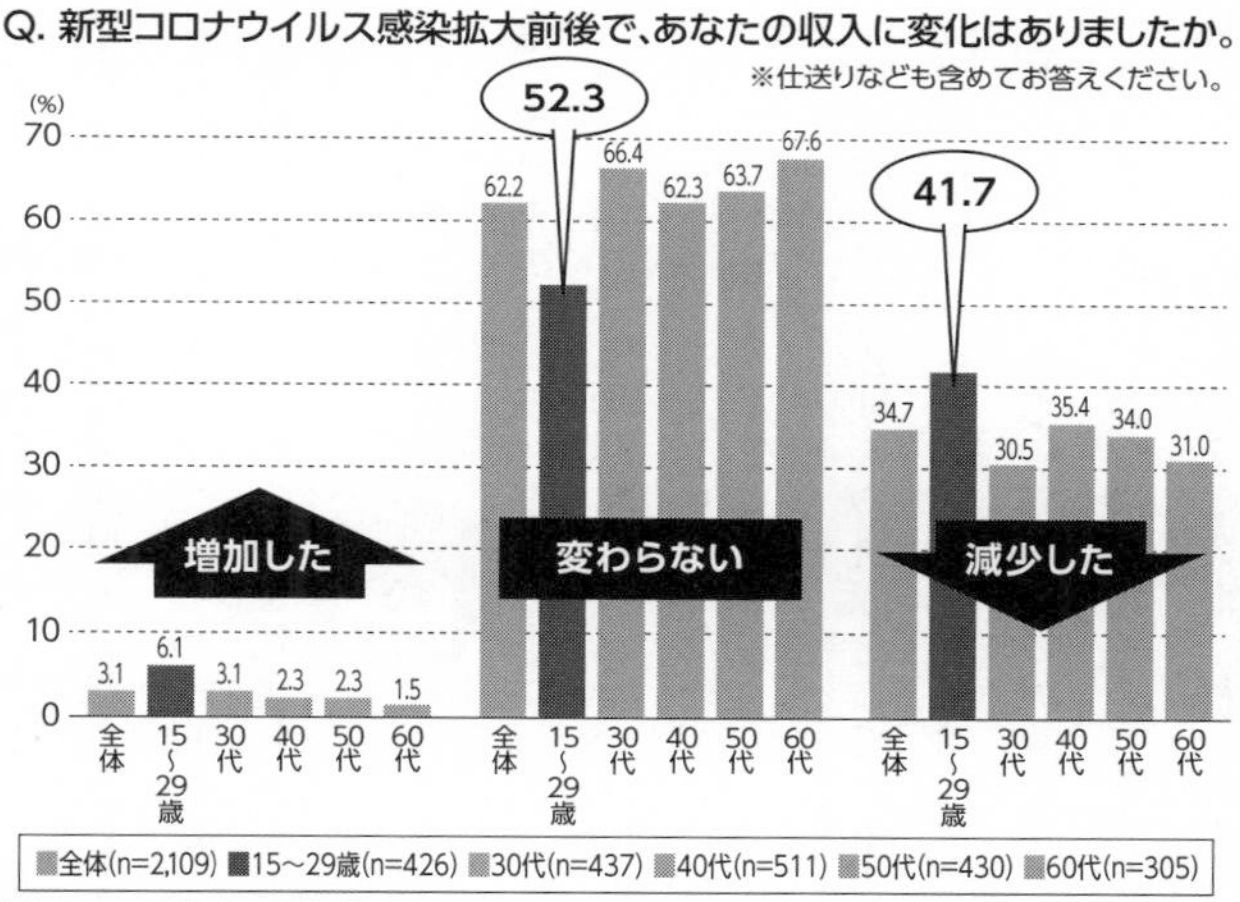


**図5−9　収入の変化**

ました（図5-9）。

新型コロナの拡大前後で「収入が変わらない」と答えた15〜29歳（15〜25歳まではZ世代。26〜29歳までは「ゆとり世代」）は52・3%と、上の世代と比べて最も低く、また「収入が減少した」と答える15〜29歳は41・7%と、上の世代と比べて最も高い結果です。

学生だと、バイトのシフトを削られたり、クビになったり、若手社会人だと、企業にとっては、若い社員の方が給料やボーナスを下げやすかったりするのかもしれません。

2021年の新卒採用は、コロナの影響で第三次就職氷河期になるのではないか、という観測もありますし、逆に、前述したように慢性的に人手不足が深刻化しており、そこまで求人状況は悪くならないだろうという見方もあります。ある求人サイトの人は、企業は若手が欲しいので新卒採用はそれほど削らず、むしろコストの高い中年のリストラを進めたり、中途採用を抑制したりするのではないか、と話していました。

菅義偉新総理には、上の世代より困っているZ世代を救済する対策もお願いしたいと思います。

**最も増えたのは「テイクアウト」、減った「非日常消費」**

図5‐10は、自粛期間中のお金の使い方を聞いたものです。

外出・外食する人が減ったため、コロナ前より「増えた」という回答が最も多かったものは「テイクアウト」27・2％でした。

私は海外でもZ世代の研究をしていますが、ニューヨークでも上海でも世界の大都市部では、デリバリーやテイクアウトを頻繁に活用して、共働きでも家事の負担を少なくし、家族と過ごす時間を多くしているのが一般的です。

アフターコロナの時代、テイクアウトなどの普及によって、日本でも海外と同じように家族と過ごす時間が増えるのか、様々な業界が注視すべきでしょう。

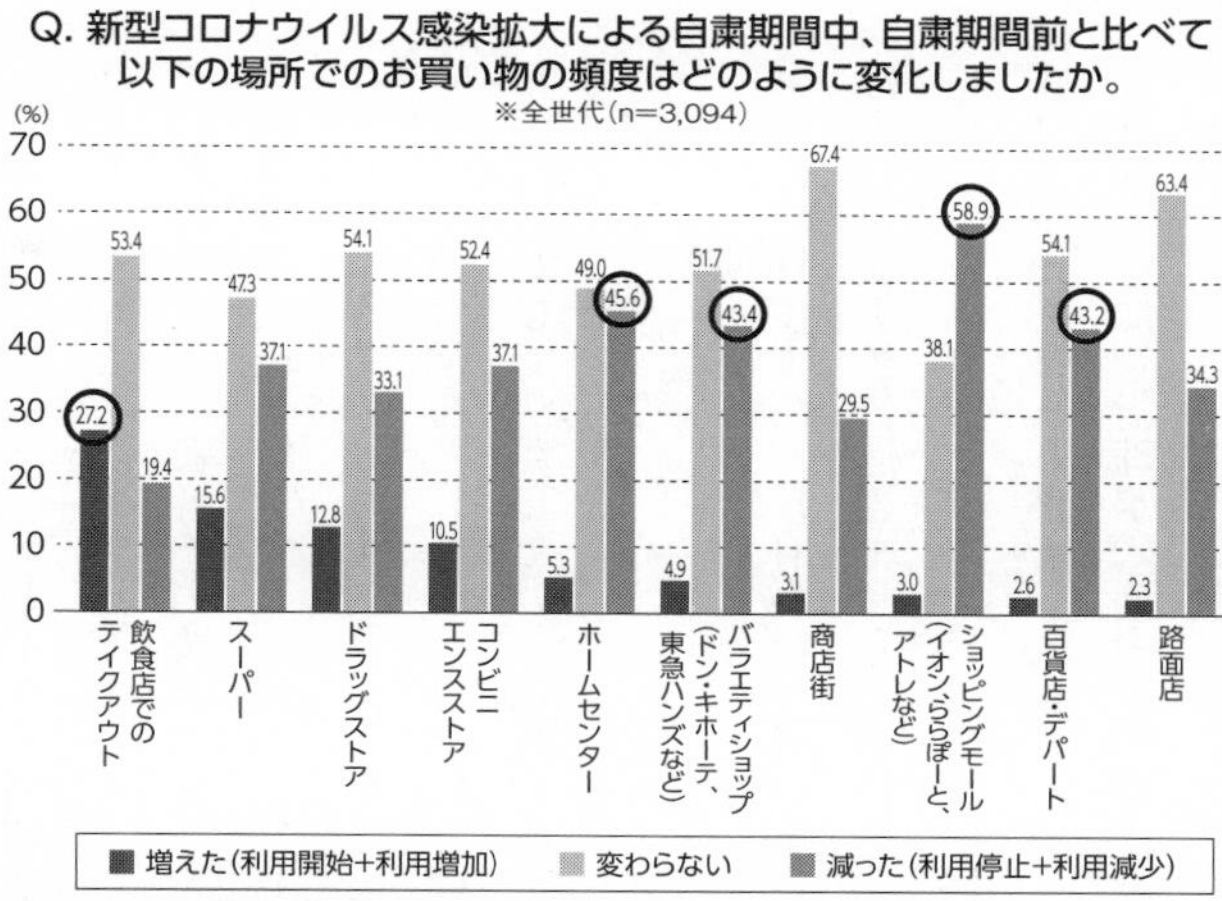


**図5－10　実店舗での買い物の変化**

「テイクアウト」が増えた代わりに「減った」という回答が多かったのが「ホームセンター」45・6%、「バラエティショップ」43・4%、「ショッピングモール」58・9%、「百貨店・デパート」43・2%でした。

自粛期間中、コンビニやスーパーなど、自宅の近所で日常的な物を買う消費は他に比べると減りが少なく、非日常消費が大幅に減ったということができます。

2008年のリーマンショックは「金融不況」と言われ、政府が金融機関にお金をつぎ込むことで乗り越えることができました。

それに対して、今回の新型コロナショック

は「消費不況」であり、GDPの半分以上を占める個人消費が復活しないと、この危機は乗り越えられないと言われています。

そのためには、消費者の消費マインドを復活させる必要がありますが、日常消費に比べ、この「非日常消費」に対する消費マインドを戻す作業はかなり大変です。

なぜなら「うちのコロナ対策は万全」と安心・安全を訴求しただけでは、非日常なモノを買いたい、非日常なところへ行きたいという消費マインドは触発されないからです。

非日常に対して消費したいと思わせる――つまり、ドキドキワクワクした気持ちを触発しないといけないのです。

余談になりますが、政府が行っているＧｏ Ｔｏ トラベル・Ｇｏ Ｔｏ Ｅａｔキャンペーンは単なる値引きに過ぎません。これを利用する人は多いでしょうが、その動機は単に「得するため」であり、このキャンペーンの終わりとともに国民の非日常に対する消費マインドは盛り下がってしまうかもしれません。

２００７年に菅総理が総務大臣の時に創設を表明した「ふるさと納税」は、「得するため」という動機以上に、「地方を応援したい」というドキドキワクワクが刺激されるものでした。

新型コロナで弱った非日常消費マインドを、単なる割引ではなく、ドキドキワクワクするコンセプトで刺激する施策を政府にはぜひ考えてもらいたいですし、ホテルや旅館や飲食店も、コロナ前以上にドキドキワクワクを提供しないと、非日常消費マインドは戻りません。

一方、予算は小さいものの、「Ｇｏ Ｔｏ 商店街」は、商店街がイベントなどを実施することで、近くに暮らす消費者や生産者などが「地元」や「商店街」の良さを再認識するきっかけとなる取組を支援するもので、単なる割引ではなく、知恵にお金を払う仕組みになっているので素晴らしいと思います。ドキドキワクワクという知恵を出すことができる商店街は、アフターコロナの時代にもそれを活かせるはずです。もちろん、知恵が出せなかった商店街は苦しむでしょうが、単なる割引での支援には長期的視座がありません。

このドキドキワクワクこそ、今後の日本経済復活の鍵となることは間違いありません。

## 10代は自粛期間中も実店舗での消費が増加

図5‐11は、図5‐10の自粛期間中のお金の使い方のデータを、10代のZ世代と日本人全体で比較したものです。

これを見ると、新型コロナにかかっても重症化しにくい10代のZ世代は、上の世代と比べ、

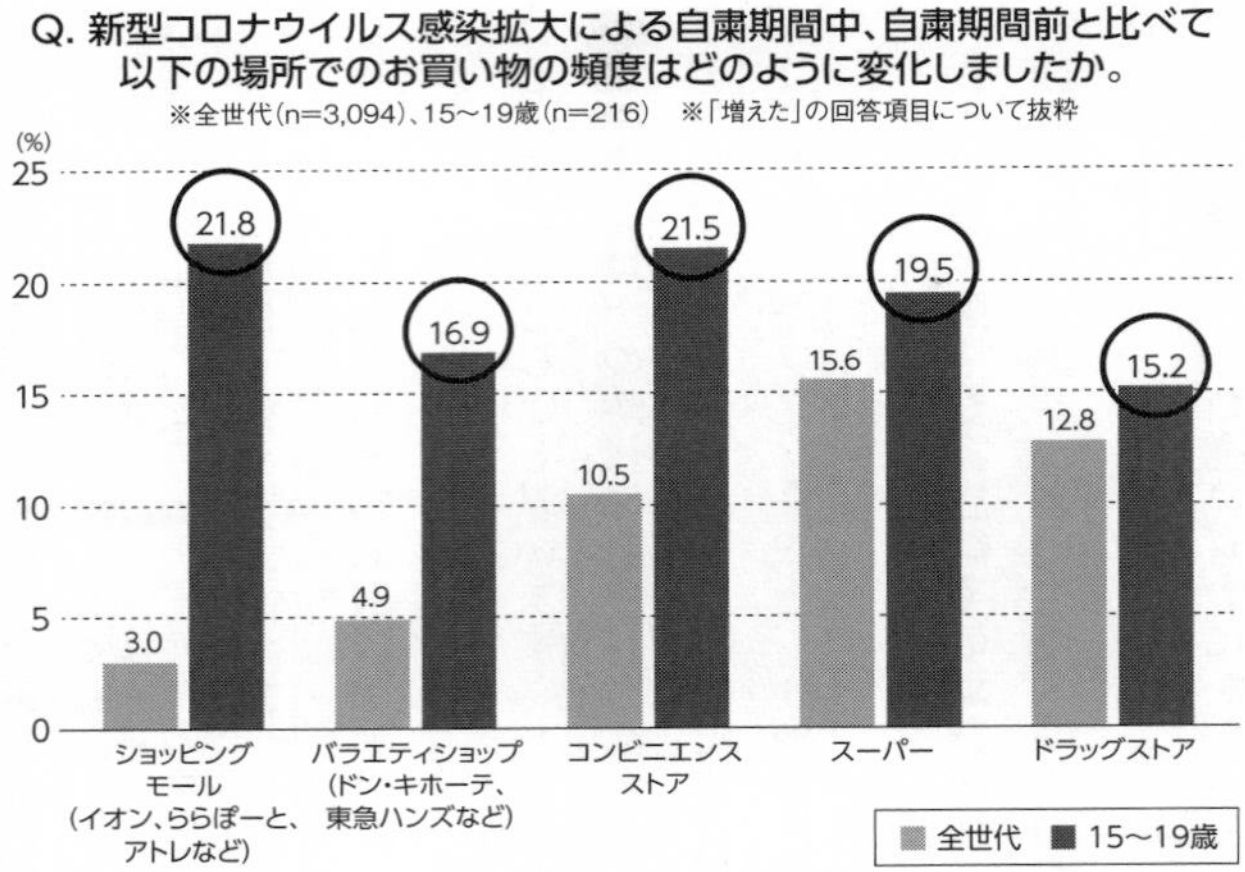


**図5－11　実店舗での買い物の変化。全世代と15〜19歳のZ世代との比較**

自粛し過ぎずに実店舗に行っていたことが分かります。しかも、日本人全体で見ると縮小している非日常消費も、上の世代に比べると旺盛であることも分かります。

ショッピングモール21・8％、バラエティショップ16・9％、コンビニエンスストア21・5％、スーパー19・5％、ドラッグストア15・2％となっており、いずれも全世代の数値を大きく上回っています。

自粛期間中に外出し、移動距離も長く、結果、新型コロナにかかる割合が高いZ世代を中心とした若者たちが、メディアで批判されました。10代、20代というのは最も遊びたい盛りですし、叩かれるような行動をしていた人が一部にいたのは事実です。

しかし逆に考えれば、自粛期間中でさえ実店舗へ行く比率が高いくらい、彼らの消費マインドは強い、ということもできます。ですから、特に非日常消費に関わる企業やお店は、今こそZ世代、その中でも特に10代を狙った施策を考えるべきです。

もちろん、彼らは上の世代に比べて人口が少ないし、所得も低いですが、前述したように「8ポケッツ」とも言われ、身の丈以上の消費行動を行うことができます。

人口の少ないZ世代を単独で狙っても、市場ボリュームとして小さ過ぎると考えるのであれば、未曽有の大ヒット映画『鬼滅の刃』を参考にするとよいかもしれません。

『鬼滅の刃』は、もともと少年誌である「少年ジャンプ」で連載されていた漫画で、Z世代の子供、若者たちの間で人気に火がつき、それが中高年層へと広がりました。前述したように、今時の親子仲は大変密接になっているので（たとえ子供が成人になっても）、互いに好きなものを教え合ったり、一緒に映画館に行ったりすることも普通になってきています。つまり、Z世代の子供を撒き餌にして、親と子をセットでつかむことがやりやすくなっており、この方法をとれば、全ての企業や商品は十分な市場ボリュームを得られるはずです。

平成の間、「アクティブシニア」と言われ、消費の救世主と期待された高齢者は、新型コロナで重症化するリスクが高く、外出に対する不安感も強いでしょう。効果的なワクチンが出回るまで、実店舗での消費は控え続けざるを得ません。厳しい言葉ですが、コロナ禍によって平成の間に信奉され続けた「アクティブシニア神話」が終焉した、と言うことができるかもしれません。

このコロナ禍により、Z世代かZ世代の親子をターゲットに据える企業やお店がもっと増えるでしょうし、増えるべきだと思います。

## オンラインショッピングは消費増加

図5-12は、実店舗ではなく、オンラインショッピングの変化を示したデータです。言わずもがな、自粛期間もあり、日本人全体でオンラインショッピングは伸びました。特にアマゾン、楽天などの「総合通販サイト・アプリ」は「増えた」という回答が30・5％、ウーバーイーツ、出前館などの「宅配サービス」は「増えた」が19・1％、メルカリなどの「フリマアプリ」は「増えた」が10・2％で、特に伸びたことが分かります。

これを10代のZ世代だけで見ると（図5-13）、「増えた」という数値が高かったのは「総

Q. 新型コロナウイルス感染拡大による自粛期間中、自粛期間前と比べて以下の場所でのお買い物の頻度はどのように変化しましたか。

■ 増えた(利用開始+利用増加)　■ 変わらない　■ 減った(利用停止+利用減少)

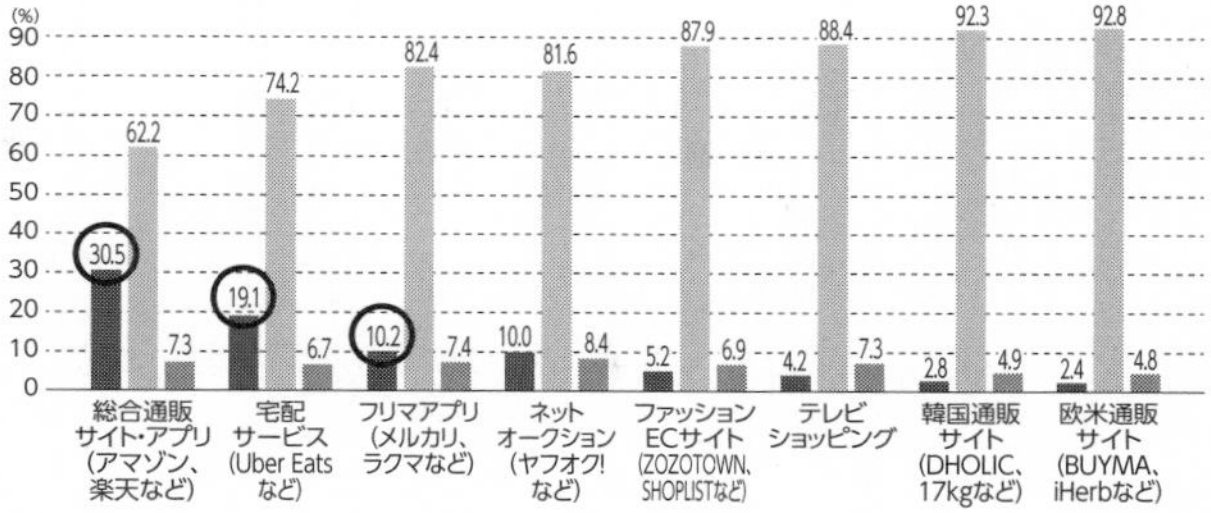


図5－12　オンラインショッピングの変化（全世代）　※n=3,094

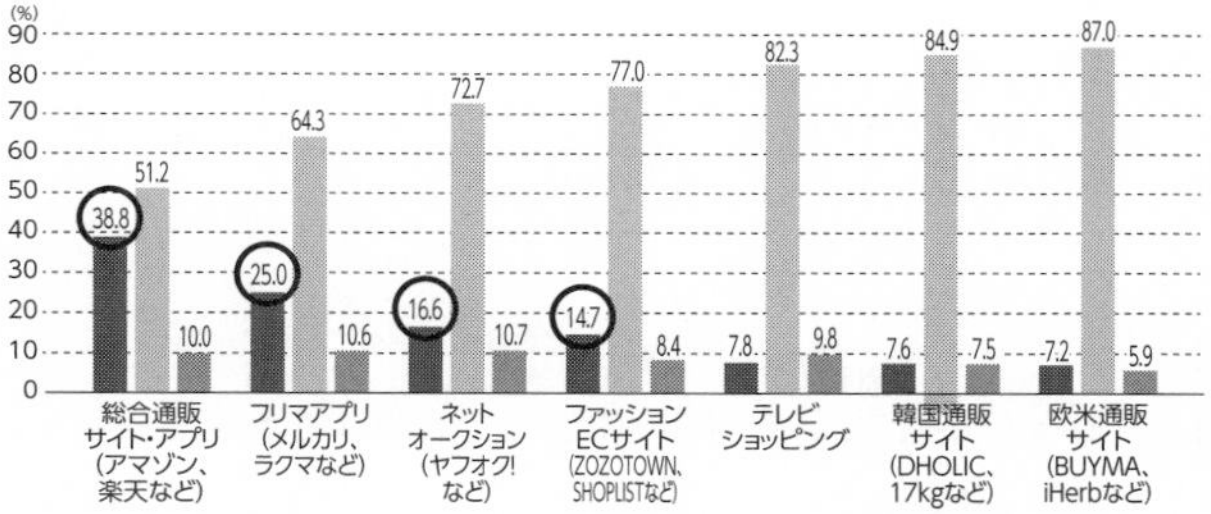


図5－13　オンラインショッピングの変化（15～19歳のZ世代）※n=216

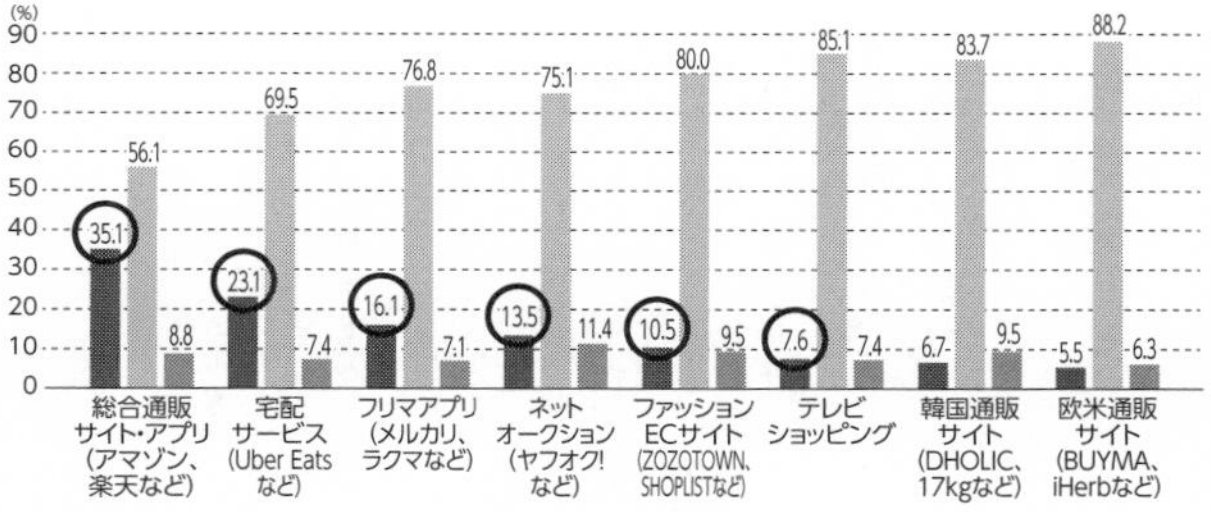


図5－14　オンラインショッピングの変化（20代）　※n=446

合通販サイト・アプリ」38・8%、「フリマアプリ」25・0%、「ネットオークション」16・6%、「ファッションECサイト」14・7%でした。

20代で見ると（図5-14）、「増えた」という数値が高かったのは「総合通販サイト・アプリ」35・1%、「宅配サービス」23・1%、「フリマアプリ」16・1%、「ネットオークション」13・5%、「ファッションECサイト」10・5%でした。

新型コロナ以前から、中高年よりも「生活のデジタル化」が進んでいたZ世代は、日本人全体の平均よりオンラインショッピングが「増えた」と回答した人が多い結果となりました。加えて、コロナ禍で外出する機会が減ったことで、ファッション市場が大打撃を受けていますが、ファッションに興味の強い年代である10代、20代はECサイトでの購入を増やしており、特にこの業界はZ世代かZ世代の親子をターゲットに設定する必要があります。

**強いYouTube**

では、新型コロナによってZ世代の「メディア生活」はどう変わったのでしょうか。

全世代の平均で見ると、自粛期間中のお家時間で、テレビとYouTubeが大幅に増えたことが分かります（図5-15）。

利用時間が「増えた」と回答した人は、テレビが44・3％、YouTubeが39・0％、これらを「自粛期間後も利用したい」と回答した人は、テレビが54・4％、YouTubeが47・2％となっており、他のメディアと比べてダントツの数値です（他のメディアも伸びたが）。テレビやYouTubeを、昔のラジオ感覚でつけっ放しにしてテレワークをした人も多かったのでしょう。

年代別に見ると、全世代に比べ、10代、20代の間ではYouTube、ツイッター、インスタグラム、インスタグラム・ストーリーズの数値が特に高くなっています（図5-16）。

自粛期間中に「利用が増えた」という10代の回答は、YouTubeが74・1％、ツイッターが49・3％、インスタグラムが42・1％、インスタグラム・ストーリーズが25・1％。「今後も利用したい」という回答は、YouTubeが74・1％、ツイッターが51・2％、インスタグラムが44・4％、インスタグラム・ストーリーズが29・9％です。

Q. 自粛期間前から比べて、「利用し始めた」または「利用頻度が増えた」とお答えになったメディアについてお伺いします。
自粛期間終了後も利用し続けたいメディアをすべてお選びください。
※上位10項目を記載

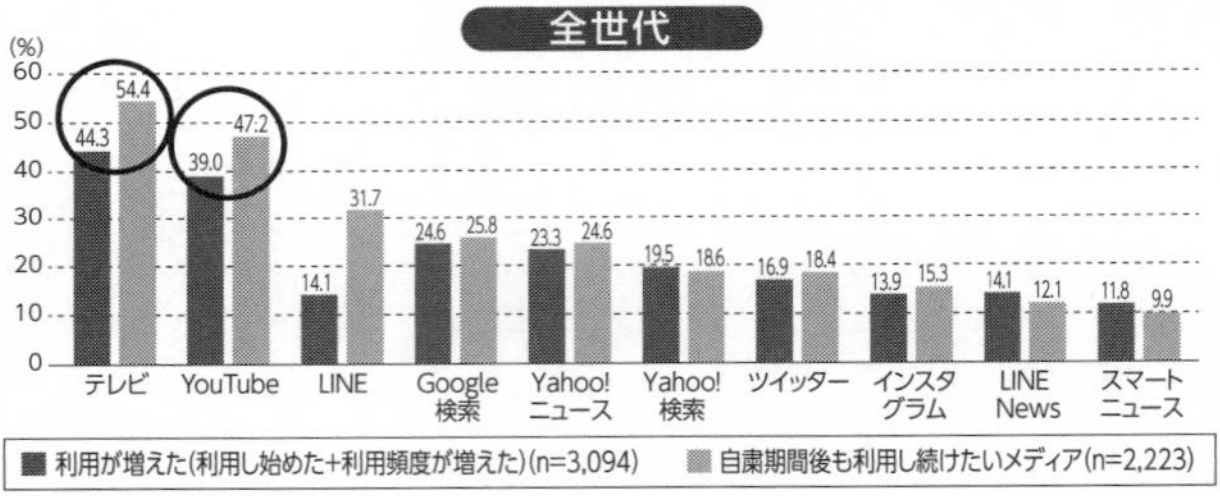


図5−15　メディア利用の変化（全世代）

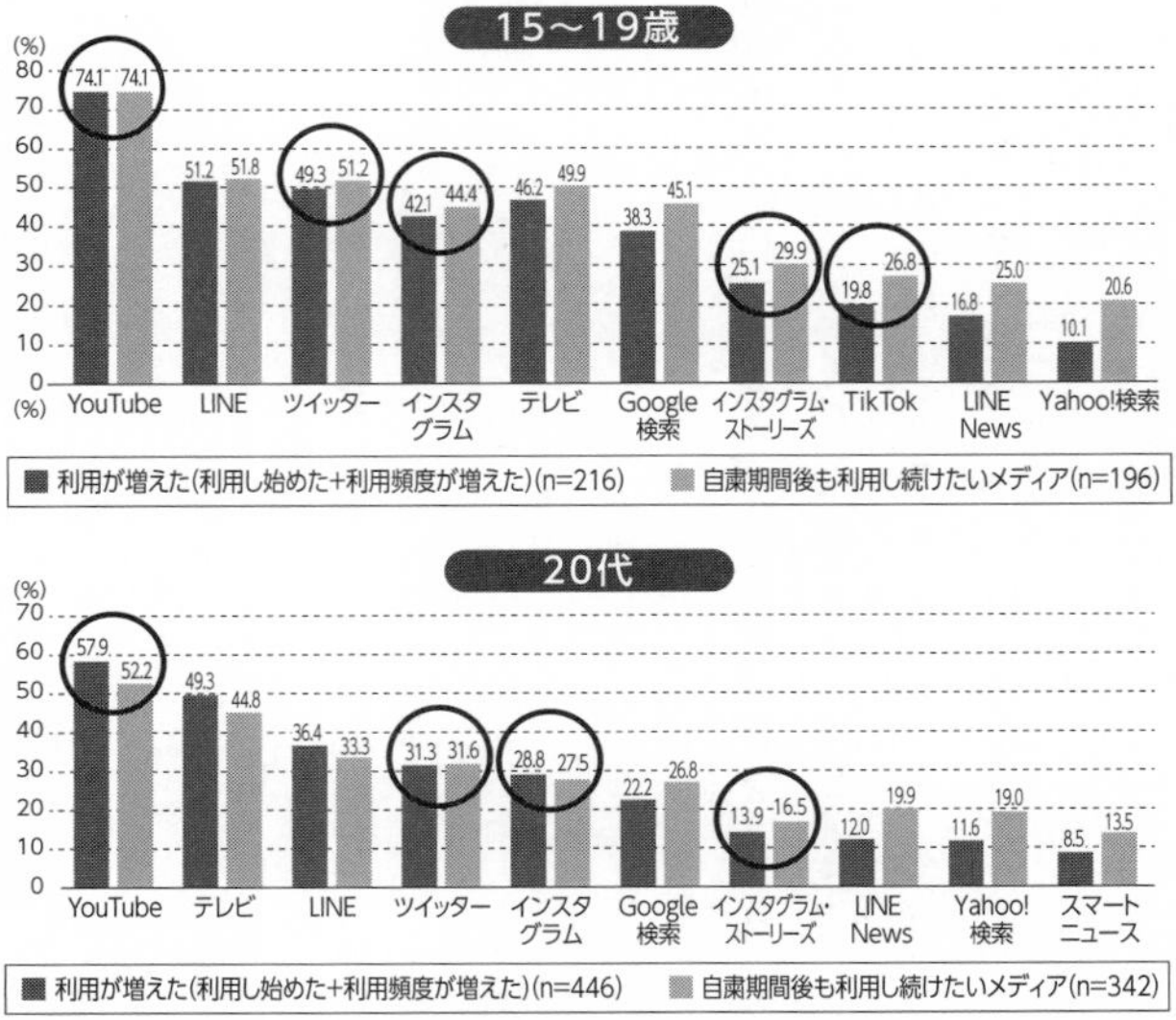


図5−16　メディア利用の変化（Z世代の10代、20代）

もともと10代のZ世代中心のメディアであるTikTokは、10代の間で「利用が増えた」が19・8％、「今後も利用したい」が26・8％と、ともに高い数値になりました。

中年であればテレビ、Z世代であればYouTubeとSNS、10代であればTikTokと、自粛期間中、各年代の日本人は、新しいメディアに飛びつくというより、もともと自分世代がよく使っていたメディアをもっと使うようになっており、今後、さらにそれらを使っていきたいと考えるようになった、ということが分かります。

### 「動画配信アプリ」について

次に「動画配信アプリ」についてです。

日本人の全世代平均で言うと、アマゾンプライム、ＴＶｅｒなどの動画配信アプリ、クックパッド、クラシルなどの料理系サービスについて、「利用が増えた」という回答は、アマゾンプライムが16・9％、ＴＶｅｒが7・7％、クックパッドが13・4％、クラシルが7・8％、「利用し続けたい」との回答は、アマゾンプライムが34・2％、ＴＶｅｒが12・6％、クックパッドが23・7％、クラシルが11・3％となっています（図5‐17）。

お家時間が増えたことで、自宅で映画やドラマなどを見る人、料理動画を見る人、それら

Q. 自粛期間前から比べて、「利用し始めた」または「利用頻度が増えた」とお答えになったサービスについてお伺いします。
自粛期間終了後も利用し続けたいサービスをすべてお選びください。

※上位10項目を記載

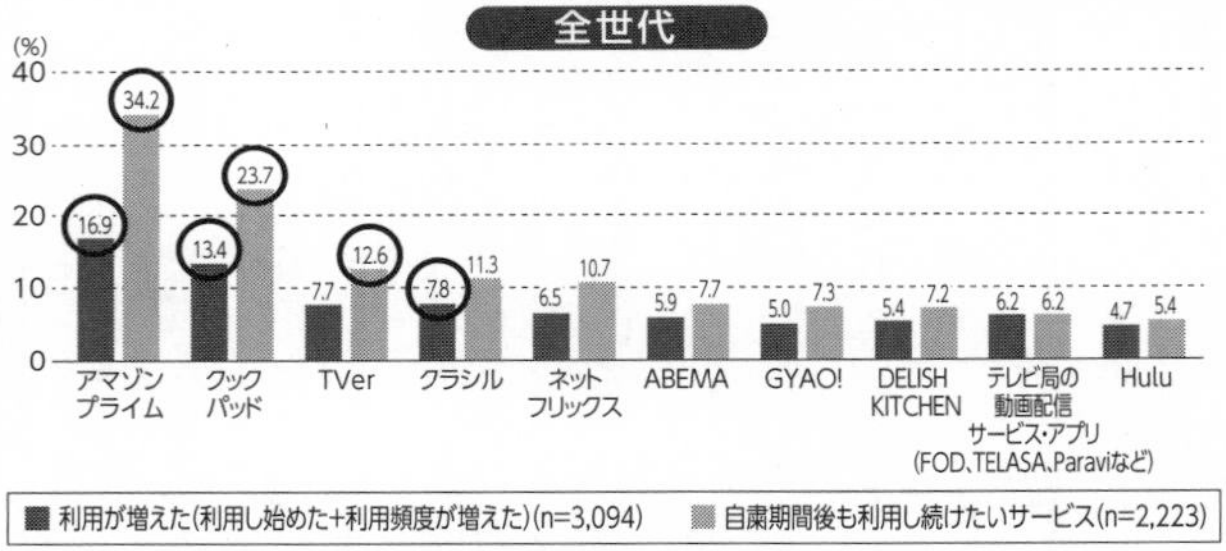


図5−17　動画配信アプリ利用の変化（全世代）

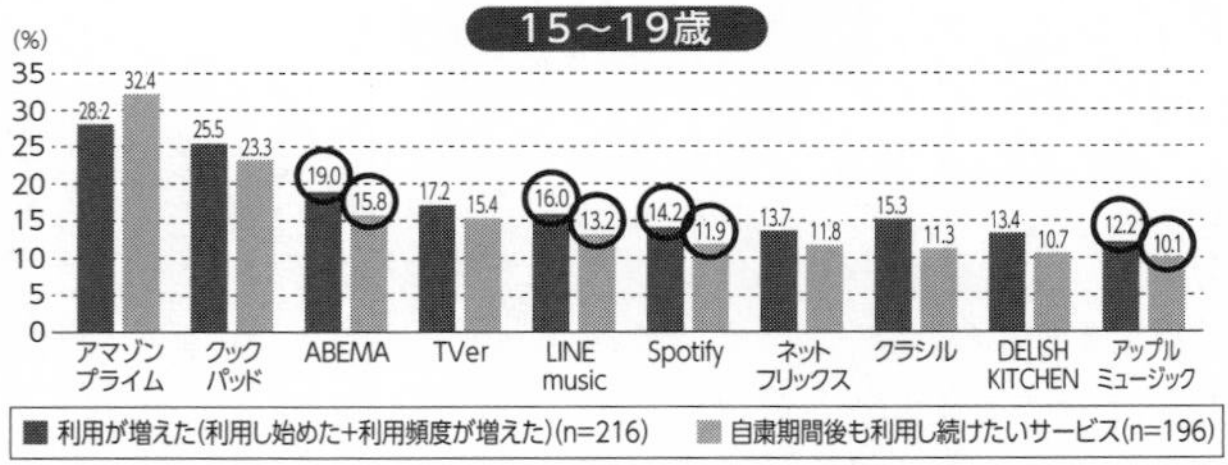


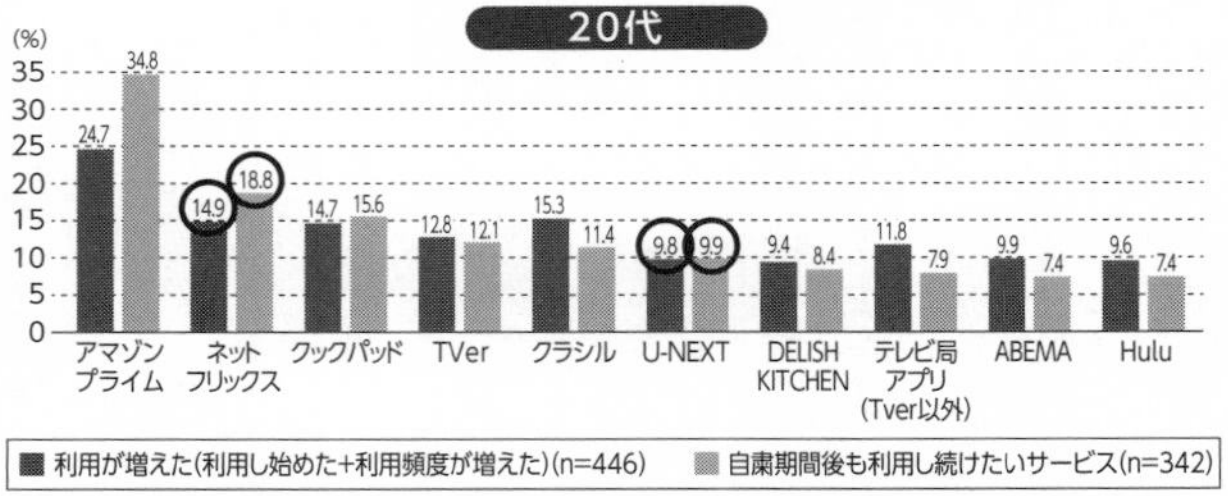


図5−18　動画配信アプリ利用の変化（Z世代の10代、20代）

を見ながら料理を作る人が増えたのだと思います。

これを年代別に見ると（図5‐18）、10代のZ世代は全世代平均と比較して、ABEMAの数値が高く（利用が増えた19・0％、利用し続けたい15・8％）、また、LINE Music（利用が増えた16・0％、利用し続けたい13・2％）、Spotify（利用が増えた14・2％、利用し続けたい11・9％）、アップルミュージック（利用が増えた12・2％、利用し続けたい10・1％）と、音楽系のサービスも上位に上がりました。

もともとABEMAをよく見ている10代のZ世代が、さらに見るようになり、もともと音楽を聴く10代のZ世代がより聴くようになった、ということでしょう。

動画配信アプリについて、全世代平均では、アマゾンプライムが「利用が増えた」「利用し続けたい」でともにトップですが、20代では多様なアプリが上位にきています。20代では、ネットフリックスの「利用が増えた」が14・9％、「利用し続けたい」は18・8％、U-NEXTの「利用が増えた」は9・8％、「利用し続けたい」は9・9％です（図5‐18）。

Q. 新型コロナウイルス感染拡大による自粛期間中、
【仕事・アルバイト・就活・転職】について自粛期間前から意識・行動が
変わったことをすべてお選びください。またその中で自粛期間終了後も
意識し続けたいこと・やり続けたいことをすべてお選びください。

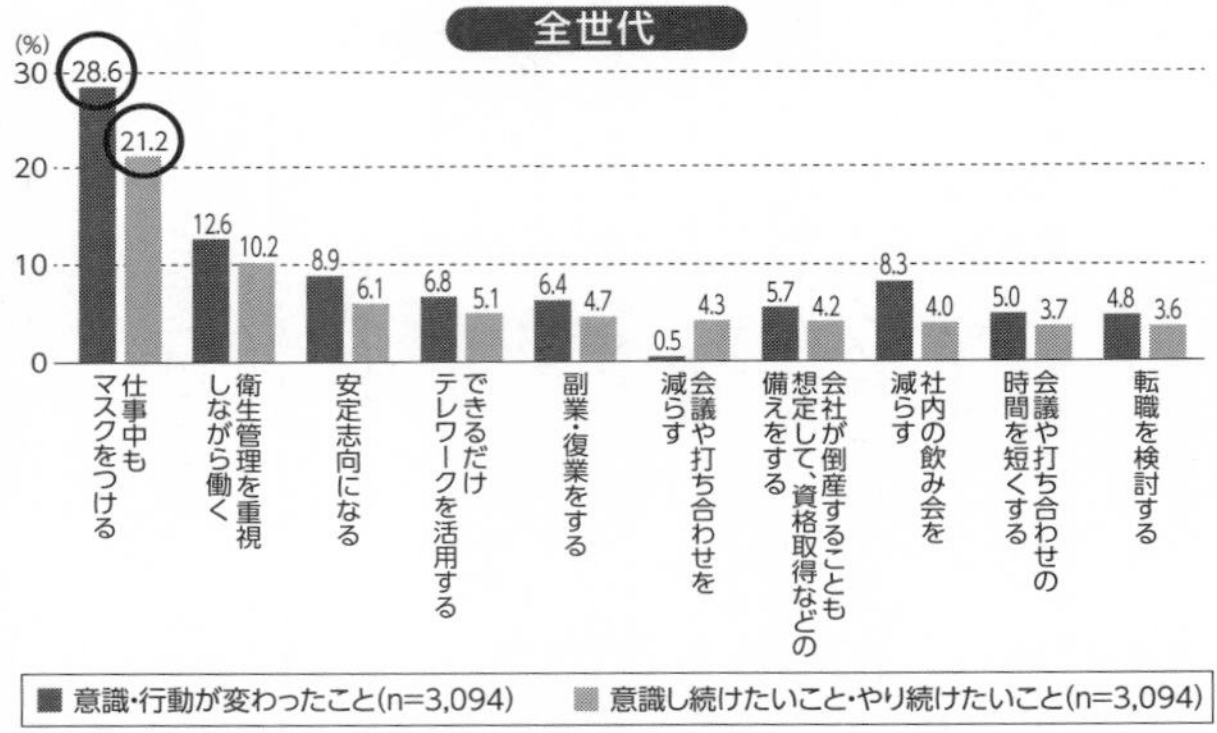


図5−19　就業意識の変化（全世代）

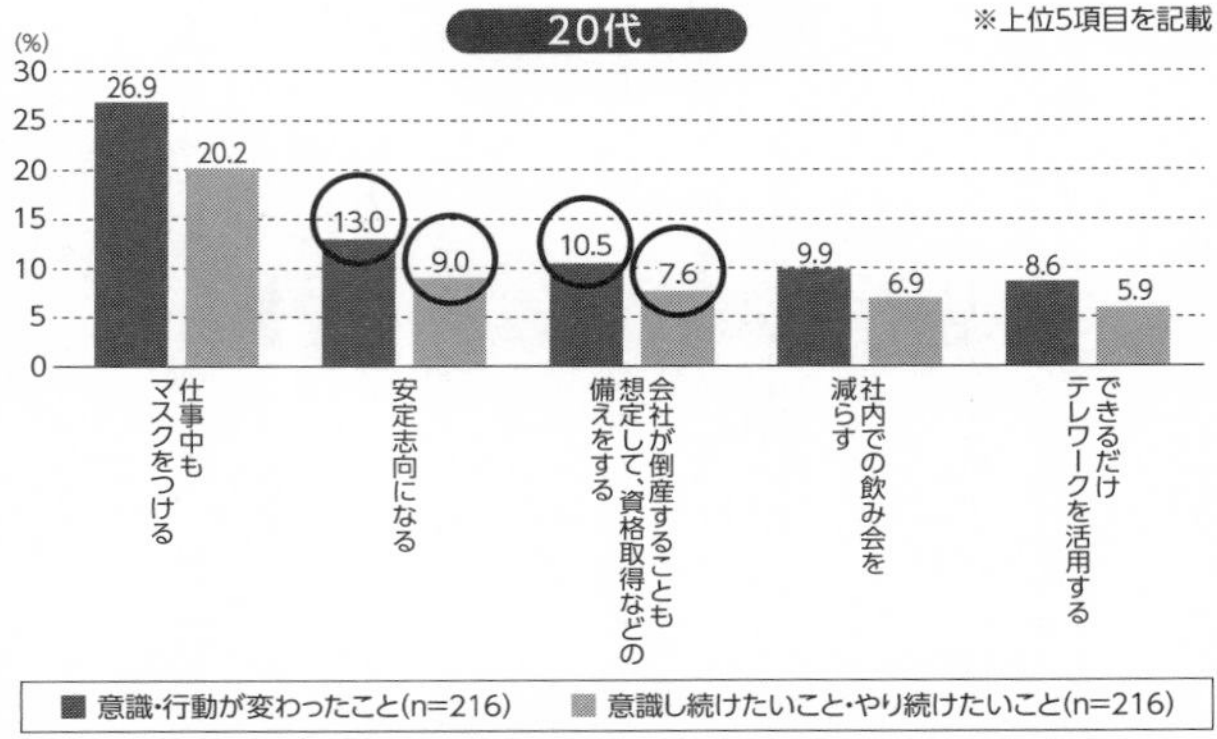


図5−20　就業意識の変化（20代）

## 就業意識の変化

続いて就業意識の変化についてのデータです（図5‐19）。

多くの項目で「意識・行動が変わったこと」「意識し続けたいこと・やり続けたいこと」がともに低く、就業意識は、新型コロナによってもあまり変化していないことが分かります。

個人的には、「できるだけテレワークを活用する」「副業・復業をする」「会議や打ち合わせを減らす」「会議や打ち合わせの時間を短くする」などはもっと意識・行動が変わるべきだと思います。これでは新型コロナが終息したら、日本の企業特有の無駄が復活してしまいそうで心配です。

唯一大きく意識や行動が変わり、今後も意識し続けたいという数値が高く出たのは、当たり前の話ですが、「仕事中もマスクをつける」という項目でした。

20代で見ると、「安定志向になる」「会社が倒産することも想定して、資格取得などの準備をする」の数値が、全体の数値と比べて高く出ています（図5‐20）。

社会人歴や社歴が長く、経験値もある中高年層より、これから社会に出る、あるいは出たてのZ世代を中心とした若手社会人や大学生の方が、新型コロナによる景気の悪化や倒産、失業、業績悪化などによるリストラ、減給などに怯えていることが分かります。

前述したように、これまでZ世代は、同世代人口の少なさと人手不足により、人生の後半はバイトや就職の有効求人倍率に恵まれ、ダイヤモンドの卵として生きてきました。

これは、すぐ上の「ゆとり世代」（リーマンショック後の第二次就職氷河期世代も含む）とは比べ物にならないくらい恵まれています。

しかし、新型コロナショックによって、彼らの就業意識が一気に「安定志向」に向かっている可能性があります。

今後、就活は買い手市場に変わっていく可能性もあり、場合によっては就職氷河期に突入する可能性もあります。絶対に氷河期にはなってほしくはないですが、こういう厳しい状況下で、Z世代の就業に対する「チル」意識に、変化が表れる可能性があります。

## 社会意識、政治意識の変化

コロナによって日本人の社会意識、政治意識はどう変わったのでしょうか（238ページ図5‐21）。

まず、「意識・行動が変わったこと」で数値が高かったのは「貯蓄をしようと思った」が

28・9％（「意識し続けたい」は25・5％）でした。新型コロナショックによる経済不安が日本人全体に広がっているものと考えられます。

「意識・行動が変わったこと」で最も目立つのは、「国の支援は頼りにならないと感じる」の29・4％（「意識し続けたい」は14・9％）でした。

また、「意識・行動が変わったこと」について、「政治への関心が高まる・政治に関心を持つ」は22・4％（「意識し続けたい」は15・8％）、「日本への不信感が募った」は19・0％（「意識し続けたい」は8・8％）と高く、日本人全体で政治意識や政治不信が高まったことが分かります。

クルーズ船「ダイヤモンド・プリンセス号」内での感染拡大が発覚して以降、検査体制や給付金、アベノマスクなど、政府の新型コロナ対応が後手後手となった感は否めず、安倍政権の支持率が下がり、結果、首相の体調悪化による退陣へと至りました。いわば「コロナ退陣」と言うべき結末を迎えたわけですが、新型コロナによる国民のストレスの矛先が政府に向かっていたことが、このデータからもよく分かります。

Q. 新型コロナウイルス感染拡大による自粛期間中、
【政治・社会意識】について自粛期間前から意識・行動が変わったことを
すべてお選びください。またその中で自粛期間終了後も
意識し続けたいこと・やり続けたいことをすべてお選びください。

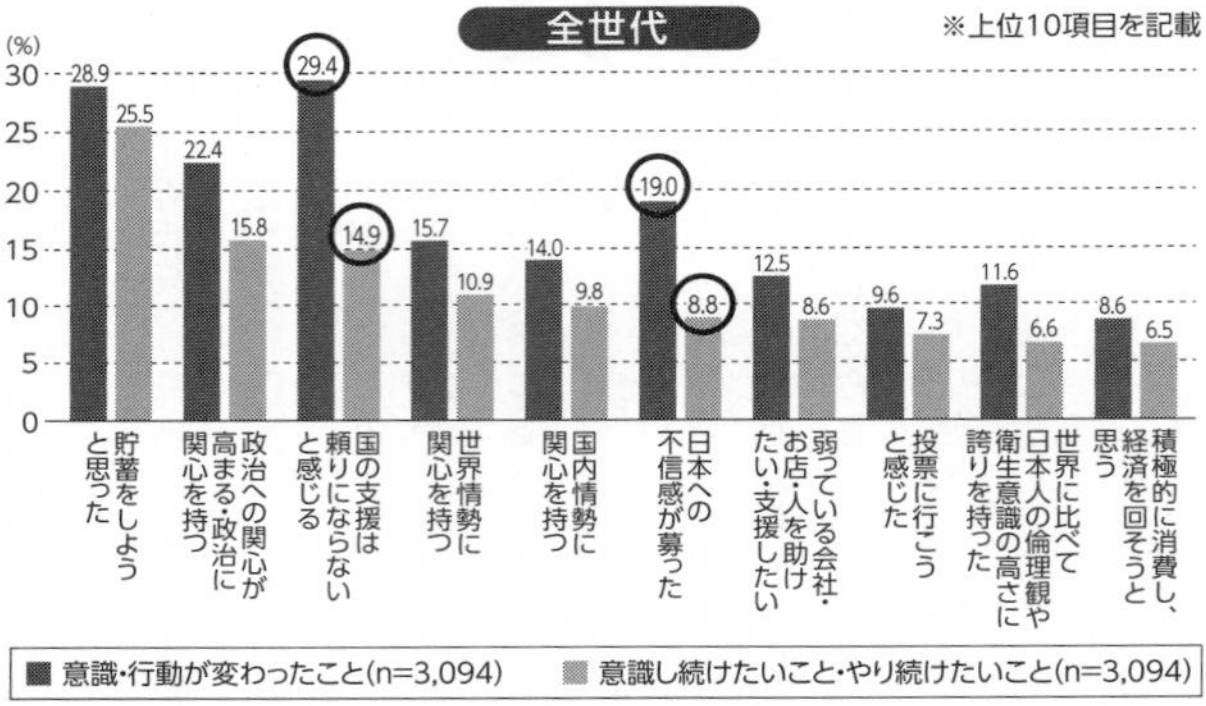


**図5−21　政治・社会意識の変化（全世代）**

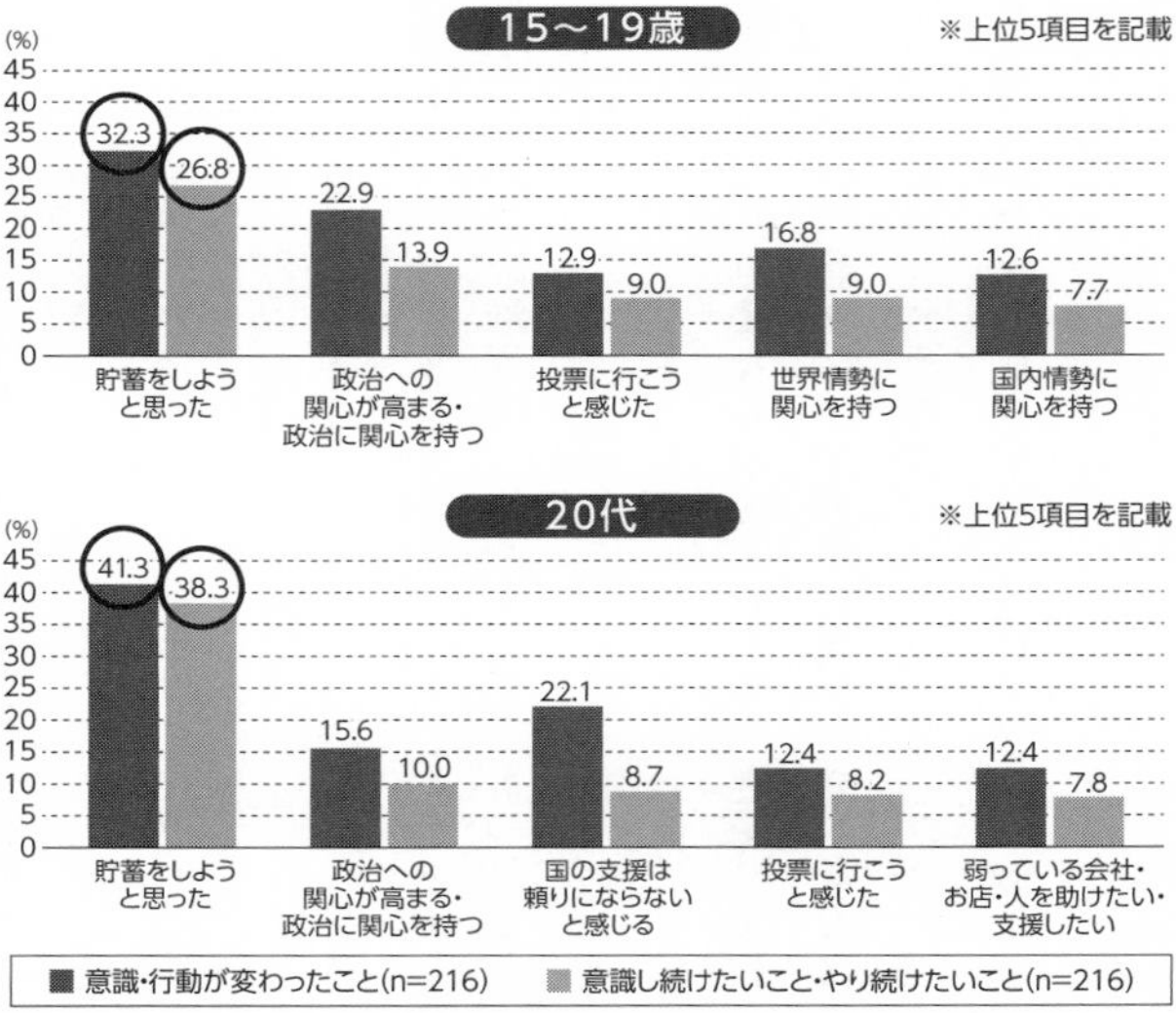


**図5−22　政治・社会意識の変化（Z世代の10代、20代）**

## 若者の間では政治不信は高まっていない

同じ調査結果を年代別で見てみましょう（図5－22）。

まず、「貯蓄をしようと思った」の項目について「意識・行動が変わった」と回答したのは、10代が32・3％、20代が41・3％（全世代では28・9％）、「意識し続けたい・やり続けたい」と回答したのは、10代が26・8％、20代が38・3％（全世代では25・5％）で、いずれの回答も若者の方が全世代より高いという結果となりました。前述した通り、若者の方が新型コロナで打撃を受けており不安感も高まっているのでしょう。

特筆すべきは、10代、20代の間では、政治不信があまり高まっていない、という点です。例えば、全世代で最も数値が高いのは「国の支援は頼りにならないと感じる」という項目で、「意識・行動が変わった」が29・4％で、「意識し続けたい・やり続けたい」が14・9％でした。しかし、20代では前者が22・1％、後者が8・7％で、全世代と比べて差がありました。

もともと投票率が低く、「政治離れ」している若者たちは、コロナ禍で大きな不安を抱いているにもかかわらず、その怒りの矛先を政治や政府にはあまり向けていないのです。

同時期にアメリカのZ世代を中心とした若者の間では、ＢＬＭ（Black Lives Matter）運動が盛り上がり、テニスの大坂なおみ選手が被害者の名前を記したマスクをして試合に臨み、日本でも大いに話題になりました。

ＢＬＭは人種問題の話で、本来、新型コロナとは関係ない問題のはずですが、この背景には、新型コロナに対して若者たちの間で不安や鬱憤が溜まっていたこと、新型コロナによってアメリカで亡くなった死者の多くが黒人であったことなどへの不満や憤りが高まったと言われています。

米疾病対策センター（ＣＤＣ）は、米国内の新型コロナの死者に占める黒人やヒスパニックなどの割合が、人口全体で見た人種構成と比べて大幅に高いとする調査結果を発表しました。全米の人種構成は白人が60％、ヒスパニックが18％、黒人が13％と言われますが、新型コロナによる死者のうち、１万人余りを対象とした調査では、白人は35％に留まり、黒人が25％、ヒスパニックが24％を占めたそうです（時事ドットコムニュース、２０２０年７月11日 https://www.jiji.com/jc/article?k=2020071100405&g=int）。

アメリカと比べて死者が多くなかったからかもしれませんが、日本のZ世代は、「安定志向」や「貯蓄志向」を高めるなど、自己防衛意識を高めているだけのようです。

逆説的に言えば、Z世代に安心感を与えられる企業であれば、彼らはその企業に就職・転職したいと思うようになっていますし（私の知り合いの大学生も、新型コロナによる感染拡大が起こった途端、安定した企業に志望先を変えている人が結構いました）、彼らを安心させられる、将来設計に役立つ金融商品などもチャンスがありそうです。

## パーソナル政治意識

コロナ禍でも、Z世代の政治意識は高まらなかった、と前述しましたが、実は部分的に高まった面もありました。

例えば、自分の好きな飲食店などのお店を応援するクラウドファンディングや、大学生にとっては自分事と言える「大学9月入学」に関する議論がネット上で盛り上がりました。

また、検察庁法改正案は、政治離れしているZ世代には距離が遠いテーマでしたが、ドラマの登場人物の相関図のような解説図が、彼らの間で広まりました（図5‐23）。

**推しクラウドファンディング**　自分たちの身近な飲食店（大学近くの店が多い）を守るための前払いやアーティストを守るためのクラウドファンディングなど、学生が主体となった活動がコロナを機に増えた。ライブハウスの営業自粛に対して国の補助金の支給が遅れたことをきっかけに、自分の好きなアーティストやアイドルをより経済的に支援する動きが続くのではないか。

**9月入学に対する議論**　大阪府の高校３年生２人がアカウントを開設し、約２万3500人の署名を集め、文部科学省に提出した。この活動に多くの知事が賛同し全国で議論されるようになった。政治離れしているとされるZ世代だが、これを成功例としてオンラインの署名活動が増えるのではないか。また、政府もZ世代に関係のある政策についてはSNSの意見を重視するようになるのではないか。

**検察庁改正法案相関図**　2020年５月９日頃より、ツイッターにて「#検察庁法改正案に抗議します」というハッシュタグをつけたツイートがトレンドの１位となり、著名人も次々とツイートし大きな話題となった。相関図はきゃりーぱみゅぱみゅが使用し話題に。Z世代に影響力のある芸能人が発言したことで関心が集まり、また引用していた画像も、ドラマの相関図のようで面白みがあったため、多くのZ世代の興味を呼んだ。

図5－23　パーソナル政治意識

まとめると、新型コロナによって、Z世代の先行き不安感は増したものの、それが政治意識への高まりには向かいませんでした。しかし、政治テーマの中でも自分たちに直接関連し、関心を持ちやすい話題（クラウドファンディングや大学の９月入学）や、彼らが興味を持ちやすい手法で表現された政治マター（検察庁法改正）には興味を持ったようです。

これを私は「パーソナル政治意識」と呼んでいます。これは今後、政界や教育業界が、Z世代の政治意識を高めさせるための重要なキーワードになる、と考えています。

## 令和の消費の主役

新型コロナに関する定量調査の結果をまと

めます。

Z世代は、新型コロナによって最も収入が減った被害者世代となりました。

結果、就職や転職、お金に対して不安感を高め、安定志向になりつつあります。しかし、彼らの不安や怒りは、アメリカのZ世代を中心とした若者のように政府・政治批判へは向かわず、貯蓄志向や安定志向など自己防衛意識を高める方向に向かいました。

私がインタビューした、都内の私立大学に通う女子大生は、家庭があまり裕福ではなく、奨学金を得て茨城の実家から出て都内で生活していますが、バイトのシフトを削られ、収入がなくなり、「本当に苦しい。大学をやめて実家に帰るべきだろうか」と悩んでいます。

政府は、こうした苦境にある若年層への金銭的な補償を充実させる必要があると、私は思います。

また、Z世代は、新型コロナに感染しても重症化しにくい年齢のためか、上の世代ほど実店舗での買い物を自粛していません。また、オンラインショッピングに関しても、コロナ前よりも、そして上の世代よりも活用しており、コロナ禍で最も消費意欲が旺盛な魅力的な消費者だと言えます。

よって、多くの企業は、リアルでもオンラインでも、超有力なターゲットとなりつつある

Z世代に、より一層注目していく必要が出てきています。

# 6章　Z世代をつかむツボ

## 「ネクストチル」と「ネクスト映え」

最後の本章では、Z世代の心をつかむ今後のマーケティングのツボを考えてみます。

前述したように、Z世代の価値観の最大の特徴は、まったりすることを意味する「チル」と過剰な自意識を表す「ミー」の二つです。ですので、これから挙げる全てのツボには、前提としてこの二つの特徴が横たわっている、ということをご理解下さい。

こうした前提の下、まず初めに「チル」や「インスタ映え」のバージョンアップ版である「ネクストチル」や「ネクスト映え」について考えてみたいと思います。

### 「チル映え」

「ネクストチル」について考えてみると、私はZ世代の間で「チル映え」というライフスタイルがくると思っています（というか、もうきている）。

単にまったりするだけではなく、映えながらまったりする、あるいは、まったりする行為自体が映える――こういうジャンルがもっと増えていくでしょう。

すでに紹介した、「シーシャ」や「海ピク」も「チル映え」です。

他にもZ世代に人気の宿「BEB5（べブファイブ）」は、星野リゾートの提供する新しいタイプの宿泊施設で、「居酒屋以上旅未満」というコンセプト。DJブースや、屋外でゆったりとした時間を過ごすことができる「TAMARIBA（タマリバ）」と呼ばれる共有スペースが売り。無計画で行っても楽しめるオシャレな宿として、「チル映え」を好む若者を魅了しています。「29歳以下エコひいき」プランで、1室3人で利用すれば、1人あたり約5000円で宿泊できるリーズナブルさも若者に人気のポイントです。

Z世代は、いわゆる民泊（例えば、Airbnb〈エアビーアンドビー〉は若者に人気）をよく利用するようになっています。そうした様々な旅行体験に慣れている彼らを、従来型のホテルや旅館がつかむことは大変難しい。この「チル映え」を実現できる場所を提供しないと生き残れません。

コロナ禍で「ワーケーション」（「ワーク」〈労働〉と「バケーション」〈休暇〉を組み合わせた造語。観光地やリゾート地でテレワークをして、働きながら休暇をとる過ごし方。余談だが、先日、知り合いのZ世代の若手社会人女性が秋田の奥地にワーケーションに行ったが、Wi-Fi環境が酷くて仕事に支障をきたし、コンビニも近くになくて、散々な目にあったそうだ）や「地方移住」に注目が集まっていますが、ただ「うちの地域には自然があるよ」ではZ世代の心をつかむことはできず、この「チル映え」が重要なポイントです。

## 「安かろう映えろう」

次に「ネクスト映え」について考えます。当然、「チル映え」も「ネクスト映え」です。

２０１９年上半期には、診断シェア、映えピク、２０１９年下半期から２０２０年上半期には、匿名映え、自撮り免罪符、偏見ペルソナ、フェイク飯、高さ映え、はかな萌えと、姿や形を変えて、「インスタ映え」のトレンドがずっと続いています。

「ネクスト映え」として、私は「安かろう悪かろう」ではなく、「安かろう映えろう」というものがくると思います（というか、もうきている）。

例えば、１００円均一ショップのダイソーが出しているＰＢ（プライベートブランド）でUR GLAM（ユーアーグラム）というコスメブランドがあります。これは安くて質が良く、商品が可愛くて映える、ということで、大ヒットとなりました。まだ中学生、高校生のZ世代もいるので、やはり「安さ」は重要です。

また、資生堂の若者向けの安価なブランドだったレシピスト（２０２０年３月末をもって販売を終了）では「#たおりゅう」というキャンペーンが大当たりしました。

これは、この商品のプロモーション用に作られたインスタアカウントで、人気タレントの横浜流星さんと土屋太鳳さんが、あたかもカップルのように、日常のラブラブな様子を掲載したもので、ところどころに商品が写り込んでいます。これはフォロワー約40万人の人気インスタアカウントとなり、Z世代の間でレシピストは安く映えるモノの象徴となっていました。


**「動画映え」**


TikTokやインスタグラム・ストーリーズを使いこなすZ世代は「動画第一世代」なので、「安かろう映えろう」に加え「動画映え」（ムービージェニック）も重要なポイントです。

東京では、今や「原宿」よりも「新大久保」が「Z世代の女子の聖地」になっています。もちろん、これは「韓流」人気が理由ですが、そもそもこの「韓流」人気や「新大久保」人気の理由の一つに「動画映え」もあります。

例えば、チーズタッカルビ（韓国料理の「タッカルビ」にチーズを加えてアレンジした料理。タッカルビというのは、鶏肉のぶつ切りと野菜を甘辛いタレで炒めた料理）、チーズホットク（チーズたっぷりの韓国式ホットドッグ）、チーズキンパ（甘辛いご飯にチーズが入った韓国式のり巻き）などの韓国の食べ物は、チーズがびよんと伸びるものが多く、動画映えするのです。

なお、中高年男性にはイマイチよく分からない「動画映え」ですが、以下のようなパターンを覚えておくとよいでしょう。

「見えなかったところが見えるようになる系」。これは、食べ物の断面が見えるようになる動画のことで、例えば、フルーツ大福を切り、開くとフルーツが見える、というものです。

「目の前で炙られる系」。例えば、チーズケーキの表面が焼かれて焦げ目がついていくようなものなどです。

「切って開く系」。例えば、ふわふわのオムライスなど、ふわふわしたモノやモチモチしたモノにナイフを入れた時の動きなどです。

「引き上げると伸びる系」。これは前述した韓国のチーズ系の食べ物が該当します。

「最後の仕上げが任される系」。これは、テーブルに出された時は未完成で、食べる前に自分でひと手間加える食べ物のことです。例えば、ケーキの周りを囲んでいるフィルムを引き上げると、パンケーキが崩れて花の形のようになるものなどがそれに当たります。「上から垂れ流される系」。テーブルに出された時に、上から細い麺のようなマロンクリームをあしらってくれるモンブランケーキなどのことです。

先日、同世代の友人に、客自身が石の上で鶏を焼く焼き鳥屋さんに連れて行ってもらいました。確かに珍しいお店ではあり、彼は自信満々に「インスタ映えする店」と言っていました。しかし、これは前述したパターンのどれにも当てはまらないので「動画映え」ではありませんし、そもそも焼き鳥のような茶色系の食べ物はインスタ映えしません。こうした勘違いした「中高年映え」をしないようご注意下さい。

なお、3章で触れた「間接自慢」を示す「診断シェア」「匿名映え」「自撮り免罪符」「ぶりっ子免罪符」などのトレンドもずっと続いています。つまり「インスタ映え」には載せる「言い訳や大義名分」があった方がよいのです。逆に言えば、こうした「言い訳や大義名分」が立つ映えるモノやサービスが、ウケると理解しておいた方がよいでしょう。

いずれにせよ、「チル」と「ミー」という価値観が、Z世代の全ての消費トレンドの前提にある、ということを押さえておいて下さい。

## 「ジェンダーレスクール」

日本における同性愛の記録は、古くは日本書紀の時代（720年〜）からあります。そこから一気に飛びますが、1800年代後半から同性愛が社会で問題視されるようになり、それが1990年くらいまで続きました。

90年代になると、WHOが同性愛は異常なことではないと発表。94年には日本の文部省（当時）が同様の見解を示します。そして、有名人が少しずつ同性愛を公表するようになっていきます。テレビでも古くはおすぎさんとピーコさん、近年はマツコ・デラックスさんを始め多くのLGBTQの方たちが人気者になっています。

そして今、さらに進展し、LGBTQは問題ではない、という「否定の否定」の段階から、Z世代の間では、公表する姿勢がむしろ「かっこいい」という完全肯定に変わりました。

実際、都内のZ世代の大学生たちに話を聞くと、非常に多くの子が「複数人のLGBTQの友達がいる」と答えるので、それだけ公表する人が増えているのだと思います。

SNSで多くの友達とつながり、周りの目を過剰に意識するZ世代にとって、周りの目を気にせず、性的指向を公表するLGBTQの人たちの姿勢が大変クールに映るようです。

私はこの現象を「ジェンダーレスクール」とネーミングしました。

ちなみに前世代との比較では、Z世代の57・8%、「ゆとり世代」の43・3%が「LGBTに理解がある」と回答しており、Z世代が上回っています。

アメリカではZ世代を中心にBLM（Black lives matter）運動が盛り上がっています。大都市部に住む彼らにとって、人種が多様化しているのは当たり前のことですし、人種問題だけではなくジェンダー問題やルッキズム（身体的に魅力的でないと考えられる人々に対する差別的取り扱い）に対しても大変敏感になっています。

Z世代の代表である八村塁さんや大坂なおみさんがBLM運動に参加しているのも象徴的で、こうした同世代のスーパーセレブから日本の一般のZ世代も影響を受けています。

ここ数年、ジェンダーレスなテーマを扱った映画やドラマが急増していることも彼らに影響を与えています。

「おっさんずラブ」「逃げるは恥だが役に立つ」「きのう何食べた?」「腐女子、うっかりゲイに告る。」「俺のスカート、どこ行った?」「窮鼠はチーズの夢を見る」「ミッドナイトスワン」……挙げればキリがないほど、本当にこの1、2年、コンテンツ業界で大変ホットなテーマになっています。

## 「ジェンダーレスクール」の象徴

「ジェンダーレスクール」の象徴は、190万人近い登録者数を抱えるYouTuber「kemio」君です。彼は2013年から6秒間の動画アプリ「Vine」で高校生のあるあるネタを投稿していたことから注目を集め、今ではトップYouTuberとして活躍しています。19年4月に上梓された著書『ウチら棺桶まで永遠のランウェイ』(KADOKAWA)のヒットで、彼を知った中高年もいるかもしれません。同年4月28日、彼は自身のツイッターでゲイであることを告白し話題になりました。

そしてもう一人、井手上漠さんのブレイクです。18年11月の「第31回ジュノン・スーパーボーイ・コンテスト」でDDセルフプロデュース賞を受賞。テレビ番組の出演やSNSへの投稿で知名度を上げ、「可愛すぎるジュノンボーイ」としてファンを増やしています。

Z世代の「ジェンダーレスクール」というニーズに沿った就活生向けの広告を展開する企業も増えています。

例えば、人種やジェンダーやルッキズムに対応するために、「弊社は履歴書からプロフィール写真をなくします」と宣言したある外資系企業の広告がZ世代の心をつかみ、SNS上でバズりました。

kemio君の著書

富士経済の発表によると「男性向け化粧品」の市場規模は、2019年見込みで1196億円。これは18年の1180億円と比べて1・4%の増加で、17年からその規模が拡大を続けていることも示されています。ちなみにZ世代の55・1%、「ゆとり世代」の40・8%が「男性が化粧することについて抵抗がない」と回答しており、やはりZ世代が上回っています。

最近は、韓流タレントやアイドルの男性が化粧をすることが多いので、その影響を受けてメイクをするZ世代の高校生男子も増えているようです。

コロナ禍で女性の化粧品市場は縮小していますが、化粧品・スキンケア業界は、Z世代の男性を本気で狙う時代になってきているのかもしれません。

## 韓流ブーム

2004年、「冬ソナ」を皮切りに中高年女性の間で第一次韓流ブームが起こりました。第二次韓流ブームは11年頃、少女時代、KARA、東方神起などの韓国アイドルグループの日本デビューを機に、若者の間でK-POPブームが起きました。第三次韓流ブームは、17年くらい以降のもので、Z世代を中心に起こり、韓流は今や完全に日本に定着しました。

K-POPグループの数は非常に増え、韓国トレンドの幅も広がり、数々の雑誌で韓国ファッションや韓国メイクの特集が組まれ、韓国通販サイトも人気になり、SNS映えする韓国の食べ物やカフェもZ世代の女子の間で人気になっています。

また、今までZ世代にとって、ネットフリックスの代表的なコンテンツは「テラスハウス」でしたが、ネットの誹謗中傷が原因と言われる出演者の自殺もあり、20年のコロナ禍には韓流ドラマの「愛の不時着」と「梨泰院《イテウォン》クラス」などにとって代わられました。

このように韓流ブームは、Z世代の女子の間で、幅広いジャンルで生活に定着しました。女子だけでなく、韓流スターの影響で「メイク男子」が増えるなど、Z世代の男子にも浸透し始めています。

先日、青森のむつ市で多くの高校生男子にインタビューを行いましたが、地域によって見られるコンテンツが変わるテレビと違い（例えば、青森にはフジテレビ系列はない）、全国共通して同じコンテンツが見られるZ世代に人気のABEMAで、韓流ドラマを見たりK－POPの情報を収集したりしているとのことでした。

## 韓流から華流へ

さて今、この韓流ブームに異変が起こり始めています。正確に言うと、韓国ブームにとって代わるブームとなるのか、あるいは韓国ブームに加わる形になるのかは分かりませんが、実は、中国ブーム（華流ブーム）が起こり始めています。

例えば、ティーンが選ぶ「2018年流行ったものランキング」の第1位は動画アプリの

「TikTok」、第2位はタピオカ店の「Gong cha」、第3位はゲームアプリの「荒野行動」でしたが、これら全てが中華圏発、いわば韓流ではなく華流商品・サービスなのです（正確に言うと「Gong cha」は台湾発）。

また、新宿の高島屋や中華街にある人気タピオカ店「ANSWER TEA」は、タピオカを買うとAIが占いをしてくれるという中国発のお店です。

Z世代女子に人気のABEMAでも、「韓流・華流チャンネル」「韓流・華流ドラマチャンネル2」「K-WORLDチャンネル」と、韓国・中国のチャンネルが三つもあり、韓国に加え、華流の兆しが表れていることを示しています。

## 「チャイボーグ」

このように、ここ数年、今やIT先進国となった中国発のアプリやタピオカを中心に、韓流ブームの陰で、華流ブームがじわじわとZ世代に浸透し始めています。

しかしこれまで、これらのアプリやタピオカを中国発のモノだと認識していないZ世代がほとんどでした。つまり、中国発の良いモノは好きだけど、中国自体に憧れているわけではないという人が多く、彼らが韓国発の幅広いモノを好むだけではなく、韓国自体に憧れを持つようになっているのとは状況が大きく異なっていました。

ところが、最近、Z世代の女子が、明確に「中国」のモノ、あるいは、中国自体に憧れを持ち始めていることを感じる事例が少しずつ出てきています。

その象徴が「チャイボーグ」です。

これは「中国の美人インフルエンサーのメイクは、サイボーグ級に美しい」という意味で、この「チャイボーグ」メイクを真似するZ世代の女性が非常に増えています。

日本のメイクは控え目でナチュラル。韓国のメイクはピンクがメインカラーで、可愛らしい。それに対して、中国メイクははっきりとした色使いで、強い女性のイメージ。

「チャイボーグ」メイク

例えば韓国メイクだと、アイラインは茶色で自然に見せますが、中国メイクは黒いアイライナーで、太くくっきりと描きます。リップも真っ赤で、かなり派手です。
中国メイクに注目が集まり始めたのは、2019年の夏頃からで「鹿の間」など複数の美容系YouTuberがこれを取り上げて、じわじわ浸透してきました。

チャイボーグメイクの広がりに伴い、中国のコスメブランドも日本で売れ始めています。アートメイクブランドの「ZEESEA」（ズーシー）は、海外コスメを取り扱う通販サイト「Qoo10」（キューテン）で人気ブランドになっています。

韓国コスメが好きな女子たちは、韓国に旅行してお土産で韓国コスメを買ってくるのが定番でした。しかし、コロナ禍で韓国旅行に行けなくなり、海外コスメが買える通販サイトを見るようになった子も増え、そこで中国コスメに出合うケースが多いようです。

「ZEESEA」の本社があるのは中国の杭州。アリババの本社もあり、富裕層の街として知られています。そんな街で生まれたためか、パッケージがかなり洗練されており、そうした映える要素も、日本のZ世代の心をつかみ始めている理由です。

「中国の製品は品質が悪そうだ」「中国という国自体が信用できない」といった、これまで日本人が多かれ少なかれ抱いていたイメージは、Z世代の女性の間で完全になくなってはいませんが、少なくなってきています。

韓国と違い、「中国を旅行したい」というZ世代の女子はまだ少数派だとは思いますが、「嫌韓・嫌中」のおじさまたちも、「日本のZ世代女子研究」という目的で、韓国や中国の市場を研究しなくてはいけない時代になりつつあります。

現在、日中、日韓の間では、決して良好とは言えない政治的緊張関係が続いていますが、もともとどの国の市場でも、女性の方が政治と消費を切り離す傾向が強い、と言われています。また、物心ついた時には中国が経済大国としてすでに存在していたZ世代にとって、中国はすごい国というイメージがあり、この点も上の世代とは感覚が異なっていそうです。

いずれにせよ、今、Z世代の間で「華流」の兆しが生まれているのは間違いありません。

なお、2020年秋には、チャイナ服をモチーフにした洋服もトレンドになりつつあります。本場中国で男性が着ているチャイナシャツが、日本の古着店を始め、様々なブランドで女性向けに売られるようになっています。これも華流ブームの新しい事象だと言えます。

## ファッション×意識高い系

「最近の若者はすごいね。皆、ボランティアやってるんでしょ?」「これから企業はSDGs(持続可能な開発目標)をしっかり考えていかないと若者たちにそっぽを向かれる」「最近の若者は健康意識が高いからうちの商品もそれに対応しないと」「今の若者は地方創生に興味があるから、今後、東京一極集中が緩和されていくだろうね」——。

この10年近く、こうした類の「今の若者は意識が高くなっている」といった説を、大企業の方から何度聞かされてきたか分かりません。

こうした大人の大いなる誤解を私は「トランプ現象」と呼んでいます。

トランプ大統領が誕生した2016年のアメリカ大統領選で、彼が大統領になると予想したメディアはほとんどありませんでした。メディアが集中するニューヨークやロサンゼルスは、人種が多様なこともあり、リベラルな人が多く、その土地の人々の話だけを聞いて鵜呑《うの》みにすれば、彼が大統領になるはずはないと思ってしまいます。ところが、アメリカの田舎に行けば、当然トランプを支持する人もたくさんいるし、大都市部にも隠れトランプ支持者がいたわけです。

これと同じで、多くのメディアや大企業の方が接する若者は、東京や大阪の大都市部に住み、かつ高学歴の（その中でもごく一部の意識高い系）特殊な若者であることが多い。いつの時代も普通の若者は怠惰であり、起業したりNPO団体を立ち上げたりはしませんし、大人とうまくコミュニケーションを取れないものです。

つまり、代表性が一切ない若者をその象徴として捉えてしまう大人が非常に多いのです。あるいは、若者に「こうあってほしい」という理想像を勝手に押し付けてしまっているのかもしれません。本気で若者を理解しようとするメディアや企業がこれまで少なかった、とも言えるかもしれません。

もちろん時代の流れもあり、そうした類の教育を受けてきたこともあり、環境意識やボランティア意識や起業意識が高い若者が、微々たる数ではあるものの、昔より増えているケースはあるでしょう。

事実、前述の「Z世代白書２０２０」によると、「NPOやボランティアに関心がある」と答えたZ世代（24歳までと定義）は41・０%で、25歳以上の26・６%を大きく上回っています。

しかし、では、関心が大変強いZ世代がどれだけ多く存在するかと言えば、私は眉唾ものだと思います。実際に行動に移している人の実数は、昔より増えてはいるもののおそらく大変少なく、決して代表性はない、ということは理解しておかなくてはなりません。

また、「起業したいと考えている」と答えるZ世代に至っては「ゆとり世代」よりも少なく（Z世代17・7%、「ゆとり世代」24・7%）、彼らの起業意識が決して高くないことが分かります。

余談になりますが、起業意識の低いZ世代は、「正社員として働きたい」という数値が

「ゆとり世代」よりも高く（Z世代69・7％、「ゆとり世代」61・5％）、起業意識に加え「副業をしたいと考えている」という数値も「ゆとり世代」より低く（Z世代52・7％、「ゆとり世代」58・4％。これだけ「副業・複業」の時代だと言われているのに！）、人手不足の恩恵を受けてきた（少なくともコロナ禍前までは）彼らは、まるで昭和のサラリーマンのように、良好な就職状況の追い風に乗って正社員として就職し、副業など余計なことはせずに働いていきたいと考えているようです。

ただし、そうした意識の高いごく一部の若者が、普通の若者に影響を与えていることは事実です。自分で行動するかどうかは別にして、そうしたものをクールと思うようになっているのは間違いありません。前述の「ジェンダーレスクール」もこの類の一つだと思います。

例えば、マイボトルを持ち歩いているZ世代が増えていますが、彼らに話を聞くと「オシャレだから」「流行っているから」という答えが返ってくることが多く、決して高い環境意識からの行動ではありません。

食品メーカーや飲料メーカーと仕事をしていても、「今の若者は健康意識が高い」という認識を持っている方が数多くいますが、よくよくZ世代を深掘りして調査してみると、高まっているのは「ダイエット意識」と「美容意識」だけです。

確かに私のようなデブなZ世代の若者は本当に少なくなっていますが、それをもって「健康意識」が高まっている、と言ってよいかは大いに疑問です。

若者の多くは健康なので、中高年ほど健康意識が高まるはずがそもそもありませんし、彼らは日々、インスタ映えに翻弄されることによって、審美眼と美意識が高くなっただけなのです。

「私、お酒弱いんですけど、健康を意識して、毎日甘酒を飲むようにしています」とインタビューで答えてくれた女子大生がいましたが、甘酒がアルコールでないことを理解していませんでした。「カカオ○%」とパッケージに書かれたチョコレートしか買わないと言っていた女子大生も、一体カカオの何が体に良いのかを答えられませんでした。

どんな理由であれ、環境に良いこと、体に良い行いをするのは悪いことではありません。しかし、それが「ファッション」からきている行為や意識であることを企業が理解しているかどうかで、マーケティングの効果が大きく違ってきます。

逆に言えば、この「ファッション×意識高い系」というインサイトを持つZ世代に、新たなファッショナブルなテーマを提示できれば、動機はどうであれ、彼らを動かすことができ、ビジネス上の、あるいは社会的意義のある施策を効果的に実行できるかもしれません。

## 「プチ」マーケティング

「ファッション×意識高い系」と同じような話で恐縮ですが、「今の若者は手作り意識が高い」「ガーデニングやDIYなどに打ち込む若者が多い」というイメージを持っている中高年は多いかもしれません。前述の通り、確かに時代的に以前より増えているかもしれませんが、実数としては大したことはありません。

「#丁寧な暮らし」というハッシュタグがZ世代の間で流行っており、自分のきめ細やかで丁寧な生活をYouTubeやSNSに投稿している人が見られます。しかし、これもファッションやインスタ映えを狙ったものであり、本当に丁寧な暮らしをしているZ世代が多いわけではありません。

私の仕事を手伝ってくれているある女子大生も、インスタ上では大変丁寧な暮らしをしているように見せていますが、彼女の妹に聞くと、本当の彼女の部屋は汚部屋《おべや》（整理整頓されていない、散らかっている部屋のこと）だそうです。

実際に彼らの間で流行っているモノの多くは、例えば、前述した「ダルゴナコーヒー」や

「センタルギウユ」など、「手がかからなくてインスタ映え」するモノばかりで、チルっているZ世代は、極力労力をかけずに効果（インスタ映えなど）を得たいのです。

タレントのヒロミさんが「DIY大好きおじさん」とテレビや自身のYouTubeで自称しているように、日曜大工を本気でやっているのは中高年が多く、Z世代の多くは100円均一ショップで買ったものにちょっと手を加えるだけでインスタ映えしたいのです。

2019年上半期にZ世代の間で流行った「じゃがアリゴ」が、Z世代の「手作り意識」の〝程度〟を象徴していると思います。

「じゃがアリゴ」とは、お菓子の「じゃがりこ」と「さけるチーズ」をあわせてアリゴ（ジャガイモをベースにチーズを足して味付けをしたハッシュポテトの一種で、フランスの郷土料理）を再現した料理のことです。

普通に料理したらかなり手間がかかるようですが、それを簡単に再現できると、人気料理YouTuberのリュウジさんがツイートしたことによりSNS上で話題になり、一時は各地で「じゃがりこ」や「さけるチーズ」の売り切れが続出しました。

「簡単に映える」「簡単にできる」――チルったZ世代には、意識が高いどころか、むしろこの手軽さこそが最大のポイントなのです。

なお、余談ですが、こうしたＳＮＳ上の「バズり」を受け、２０１９年10月にはカルビーから「じゃが湯りこ　ポテトサラダ」という、従来の「じゃがりこ」よりもさらにアリゴを作りやすくした商品が発売されました。

こうしたＺ世代のＳＮＳ上の「バズり」を企業が後追いし、新たな商品が開発されるケースは非常に増えており、Ｚ世代の存在はＳＮＳ上の〝拡散役〟だけではなく、商品開発などにとっても大変重要になっていることを知っておくとよいと思います。

「Ｚ世代白書２０２０」でも「目標や計画に対しキチンと対処・遂行しないと気が済まない方だ」（Ｚ世代34・１％、25歳以上40・１％）、「物事は完璧にやり遂げないと気が済まない方だ」（Ｚ世代33・６％、25歳以上41・２％）、「一気に熱中して、すぐに冷めてしまうことが多い」（Ｚ世代68・８％、25歳以上53・４％）という調査結果が出ており、「熱意」や「本気度」は上の世代の方が高いことがわかります。

ちなみに、この「Ｚ世代白書２０２０」では、Ｚ世代のことを「かじる世代」とネーミングしていますが、これは彼らの「プチ」な感覚をよく表している言葉だと思います。

チルっているＺ世代は、「ＤＩＹ」ではなく「プチＤＩＹ」、「ガーデニング」ではなく

「プチガーデニング」、「ハンドメイド」ではなく「プチハンドメイド」といった「プチ」を求めており、この「プチ」な要素を取り入れた新たなモノは彼らにウケるはずです。

## 「コールアウト」と「キャンセルカルチャー」

最近アメリカで、Z世代には「コールアウト」と「キャンセルカルチャー」という特徴がある、と言われています。

例を挙げます。

シンガーソングライターのカービー・マリエール（ミレニアル世代）が2020年6月にTikTok上に投稿した内容が、全米で大変話題になりました（ちなみに、アメリカの若者は政治的主張をTikTok上に投稿することが多く、トランプ大統領がTikTokを目の敵《かたき》にするのはこれも理由だと言われている）。

彼女が投稿したのは「人種差別主義者でない朝食の作り方」という約30秒の動画。彼女が冷蔵庫を開けると、そこにはアメリカ家庭の定番「ジェミマおばさんのパンケーキ」の箱がありました。そのパッケージに描かれた黒人女性のイラストを見た彼女がこう言います。

「みんな、ジェミマって南部プランテーションの奴隷の女性の名前って知ってた？」

「パンケーキを売り出した白人男性が130年前にこのネーミングを思いついたきっかけは、ミンストレルショー（顔を黒く塗った白人俳優が黒人に扮して出演していた劇。現在は黒人への侮辱的で人種差別的なエンタメと批判されている）だったのよ」

ちょうどBLM運動が白熱し始めた頃ということもあり、この動画はZ世代たちによって拡散され、たった1日でこのパンケーキの販売元であるペプシコ社は、ネーミングとパッケージデザインの変更を決定しました。

Z世代の特徴である「コールアウト」とは、このように物事をオブラートに包まず「それそのもの」としてはっきり言うことで、カービーが「この商品のパッケージとネーミングは問題だ」とはっきり指摘したことなどがこれに当たります。

「キャンセルカルチャー」とは、その先の彼らのゴールのことで、コールアウトされたモノが、実際にキャンセル（削除）され、世の中から姿を消すことを指します。パンケーキのパッケージと商品名が削除され、別のものに変わったことなどがこれに該当します。

2020年のアメリカ大統領選において、トランプ陣営がオクラホマ州タルサで開催した選挙集会に対し約100万人のチケットの申し込みがあったのに、実際には収容人数1万9000人超の会場で空席が目立つ結果となったことが、日本のメディアでも大きく報じられました。

これもまさに「コールアウト」と「キャンセルカルチャー」で、チケット応募者のZ世代の多くが、主にTikTokで呼びかけ合い、応募はしたものの参加しなかったという可能性が指摘されています。

日本のZ世代は「政治離れ」しており、日本人の気質としてもここまで過激な活動は行わないとは思いますが、日本のZ世代を代表するバスケの八村塁さんやテニスの大坂なおみさんがBLM運動に参加していたり、ちょっと上の世代のダルビッシュ有さんやモデルのローラさんなどミックスの著名人が政治的発言をすることが当たり前になっているので、前述の「ファッション×意識高い系」というトレンドも加わり、日本のZ世代の間でもこうした政治的な動きが生まれてくる可能性はあります。

実際、問題発言をしたタレントをSNS上で炎上させたり、テレビ局にクレームを入れたりすることなどはすでによく行われており（もちろん、一部のZ世代だろうが）、令和の企業は、このZ世代のキャンセルカルチャーをしっかり理解しておくことが求められます。これはマーケティングのツボ、というより、警戒しなくてはいけないことです。

## 「インフルエンサー未満」「超共感」「Flawsome」

「これからはインフルエンサーマーケティングの時代だ」と言われて久しく経ちます。

確かに多くの若者がSNSやYouTubeを見るようになり、これらのメディアで活躍するいわゆるインフルエンサーはフォロワーも多く、マーケティング上、大変重要な存在になっていることは間違いありません。

「Z世代白書2020」の「スマホ広告ネイティブ調査」によると、「SNS投稿のうち参考にしているものを全て教えてください」という問いに対し、「企業のSNS」25歳以上66・7%、Z世代28・9%、「芸能人のSNS」25歳以上36・4%、Z世代35・5%、「インフルエンサーのSNS」25歳以上33・9%、Z世代35・5%、「一般ユーザー」25歳以上75・8%、Z世代80・3%と回答しており、25歳以上が「企業のSNS」や「芸能人のSNS」を参考にしているのに対し、Z世代は「インフルエンサーのSNS」や「一般人」を参考にしていることが分かります。

しかし、ツイッターもインスタグラムもYouTubeも若者に根付き、企業もこぞってマーケティングにインフルエンサーを活用するようになり、インフルエンサーたちもいわゆる企業案件の投稿が増えたことで、Z世代の間でインフルエンサーに対する信頼感が以前ほど強くなくなってきていることは確かです。

そうした中、今後キーワードになるのが「インフルエンサー未満」です。これは、世に出始めたばかりのインフルエンサーのことで、フォロワー数もまだものすごくは多くなっておらず、スレていない人たちのことです。

「Z世代白書」では「自分の日常に近い動画・投稿は信用できる」という項目に対する回答が、Z世代50・2％、25歳以上35・4％で、Z世代がより「自分に身近な存在」や「親近感」を求めるようになってきていることが分かります。

かつてインフルエンサーもそうした身近な存在だったはずですが、企業案件を行うインフルエンサーが増え過ぎたことで、「むしろスーパーTVタレント（例えば、広瀬すずさんや上白石萌音さんなど）かインフルエンサー未満」の方が信用できる、という声を、本当に多くのZ世代から聞くようになっています。

TikTokがZ世代の女子中高生にウケているのはまさにこれが理由で、ツイッターやインスタは基本的には自分がフォローした人（つまり、知っている有名人）の情報しか見られないのに対し、TikTok上ではたくさんの「インフルエンサー未満」に意図せず出会えるからです。

これまで企業は「スーパーTVタレントは広告に起用すると値段が高い。それより安いインフルエンサーを使おう」という理由で、インフルエンサーをマーケティングに起用していた面もあったと思います。しかし、フォロワーがかなり多いインフルエンサーではなく、フォロワーが多くなり始めたばかりのインフルエンサー未満を起用するということは、個々に支払う値段は少なくなるものの、商品情報を広く拡散させるために、インフルエンサー以上にたくさんのインフルエンサー未満を起用しないといけなくなるため、マーケティング効率が大変悪くなることを意味します。

手間はかかりますが、Z世代の信頼感を得るために、このインフルエンサー未満を起用したマーケティングが求められるようになっているのです。

また、Z世代がより自分に近いインフルエンサー未満を求めるようになっているということは、彼らは大変強く共感を求めるようになっている、ということが言えます。

「TVタレントより身近な存在のインフルエンサーが共感を呼ぶ時代」と少し前に言われて

いましたが、Z世代はもっと身近な存在であるインフルエンサー未満を参考にするようになっていることを考えると、「超共感」を求めている時代、と言えるかもしれません。

確かにZ世代にとって、この「超共感」というのは、重要なキーワードになっています。なぜなら、スマホ第一世代である彼らは、スマホやSNSで企業やメディアからターゲッティングされており、「自分の見たい情報」だけを見て生活するようになっているからです。「自分の見たい情報」——つまり、やや極端に言えば、自分が絶対に共感する情報にしか触れずに生活しているZ世代は、自分にとって違和感のある情報に接すると、大きな拒絶反応を示すようになっているのです。

テレビをつけると、自分に全く関係のない健康商材のCMをたまたま見てしまうことがあるのと対照的に、Z世代は自分たちが関心のある情報・ニュース・広告しか見ない（見られない）ようになっているのです。

「恋愛リアリティーショー」の普及も、彼らが「超共感」を求めるようになったことを示しています。ネットフリックスやフジテレビの「テラスハウス」、アマゾンプライムの「バチェラー・ジャパン」、ABEMAの「オオカミくんには騙されない♥」「今日、好きになりました。」など、出演者に対するSNS上での誹謗中傷が問題になりながらも、今、「恋愛リアリティーショー」は全盛期です。

「本当は台本があるのではないか？」などと言われているものも中にはありますが、少なくともZ世代の多くはこれら「インフルエンサー未満（番組に出て有名になるとインフルエンサーになる）」の人たちや、リアルな細かい心の動きやシーンに超共感しているのです。

私が日頃、彼らと一緒に彼ら向けの広告を作っている時も、本当にわずかなディテールに違和感があると、彼らはその広告への興味を一気に失う、ということをよく目撃します。

企業がなんとなく「Z世代はこんな感じだろう」と、甘い気持ちで彼らを狙った広告を作り、彼らの感覚と大枠は合っていたとしても、ディテールがずれていたら、逆にネガティブな評価になってしまうことがよくあるのでご注意下さい。

少し話は逸れますが、これは広告業界でもテレビ業界でもその他様々な業界でも、根本的な肉体改造を迫られる、ということを意味しています。

例えば、これまでの広告業界では、クリエイティブディレクターと呼ばれる中高年が、広告戦略や広告表現を最終的に決定していました。が、彼らにはテレビ広告に関する知見や経験値はたくさん溜まっているものの、SNSに関してはむしろ初心者であるケースも多く、

Z世代のリアルな感覚やディテールが分かりません。よって、かつての感覚で言えば広告表現として優れたモノを作ることができたとしても、ディテールを外しなぜか広告効果が上がらない、といったケースが大変増えていますし、今後、間違いなくもっと増えていくでしょう。言わずもがな、他の業界でもこうしたケースが増えていくはずです。

このように、おじさんの経験値がむしろマイナスに働くケースが多発するこれからの時代に、企業がやるべきことは二つしかありません。

一つ目は、若者に権限を委譲すること。少なくともZ世代に向けたマーケティングや広告や広報は、Z世代に大きな権限を委譲するべきです。ディテールの分からないおじさんクリエイティブディレクターは、おじさん向けのテレビ広告を作るに留めるべきでしょう。前述した通り、「私の家政夫ナギサさん」が大成功を収めたのも、若いスタッフィングにより、この権限移譲が実現できたからです。ただし、ただ若者を集めればいいわけではなく、彼らを導くための結構なコツが必要ではありますが。

二つ目は、これは私のZ世代を対象としたマーケティングのやり方でもあるのですが、Z世代と協働する方法です。長らく若者研究をしている私でさえ、Z世代のディテールは肌感覚では分からなくなっています。かといって、大学生のZ世代に調査や広告制作を全て任せてみると、経験値がない分、大したインサイトや広告アイディアは出てきません。ですので、私がオーケストラでいうところの「指揮者」のように振る舞い、彼らの演奏を指導したり、導いたりするのです。あくまで演奏するのは彼ら自身、という手法です。

これはひょっとすると、おじいちゃんのドンばかりが目立つ政治の世界でも有効な手法かもしれません。例えば安倍政権は、これまでの政権では考えられないほど、SNS上での発信を重視しており、この点ではZ世代を見て、彼らを捉えていたように思います（安倍元総理とトランプ大統領が自撮りした写真がバズったりした）。しかし、いわゆる「アベノマスク」は大不評でした。未曽有のコロナ禍で準備期間がなかった点には同情できますが、もしZ世代の声を取り入れ、あのサイズの小ささとデザインにしなければ、もし「インスタ映え」するマスクであれば、マスク不足で困っている人は多く、マスクに対するニーズはあったはずなので、あれだけ批判されることもなく、政権の支持率は上がっていたかもしれません。

結果、アベノマスクは女子高生のZ世代たちに綺麗にデコレーションされTikTokに載せられる（多くが使われない）、という悲しい末路を辿りました。

話を戻します。「超共感」という意味では、最近、失敗をわざと描く広告が大変増えています。有名なテレビCMで言えば、人気芸人が出演しているある袋麺の広告で、子供が卵を割ってラーメンの上に落とすのですが、失敗して黄身が割れてしまう、という内容です。

「Z世代白書」によると、「失敗などのネガティブな面がある動画・投稿は信頼できる」（Z世代49・0%、25歳以上27・4%）という結果があり、「超共感」を求める彼らが、「失敗」シーンにそれを感じていることが分かります。

英語の造語でFlawsomeという言葉があります。これは「欠陥があるモノだが素晴らしい」という意味で、Flaw（欠陥）とAwesome（素晴らしい）をくっつけた言葉です。「超共感」を求めるようになっているZ世代は、まさにこのFlawsomeという感覚を持っており、こうした広告や商品やサービスが彼らに受け入れられていくことになるでしょう。

ただし、本当の「欠陥」であってはならず、あくまで「超共感」できる都合のよい「欠陥」であることには注意が必要です。

# おわりに

平成以上に超高齢化する令和の時代に、人口的に大変ニッチな存在であるZ世代の実態を、たくさんの定量データ、トレンド事例を用いて、ご紹介してきました。あまりにも情報量が多く、消化するまでに時間がかかった方もいらっしゃるかもしれません。

できれば何度か読み直して、様々な定量・定性データを頭に入れていただきたいと思います。その上で、彼らのトレンドの動きは、昭和・平成の頃とは比べものにならないくらい早くなっているので、その変化を必死で追い続けていただきたいとも思います。

彼らの変化を追い続けるのはとても労力のいる作業ですが、必死で追い続ければ、個々のトレンド事例の底流に流れるZ世代の「野太いニーズ」が必ず見えてきます。

そして、これが見えるようになれば、「消費者ターゲットとしてのZ世代」「人材としての

Z世代」「PRの起点としてのZ世代」が必ず理解できるようになります。

大変微力ではありますが、本書が、注目され始めたばかりで、まだ解明され切っていない、令和の消費の主役となるであろうZ世代の実態を解明する一助となれば幸いです。


まず、編集者の三宅さんに心から御礼を。かなり無理矢理なスケジュールの中、筆が遅く、本当にギリギリのギリギリまで大変ご迷惑をおかけしました。三宅さんの熟練した、かつ誠実な（たまに怖い〈笑〉）アドバイスに本当に救われました。

次に、日々、仕事を手伝ってくれているZ世代の高校生や大学生たち、インタビューやワークショップなどに協力してくれている全国のZ世代たちにも心から御礼申し上げます。

また、家族にも。ちょうど10年前に光文社新書から出した『近頃の若者はなぜダメなのか携帯世代と「新村社会」』の謝辞に、私はこう書きました。

「執筆から逃げ癖のついた私のお尻をめげずに叩いてくれた妻の麻由美にひと言。貴方がいなければ、この初の単著は実現しませんでした」と。

あれから10年経ち、相も変わらず執筆から逃げ癖のある私のお尻をめげずに叩いてくれた我が家の3人の美女にひと言。貴方たちがいなければ、この10年ぶりの本格的な若者論は完成しませんでした。

最後に、本書を最後まで読んで下さった読者の皆様に、最大級の感謝を申し上げたいと思います。


「はじめに」にも書きましたが、令和の時代は、平成以上に人口減少が進み、アクティブでない後期高齢者が増えていきます。国の借金もさらに増え（新型コロナ対策でさらに増え）、GDPが大幅に伸びる見込みもなく、現時点では新型コロナウイルスの終息もまだ見えていません。

こうした超難題を山ほど抱えながら令和のスタートを切ったばかりの日本ですが、今後、この国が少しでも躍動感を取り戻していくためには、国を挙げてZ世代に成長していってもらうほかありません。

歴史上、世界中のどの国においても例外なく、未来の主役は間違いなく今の若者たち、つまり、今のZ世代です。

そして、日本の若者の人口ボリュームが平成以上に減る分、日本では欧米のように移民・難民による人口の大幅な増加が見込めない分、逆に1人2役・3役をこなす、エネルギッシュでクリエイティブなZ世代を育成していく社会的責任を私たち大人は負っています。

大変ありがたいことに、日々、様々な企業や自治体の皆様から仕事（PR、広告制作、調査、インサイト発掘、講演会など）の依頼をいただいていますが、私の若者研究もたった20年を過ぎたところで、まだ道半ばです。

これだけずっと若者たちを研究しているのに、まだまだ分からないこと、解明したいことがたくさんあって時間が足りません。

皆様の中で志を同じくする方と協働し、明るい未来を創るのに社会貢献して参りたいと思っています。ご要望いただければ大学で教鞭を執り、Z世代の学生たちと一緒にZ世代研究を行い、社会に様々な発信をしていきたいと考えています。ぜひ気軽にお声がけいただけると幸いです。

２０２０年10月

原田曜平

## 5月

### 重盛さと美おうちでrapしてみた
タレントの重盛さと美が自宅で撮影したMIX動画。TERIYAKI BOYZの楽曲のビートに合わせ、独自のラップでアレンジ。映像の完成度も高く、普段のおバカキャラの彼女とは違うクールな一面が見られたと話題に。

### DaiGoのフリー素材
メンタリストのDaiGoの画像とともに、彼の口癖である「実は…」という言葉に続く文章を大喜利のように呟くこと。「実は、ハワイってなくて」のように「実は…」の後に荒唐無稽な内容を付け加え、面白がるネタツイートがトレンド化している。

### Zoom裏技
オンライン飲み会や授業等で、画面上から抜け出していてもわからないようにする裏ワザ。仮想背景を自分が勉強している姿にしておくことで、ビデオの画面から自分が消えてもあたかも出席をしているかのように先生には見える。

### 星野源フリー素材
星野源が自身のインスタグラムにアップロードした「うちで踊ろう」の動画をフリー素材として利用し、ネタの動画を作ることが流行。本人の動画と自分で撮影した動画を編集で組み合わせた「ムキムキな星野源」や「納豆をかき混ぜる星野源」といった動画がある。

### 令和版ビリーズブートキャンプ
オンラインフィットネスの動画配信サービスを手がけるLEAN BODYが、15年前に大ヒットした「ビリーズブートキャンプ」をリニューアルし、令和版として配信。1レッスン30分の7日間プログラムとなっていて、コロナ太りを気にするZ世代を中心に話題となった。

### Prequel
90年代VHS風のフィルターが話題となったカメラアプリ。コスメやアイドルの写真を加工するだけで流行りのレトロかわいい雰囲気を出すことができ、簡単に映えると利用者が続出した。

### イエローメイク
肌の色と馴染みやすい黄色を使ったメイク。ブラウンメイクよりもポップで華やかに、ピンクメイクよりもフレッシュな印象に仕上がることで、顔を明るく見せることができると話題に。

### リモート撮影会
写真家兼映画監督である蜷川実花が、玉城ティナをZoomで撮影する様子を自身のYouTubeにアップし、話題となった。蜷川以外にも様々な写真家、アイドル、モデルなどがリモートで撮影会をし始めている。

### Nizi Project
韓国の人気芸能事務所JYPと日本の芸能事務所Sony Musicがコラボして行った新アイドルオーディション番組。応募者1万人を超えるオーディションで同世代の女の子たちが頑張っている様子を応援するZ世代が急増。

### フラワーサンド
サンドウィッチの中身が花のように見えるフルーツサンドウィッチ。おうち時間を利用しておしゃれなスイーツを作るZ世代の間で、味が美味しいだけでなく見た目が可愛い、インスタ映えすると話題に。

### バルーンフラワー
透明な風船の中にドライフラワーが入っている。クリア素材でシンプルなデザインが可愛いとインスタグラム上で話題に。バルーンフラワーを母の日のギフトとして選ぶZ世代（男子も）が増えた。

## 6月

### Birth.
バースデーカラーのスマホケース。366色展開しており、ケースの側面に自分の誕生日を印字することができる。友達への誕生日プレゼントや、特別な日の記念に購入されることが多い。

### クレヨンタトゥー
ポストカードエディションが発売した、クレヨンで描いたようなデザインのタトゥーシール。2週間で剥がれるという利点を持ち、簡単に個性を出すことができる。

### クリアフレームグラス
フレームが透明な眼鏡。男女問わず多くのアパレルブランドから発売されている。YouTuberの古川優香や丸山礼が使用していることで注目を集めた。肌や髪の色を選ばず取り入れられ、かっちりしすぎない「抜け感」がうけ、流行った。

### GU×SABON パジャマ
GUから発売された、ボディケアブランド「SABON」とのコラボ商品。半袖半ズボンのセットで色はミントグリーン。ステイホームによるルームウェア需要の高まりと、少し高価で憧れの強いSABONを安価で手に入れられる点がウケ、店頭と通販で即完売。

### 地雷メイク
歌舞伎町にいる「ホスト狂い」女子をはじめとした「イタい」女子を揶揄した言葉である「地雷女子」。彼女たちの、ピンクのアイシャドウで目を囲み、涙袋を強調することを特徴としたメイクは「地雷メイク」と呼ばれている。そのメイクを有名人が真似してYouTubeで投稿し、流行った。

### わらびもちは飲みものです。
わらび餅を飲める斬新なドリンク。片手で小腹を満たせる手軽感がある。5月下旬からファミリーマートで発売。商品名の意外性から、試したいと思うZ世代が多く流行した。

### 涙マスカラ
泣いている時のように、目をうるうるにできるマスカラ。透明なマスカラにシルバーの細かいラメが含まれている。TWICE担当のメイクさんが商品を紹介したことで話題に。ZEESEAから発売された「銀色ダイヤ」が最も人気。

### スモーキーカラーシリーズ
トンボ鉛筆がシャーペン、消しゴム、スティックのりの3種類をスモーキーカラーの限定色で販売した。淡い色を好むZ世代が多くなっており、その流行りが文房具にも広がった。

### ピュレグミ（ピカチュウ）
6月2日から期間限定で発売されたピカチュウ型のピュレグミ。トロピカルフルーツ味にピカチュウの攻撃技「電撃」をイメージしたソーダフレーバーが入っている。ピカチュウを前面に押し出したPR動画がツイッターでバズり、話題に。

### ビーズアクセサリー
韓国ドラマ『椿の花咲く頃』で登場したことから韓国で流行り、日本にも広まった。宮脇咲良をはじめ、有名人がつけたことで人気に。手軽に作ることができ、手元におしゃれさをプラスできることから流行した。

### [re:] project
阿部真央、絢香、Aimer、KENTA（WANIMA）、清水翔太、Taka（ONE OK ROCK）、Nissy（西島隆弘）、三浦大知が共同で楽曲を制作したプロジェクト。YouTubeの再生回数は6日間で620万回超え。集まったアーティストの豪華さと楽曲の完成度の高さが話題となった。

## 3月

### 鹿の間
美容系Youtuber。チャイボーグメイクの先駆者として知られている。紹介するメイク道具や洋服がプチプラで真似しやすいこともあり人気。現在チャンネル登録者数34.1万人。

### 偏見ペルソナ
デパコスやお酒など様々なジャンルにおいて、その商品のユーザーペルソナを独断と偏見でまとめたツイートのこと。共感できる内容だと人気が出た。

### BIRTHDAY FRAGRANCE
366種類の香水を販売するブランド。自分の誕生日だけの匂いが買える特別感と、各香りには1つずつメッセージがあり、開封するまでその香りの持つメッセージがわからないワクワク感が話題を呼んだ。

### Galaxy Z Flip
2月28日にauが販売を開始したSamsungの折り畳みスマホ。コンパクトでミニバッグにも入る点と、カバーをデコレーションして個性が出せる点がウケ、韓国で流行。日本でも話題に。

### インスタグラムの音楽機能
ストーリーズに好きな音楽をつけることができる「ミュージックスタンプ」機能。以前はアメリカをはじめ一部の国だけのサービスであったが、2月25日から日本でも使用できるようになり、自分の気分を音楽で表せると話題になった。

### # 風船割りチャレンジ
TikTokで話題となった、風船が割れる様子をスローモーションで撮影した動画。風船の中には花びらやキラキラのラメなどが入っており、割れる爽快感、割れた後の映像の綺麗さがZ世代の心をつかんだ。

### # 柱チャレンジ
『鬼滅の刃』のキャラクターである「柱」たちのものまね動画。アニメの中に出てくる「だから柱である〇〇が来た」というセリフとともに、自分で描いたイラストやアニメの口パクなどで動画を構成。『鬼滅の刃』の人気と、好きなようにコラボできるという点からTikTok上で人気が出た。

### # Until tomorrow
インスタグラムで変顔など普段投稿できないような写真を5枚選び、1日限定で投稿するもの。1投稿につき、友達1人をタグ付けしてバトンを回す。外出自粛期間によって友人と会えない中、友情の再確認ができるとして人気に。

### ノスタルジープレイス
廃校を利用した宿泊施設「OKUTAMA＋」や、「個室居酒屋6年4組」など、学校という懐かしさを感じられる場所をコンセプトにした施設が人気に。2月3月という卒業シーズンでもあり、学校の雰囲気を味わいながら友達と思い出に浸れる、と話題となった。

### ダルゴナコーヒー
インスタントコーヒー＋砂糖＋お湯を混ぜたものを泡立てて、牛乳の上に載せたドリンク。韓国で話題となり、材料も集めやすく、簡単、オシャレである点から、日本でも話題になった。「お家カフェ」の発端とも言えるドリンク。

### 自撮りライト ミニ
3段階調光で顔周りをパッと明るく照らすことができ、コンパクトでクリップタイプのため使いやすい。オンライン面接での就活やSNSで自撮りをあげる時に、顔が明るく盛れた写真を載せられると使用する人が増えた。

## 4月

### ワンマイルウェア
自宅から約1.6kmの範囲、いわゆるワンマイルを出歩く時に適した服のこと。ホームウェアとタウンウェアの間のような服を指し、コロナ禍中のちょっとした外出のためのカッチリしすぎない服として需要が高まった。

### AI画伯
自分の顔写真から、似顔絵を自動で描いてくれる人工知能サービス。自分の写真を読み込ませるだけで、本格的な西洋風肖像画を簡単に作ることができる。できあがったものがSNSで拡散された。

### Netflix Party
加入者同士であれば、複数人とネットフリックスを遠隔で同時にオンライン鑑賞できる無料サービス。Google Chromeの拡張機能を使って一緒に見たい人と映画やドラマの同時視聴、さらには鑑賞しながらみんなでチャットすることで盛り上がる。

### 雲メイク
クリームアイシャドウ、ペンシルアイライナーなどを使って、頬や鼻先に雲を描くメイク。アリアナ・グランデが挑戦したこともあり人気が出た。メイクだけでなく、インスタグラムの雲メイクフィルターも流行した。

### Snap Camera
Snapchatの動画加工がパソコンでもできるサービス。Zoomと連携でき、オンライン飲み会や大学の授業において、メイクをしたり、身だしなみを整えなくてもいいという点がウケ、人気に。

### # 時を戻そう
TikTokで流行した動画。昔の家族写真と全く同じ構図で写真を撮り、今と昔を比較した写真をSNS上に投稿すること。昔を懐古でき、かつ、外出自粛期間で家にいる状況が続く中、家族みんなで楽しんで撮れると流行した。

### 藤井風
YouTubeから火がついたジャズミュージシャン。デビュー曲「何なんw」はYouTubeで276万回再生。Z世代に親しみやすいキャッチーな曲名、彼の独特な世界観にハマる人が増えている。

### THE FIRST TAKE
アーティストの一発撮りのパフォーマンスを配信するYouTubeチャンネル。緑黄色社会やDISH//の北村匠海など、Z世代に人気のアーティストが出演していることから認知度が急上昇した。

### 小泉進次郎構文
小泉進次郎議員の会見や会議の発言（中身がありそうで中身がない発言）をパロディ化すること。「休むという言葉が入っているが休みなんかじゃない」などといった彼のような文章をツイートする人が続出した。

### ベトナムシューズ
つま先部分に繊細な刺繍やビジューがデコレーションされているサンダル。スリッパ型で履きやすく、メッシュ素材なので通気性に優れ、春夏に最適であると、旬なコーデを楽しむZ世代が続出した。

### イヤーフック一体型 ワイヤレスイヤホンアクセサリー
ワイヤレスイヤホンに装着することで耳からの落下を防ぐピアス型アクセサリー。デザイン性が高く、イヤホンにつけるだけでゴージャスな雰囲気を醸し出せると話題に。

# 2020年上半期トレンド辞典

## 1月

### GiRLS by PEACH JOHN
ピーチジョンが立ち上げた若者向けの新ブランド。カラーやデザインのバリエーションが充実しているため、幅広い選択肢から自分でファーストブラを選ぶことができると人気に。

### 佐藤健公式LINEアカウント
LINEの公式アカウント佐藤健とトークができるサービス。自分のメッセージに対する返答が公式LINEとは思えないほどリアリティがあり、佐藤健との疑似恋愛を体験できると話題になった。

### @cosme TOKYO
1月10日原宿にオープンしたコスメショップ。1～3階まであり、デパコスからプチプラコスメまで約200ブランド約2万点のアイテムを試すことができる。@cosmeの人気商品を１ヵ所でまとめて見られると話題に。

### イチゴ鼻メイク
鼻先にチークを入れ、赤くするメイク術。「中国で流行っている」「韓国で2020年の流行と報道」というツイートの影響で話題になった。

### サーモン麺
サーモン一匹丸ごとを、細長く切って麺のように食べる。韓国から人気が出て、徐々に日本のYouTuberに（ASMRとして）浸透していった。ASMRとは、脳に心地よい感覚のことで、この場合は咀嚼音を指す。

### タピオカミルクティー鍋
タピオカミルクティーに肉や大根、白菜などを加えたアレンジ鍋。YouTuberの「水溜りボンド」が実施し、公開したことで話題になった。タピオカは飲むものから、料理して楽しむものへと変化している。

### Which〇〇？フィルター
インスタグラム・ストーリーズ上で使われているキャラクター診断を行うフィルター機能。Which Disney Character, What Pokémon, Which F.R.I.E.N.D.S character? など様々なバリエーションがある。ゲーム感覚でストーリーズ上で楽しむZ世代が増加。

### 浅草そらつき団子
浅草にある苺スイーツ専門店。四色団子が一番人気で、フルーティーな餡と苺が絶妙な味を演出している。和テイストの中に映えと可愛さがあると話題に。

### 巻いて食べる苺大福
表参道にある、茶洒 金田中（サーシャカネタナカ）で販売された期間限定の和スイーツ。自分で苺と餡を求肥に載せて楽しむ斬新な苺大福。完成されたものではなく、あえて自分で手間をかけて食べる点がZ世代にウケた。

### MOVIEBOX
フォロワー数8万人の映画を紹介をするインスタグラムアカウント。手書きの文字やイラストの雰囲気が可愛いと人気を集めている。気分やシーン別におすすめの映画を紹介しているのが特徴。

### スマホ用プロジェクター
雑貨屋フライングタイガーで1500円で売られているプロジェクター。様々な動画配信サービスが普及する中、手軽で使いやすいため、このプロジェクターでYouTubeを見ているというツイートがバズり一時品薄状態になった。

## 2月

### KOKOON
吉本興業と韓国のお笑い事務所ユンソナ・グループがタッグを組んで結成。歌だけでなくお笑い要素も兼ね備えたグループ。活動拠点は韓国。日本人メンバーが1人いる（5人グループ）。

### ヘラヘラ三銃士
チャンネル登録者が約83万人の女性3人組YouTuber。韓国の整形や夜遊び事情などを発信している。

### ぷち水玉
愛知県西尾市・鶴舞町にある穂積堂（ほづみどう）の固さを追求したお菓子。風船の中のぷるぷるのわらび餅を爪楊枝で割って食べる。水風船のようなフォルムが可愛く、インスタに投稿するZ世代の大学生が続出。

### 0秒レモンサワー
東北6県で大人気の焼肉屋「ときわ亭」が関東に初出店し、横浜店限定で展開したサービス。席に設置されている蛇口から自分で好きなタイミングで好きな量だけレモンサワーを注ぐことができる。60分飲み放題で500円という破格の安さで話題に。

### チャパグリ
韓国を代表するインスタントラーメン「チャパゲティ」と「ノグリ」を掛け合わせた料理。第92回アカデミー賞で作品賞など多数受賞した映画『パラサイト 半地下の家族』で登場し、話題に。香ばしい麺の匂いが特徴で、濃い味付けで思わずやみつきになってしまう風味。

### エガちゃんねる
お笑い芸人の江頭2:50が2月1日にスタートしたYouTubeチャンネル。内容の過激さ故に、広告審査に連続して落とされたが、そのことが更にSNS上で話題に。テレビでは破天荒だが、YouTubeでは温厚な人柄もさらけ出している。

### むにぐるめアプリ
SNS（インスタグラム、ツイッター）で総フォロワー数165万人を誇る人気アカウント「唯一無二の絶品グルメ」が開発したアプリ。他のアプリに比べ、アカウント独自の分析とコメントで実際に食べに行った店舗を紹介しているため、信頼性が高く感じるようだ。

### JR SKI SKIコラ画像
インスタグラム・ストーリーズの基本機能を用いて、JR SKI SKIの広告のような自分の広告を作成するのが流行った。自分の可愛い写真を載せる口実にもなると人気に。

### 東京たらこスパゲティ
「進化系たらこスパゲティ」が楽しめるたらこスパゲティ専門店がオープン。場所は渋谷ヒカリエの近くでランチ時は毎日行列ができている。Z世代に人気のグルメアカウント「りょうくんグルメ」にも取り上げられ、人気に拍車がかかった。

### stojo
NY発の折りたためるマイカップ。サイズ展開も豊富で機能性が優れているとともに付属品の資源削減にも一役買っている。Z世代の環境への意識もファッションとして上がっている。

### # pake
新宿伊勢丹2階で販売して即完売した300～600円のクリアジップケース。サイズは4種類あり、カラーや柄のデザインも豊富。Z世代の間では、中に入れるモノで個性が主張できるため、透明な入れ物が流行っている。

## 11月

### ほてリップ
コスメブランドのエテュセが販売する〝ほてリップ〟こと「リップエッセンス（ホット）」が再販され人気に。2018年冬に発売された際に、唇が自然とほてったような血色になるとSNSを中心に話題を集めたことから、2019年11月に数量限定で再発売。発売開始直後に完売する店舗が続出した。

### Matt化
タレントのMattが行っている、顔をマネキンのようにする写真加工のこと。カメラアプリのBeauty Plusを利用すると誰でも簡単に真似できるとして、社会現象に。

### 飲むソフトクリーム
日本近代酪農のパイオニア・北海道の町村農場とローソンのコラボ商品。「飲むソフトクリームってただアイス溶かしただけじゃね？」とYouTuberの「水溜りボンド」が動画で取り上げたことでZ世代に浸透した。

### リカちゃんコーディネートメーカー
タカラトミーとおしゃれ着用洗剤「エマール」のコラボコンテンツ。特設サイト上でオリジナルリカちゃんを作ると、SNS上でその写真を共有できたり、オリジナルリカちゃんパッケージのエマールを購入したりできて楽しいと話題に。

### SNOW「そっくり診断」
カメラアプリ・SNOWの機能で、自分にそっくりな芸能人を診断してくれる。人でないものにも反応する性能の低さもネタとして話題に。

### ツキイチ！生理ちゃん
生理に悩む女性と生理を擬人化したキャラクター「生理ちゃん」との付き合いを描く漫画。Webマガジン「オモコロ」で2017年から連載されている。11月に映画化されたことをきっかけに、SNS上で話題になった。

### FLYING FACE
インスタグラム・ストーリーズで使えるゲームフィルター。自分のまばたきに合わせて動く鳥が土管を避けるゲーム。作者の@dvoshanskyのプロフィールからこのフィルターが保存できる。ただ自撮りを投稿するのは恥ずかしいが、これなら気軽に自撮りを投稿できると人気に。

### うわさのクロワッサン
渋谷109にあるIMADA KITCHENで約１ヵ月限定で販売されたクロワッサン。フォロワー約42万人を誇るグルメツイッターアカウントの「りょうくんグルメ」が監修したことで話題に。見た目が可愛いスイーツ系クロワッサンサンド。

### いちじくカラー
洗練された上品さを演出できる、赤みのあるベージュの〝いちじくカラー〟のコスメが人気を集めた。韓国コスメのrom&nd figfigのリップやinnisfreeのアイシャドウが例として挙げられる。

### SUGAOショートケーキメイクコフレ
コスメブランド「SUGAO」から発売された、化粧下地とチークがケーキのように可愛いパッケージの限定商品。プレゼントやコレクションとして購入された。

### つや玉ミスト
エリクシールシュペリエルから発売された、メイクを崩さずに肌に潤いを与えることができるフェイシャルミスト。Z世代に人気のフリーアナウンサーの田中みな実が、自身のインスタライブで紹介し、認知度が高まった。

## 12月

### 固めのプリン
チーズケーキのようなハードな食感で話題になったセブン-イレブンのイタリアンプリン。その美味しさだけでなく、「箸でもつかめる固さ」がSNS上で話題になり、売り切れが続出した。

### ミニシャーペイケーキ
豪徳寺駅の台湾タピオカ専門店「cloud」で販売されているケーキ。〝シャーペイ〟は中国生まれの闘犬でブサカワ犬として人気の品種で、毛並みまで再現されているケーキのリアルさが話題となり、SNS上に多くの写真が投稿された。ひとつ380円という手ごろな価格も魅力。

### トゥンカロン
韓国語で「太ったマカロン」を意味するトゥンカロン。一般的なマカロンよりもボリュームがある上に、可愛くデコレーションされており、SNS映えすると話題に。片手で食べ歩きしやすい「ワンハンドスイーツ」であることも流行の要因。

### 「JO1」のメンバー決定
オーディション番組「PRODUCE 101 JAPAN」で勝ち上がった11人が、ダンスボーカルグループ「JO1」のメンバーに決まった。番組開始以来、国民プロデューサーと呼ばれるファンが、メンバーの写真を用いた自作のスマホケースやうちわをSNSに投稿し話題となった。

### レモンサワーの午後ティー割
レモンサワー味のストロングゼロを午後の紅茶で割って飲むアレンジレシピ。B級フード研究家の野島慎一郎によって考案されたこのレシピの記事が、ツイッター上で話題になった。炭酸の入ったお酒を紅茶で割る斬新さと、簡単に真似できる手軽さから、実際に試すZ世代が続出。

### 豆柴の大群
TBSテレビのバラエティ番組「水曜日のダウンタウン」の企画で安田大サーカスのクロちゃんが全面プロデュースした5人組の女性アイドルグループ。CDの売り上げでクロちゃんのプロデューサー続行の可否が決まるという斬新な売り方が注目を集めた。

### ロン・モンロウ（栗子）
「中国版ガッキー」と呼ばれる、中国湖南省出身の女優。TBSテレビ「ダブルベッド：SEVEN DAYS LOVER」やフジテレビ「テラスハウス」などの出演で知名度を上げ、中国メイクやチャイボーグなどがトレンドとなっている今の「華流ブーム」の代表的なアイコンとなった。

### 末吉9太郎
CUBERSという男性アイドルグループに所属する、アイドルオタクアイドル。「それなー！」「沸いたー！」などの決め台詞が印象的で、彼が語るオタクあるあるの動画がツイッターで話題に。

### 100日後に死ぬワニ
100日後に死ぬワニの日常生活を描く四コマ漫画。ツイッター上で毎日１話ずつ更新された。刻一刻と死が近づくことも知らずに何気なく生きるワニの姿に、「自分と重なる。自分もいつ死ぬかわからない」と命の尊さに気付かされるZ世代が続出。

### 映えジョッキ居酒屋
ジョッキやグラスに可愛いイラストが描かれている居酒屋が増加。これまでの居酒屋のありきたりなジョッキのイメージを払拭し、カフェのような可愛い写真がSNSに投稿できると、Z世代の女子大生を中心に人気を集めた。

### 夜パフェ屋
「夜中でもおいしいパフェが楽しめる」をコンセプトとした新宿歌舞伎町にあるカフェ「RoytoSilo 歌舞伎町　夜パフェ屋」。夜22時から開店し、「シメパフェ」という新しい文化がZ世代の間で話題に。

## 9月

### 終 制作・著作NHK

ツイッターで、ネタツイートの最後にNHKのエンドロゴ「終　制作・著作NHK」をつけて投稿することが流行った。誰でも簡単にオチが作れるので、多くのZ世代の投稿で活用された。

### 塩田千春展

東京都・六本木の森美術館で開催された「塩田千春展：魂がふるえる」。生と死をテーマにした展示だったが、赤や黒の糸を使った大規模なインスタレーションがインスタ映えすると、人気を博した。

### マリオカート ツアー

任天堂の人気シリーズ「マリオカート」のスマートフォン向けアプリ。簡単な操作でカートを操作でき、様々なコースを走行することができる。配信開始から1週間で全世界9000万ダウンロードを突破。

### # 10年間を振り返る

自分の10年間を10行で説明し、最後に「#10年間を振り返る」というハッシュタグをつけてツイートすることが流行った。過去の黒歴史をネタにするものから、輝かしい過去をさりげなく自慢するものまで、様々なツイートが話題になった。

### せとりょう

インスタグラム・ストーリーズのデフォルト機能だけを用いて、広告のポスターのようなクオリティの高いデザインを作成する現役大学生。作成過程も自身のストーリーズに投稿し、注目を集めた。講談社のファッション誌「ViVi」の広告を作成するなど活動の幅を広げている。

### オッパチーズボール

新大久保にある日本初のチーズボール専門店。チーズボールとは、チーズを甘いパン生地で包みカラッと揚げたもの。外はサクッと、中は伸びるチーズで食べ応えがある。一口サイズで友達とシェアしやすいのも人気の理由。専門店が続々とオープンしている。

### Google AR

Googleで動物名を検索すると、動く動物ARが表示できるサービス。29種類の動物を表示することができ、そのリアルさと可愛さから、インスタのストーリーズに多くのZ世代が投稿した。

### 性いっぱい展

サンシャイン水族館で開催された期間限定の展示会。8月に流行ったドラマ『全裸監督』のように、これまでタブーとされていた「性」に踏み込んだ斬新さがZ世代にウケた。

### 邦ロックあるある

RADWIMPSやUVERworldなど、Z世代に人気の邦楽ロックバンドをネタにして、歌詞やMVの特徴をイジった楽曲「邦ロックあるある」のミュージックビデオがツイッター上でバズった。

### 吉祥寺プティット村

吉祥寺にある絵本の世界を再現したテーマパーク。カフェや雑貨屋など計7つの店舗が入っている。「まるでジブリの世界に迷い込んでしまったよう」と、インスタ映えを狙うZ世代の注目を集めた。中でも猫カフェ「てまりのおしろ」が人気。

### ミッキーワッフルメーカー

ディズニーランド限定で発売されているミッキーワッフルメーカー。自宅でディズニー気分を味わえ、サンドイッチにするなどのアレンジもできるのが人気のポイント。

## 10月

### Call of Duty Mobile

大人気シューティングゲーム「Call of Duty」が無料スマホアプリをリリース。2018年にZ世代を虜にした「荒野行動」より、さらに臨場感のある「Call of Duty Mobile」は、ローンチ1週間で1億ダウンロードを突破。全世界のZ世代から支持を集めた。

### イシヤパンケーキ

「白い恋人」でおなじみの石屋製菓が東京都・日本橋にオープンしたカフェ「ISHIYA NIHONBASHI」のパンケーキ。フィルムを剥がすと木苺クリームが放射状に広がり落ちる様子がムービージェニックだと、Z世代にウケた。

### 手書きGIFスタンプ

インスタグラム・ストーリーズで利用できる手書き風のGIFスタンプ。これまでのGIFスタンプは派手なデザインが多かったが、手書きGIFスタンプでゆるくデコレーションをしたストーリーズ投稿が増えた。

### SHIRO 限定フレグランス キンモクセイ

コスメブランド・SHIROが販売するキンモクセイのフレグランス。2018年秋にリリースされた商品が再販された。秋の季節に咲く金木犀の季節性と、甘く優しいほのかな香りに「エモさ」を感じると、SNS上で話題になった。

### ラタタダンス

三代目J SOUL BROTHERSの楽曲「Rat-tat-tat」に合わせて踊るダンス。2019年USJのハロウィンイベントのCMに起用され話題になった。踊りやすい振り付けを真似るZ世代が後を絶たず、「TikTok」では#ラタタダンスが2億再生以上を記録した。

### GUマシュマロフィールラウンジウェア

くすみカラーを基調としたシンプルなデザインが特徴のGUの新作ルームウェア。Z世代の間で流行している「淡い色」「シンプル」などの要素が盛り込まれていることから売り切れが続出した。

### Melulu

女の子の〝可愛い〟を追求した最新プリ機。背景色を自由に選べるだけでなく、うるうるした瞳をナチュラルに演出してくれる〝ピュア盛れ〟が特徴。これまでのプリ機にはなかった、好きなタイミングで写真を撮ることができる機能が話題となった。

### モンブランスタンド

鎌倉にあるモンブラン専門店。見た目の可愛らしさや食べ歩きのしやすさだけでなく、「賞味期限2時間」というキャッチコピーが話題になった。あえて賞味期限を短く設定することで、その時その場でしか食べられない限定感を出し、Z世代の購買意欲を高めた。

### オレオミュージックボックス

ビスケットの「オレオ」を載せると表面の凹凸を読み取って曲を再生するレコードプレーヤー。その斬新さからアメリカでは2週間で完売したが、日本でもこの商品を取り上げたYouTuber「フィッシャーズ」の動画が380万回以上再生されるほど話題になった。

### 精油カラーリップ

国産オーガニックコスメブランド「THE PUBLIC ORGANIC」の精油カラーリップ。2018年秋に期間限定で販売し、人気を博した商品が定番化された。美容系YouTuberの関根りさが、2019年10月9日に動画で紹介し、認知度が高まった。

### CUPKE

ローソン限定で発売された、定番ケーキをカップに詰めたスイーツ。カップに詰められているが故の持ち運びのしやすさや、食べやすさが人気の理由。

## 7月

### えも字
インスタアカウント「古着女子」の投稿がきっかけとなり、手書き文字を画像に載せる方法が広まった。手書き文字が〝えもい〟ことから、「えも字」と呼ばれ、インスタのフィード投稿からストーリーズ投稿まで幅広く使われた。

### 杏仁豆腐は飲みものです。
ファミリーマート限定で発売された、タピオカ入りの杏仁豆腐ドリンク。ユニークなネーミングと、杏仁豆腐を崩したような滑らかな舌触りがZ世代に高評価で、売り切れ状態が続いた。

### ポケモン自己分析
16個の質問に答えるだけで、「キミをポケモンに例えると…〇〇の要素を持つ人材！」と診断してくれる。上半期の3月に流行った「性格免許証」と同様、SNS上で診断された結果をシェアして周りに「間接自慢」するZ世代が続出した。

### THE FLAVOR DESIGN
大阪・南堀江にある香水店。170種類以上もある香りの中から自分の好みに合わせて調香してくれる、「カスタマイズ香水」が話題を呼んだ。香りだけでなく、ボトル、キャップ、印字内容まで選べるので、見た目も含めて「自分だけの香水」を作ることができる。

### 食べる牧場ミルクフラッペ
牛乳50%を使用した濃厚なミルク味と、可愛いパッケージがZ世代に人気の、ファミリーマート限定アイス「食べる牧場ミルク」をフラッペにした商品。「食べる牧場ミルクが飲める」とたちまち話題になった。

### NO YOUTH NO JAPAN
参院選に際して、Z世代の投票率を上げるために大学生が立ち上げたインスタグラムアカウント。イラストや表で、投票の方法から各政党の特徴までシンプルにわかりやすく説明されていることが話題になり、開設から1週間で1万5000フォロワーを獲得した。

### HANDCLAP
韓国人YouTuber「조식앤바믜 Josh & Bamu」が投稿した、2週間で10キロ痩せるというダンス動画。高いダイエット効果を訴求したタイトルと、振り付けが簡単で真似しやすいことから人気に。

### To Be Continued Maker
『ジョジョの奇妙な冒険』のエンディング風動画が作成できるスマホアプリ。このアプリで作成されたネタ動画だけを発信するツイッターアカウント「To Be Continued...」のフォロワー数は26万にも達していて、繰り返しバズっている。

### ON THE WAY
下北沢で人気のコーヒースタンド。7月13日にインスタグラムアカウント「Petrel（@petrel_jp）」で紹介されたことがきっかけで、ビーカーに入った「ミニ コーヒーゼリー」がレトロで可愛いと話題になった。

### RiLi 浴衣
アパレルブランド「RiLi.tokyo」から発売された、パステルカラーの浴衣。友人と淡い色の浴衣で揃えるとインスタ映えするとZ世代女子の間で人気に。「わたあめ」「よもぎもち」「さくらもち」など、色によって可愛らしいネーミングが付けられていることも人気の理由。

### JUST WATER
ウィル・スミスの息子がプロデュースしたミネラルウォーター。紙でできた容器、キャップも植物由来のものを使用しており、再生可能率は8割を超える。彼が環境問題に熱心に取り組んでいる点や、ボトルのデザインに惹かれたZ世代を中心に流行。

## 8月

### 白ライナー
白いアイライナーを用いたアイメイク。目尻にポイントで白を入れることで、目元を明るく見せ、透明感のある印象を周りに演出。フェスや野外イベントなどの夏らしいシーンで取り入れるZ世代女子が続出。新希咲乃さんなど美容系YouTuberにも多く取り上げられた。

### AI 菜奈ちゃん
日本テレビドラマ「あなたの番です」に登場するAIアプリが元となって開設されたLINE 公式アカウント。本ドラマは、毎話必ず誰かが殺されるサスペンスで、AI 菜奈ちゃんに質問をすると犯人のヒントを教えてくれる。ドラマの視聴者の推理を盛り上げる一助となった。

### MAKEUP COMPASS
資生堂のマジョリカマジョルカがリリースした瞳分析ツール。目元の写真をスマホで撮影すると、自分に合ったアイシャドウの色やアイメイクを診断してくれる。パーソナルカラーだけでなく、そのカラーを使ったメイク方法まで知りたい、というZ世代の需要に応えた。

### やりすぎアイスバー
セブン-イレブンと赤城乳業がコラボレーションしたアイスのシリーズ商品。「〇〇すぎ〜。」というインパクトのある商品名とカラフルなパッケージが特徴。ネーミングや見た目の斬新さだけでなく、リピートしたくなるほどの美味しさがSNSで評判となった。

### TAPICARO
東京・中目黒のタピオカ専門店。中高生に人気があるYouTuber「さんこいち」の古川優香さんが監修しており、グラデーションが綺麗なドリンクメニューやインスタ映えする店舗デザインが人気を集めた。

### 2D Cafe
韓国発祥のカフェで、まるで二次元の絵本の中に居るかのように錯覚する内装が特徴的。8月に新大久保に店舗をオープンすると、インスタ映えが狙えると、SNS上で話題になった。インスタグラムで「#2dcafe」とタグ付けされた投稿は5000 件以上に上る。

### フォトグレイ
韓国で人気の4コマ風プリクラ。日本のプリクラとは違い、盛れない、写りがレトロという特徴があり、これが逆に可愛いと話題になった。日本では撮れないので、無料アプリのフィルター機能を駆使して「フォトグレイ風加工」を施した画像を作り、コンビニなどで印刷するZ世代が続出した。

### 小学館セブン銀行ATM
雑誌「幼稚園」の付録。そのクオリティの高さから様々なメディアで拡散され、話題になった。発売前から公式ツイッターによる使用動画（750万回以上再生）がバズり、発売後も「水溜りボンド」などの有名YouTuberに盛んに取り上げられた。

### REVLON　雲リップ
REVLONから発売されたマットリップ。雲のように軽いテクスチャーから「雲リップ」と呼ばれ、マットな仕上がりなのに潤うと人気に。肌のトーンに合わせて選べるカラー展開で、イエベ向き・ブルベ向きなど、自分に合う肌色のタイプが店頭POPなどで紹介された。

### Theater Zzz
東京都・墨田区に「泊まれるシアター」としてオープンした宿泊施設。お茶×映画×旅の3つをコンセプトに掲げ、シアタースペースにテントを張って寝ることができる。流行りのグランピングが都内で体験できると話題に。

### 最弱オセロ
挑戦者が絶対に勝つという世界最弱のオセロ。「はじめしゃちょー」や「QuizKnock」といったYouTuberが挑戦して話題に。勝つことしかできないという逆転の発想が面白いと人気に。

## 5月

### Snapchat 赤ちゃんフィルター
デイリーアクティブユーザーが世界で1億8600万人の写真共有アプリであるSnapchatに赤ちゃんフィルター機能が実装された。加工された画像が子供の頃とそっくりだと、数多くの芸能人がSNSに載せて話題になった。

### UR GLAM
ダイソーから発売されたコスメブランド。100均にもかかわらず化粧品としてのクオリティーの高さが話題を呼び、インフルエンサーの間でも話題になった。化粧ポーチを忘れた時やメイク初心者のトライアル、奇抜なカラーを試したいZ世代に需要がでた。

### そんなバナナ
広尾や八丁堀にあるバナナジュースのお店。バナナシュースはバナナと牛乳だけで作られ、美味しく食べるために、賞味期限を20分と謳っている。朝食やおやつ代わりになると、人気に。

### キュンキュンダンス
けやき坂46（ひらがなけやき）が、日向坂46として改名・単独デビュー。そのデビュー曲「キュン」の振り付けが可愛く真似しやすいと話題になり、TikTokでダンスを真似る人が続出。日向坂46の「キュン」は6月末時点でYouTubeで668万再生。

### 厚底スポーツサンダル
近年流行しているスポーツサンダルの身長が盛れる厚底デザインバージョン。X-girlやFILAなどの人気ブランドも続々と発売している。

### デニムカラーヘア
海外セレブのリタ・オラが行ったことでも有名で、海外で流行したデニムカラーヘアが2019年に日本でも流行。ダメージデニムのようなカラーを指し、つや感や透明感UPなどの効果もある。

### フワちゃん
YouTuberとして活躍中のお笑い芸人。アバンティーズ、しばなんチャンネルに出演することで人気が出始めた。万人受けする天真爛漫な性格で、指原莉乃やPerfumeののっちなど有名芸能人のSNSにも登場。

### innisfree×FILA コスメ
韓国の自然派コスメブランドinnisfreeと、FILAのコラボコスメ。オーガニックコスメが流行している日本でもinnisfreeは注目を集めており、スポーツミックスなデザインで人気のFILAとのコラボはZ世代の間で話題に。

### スタアバックス珈琲
スターバックスコーヒーが期間限定で行った「スタアバックス珈琲」というプロモーション。フィルムカメラやレコードなどのレトロブームの中、懐かしいプリンアラモードをアレンジした「プリン アラモード フラペチーノ」や昭和の喫茶店のような看板デザインが話題になった。

### アガリズム かっさクリーム
小顔マッサージツールとして人気のかっさと、美容クリームが1つになった新商品。従来のかっさよりも肌を傷めずに簡単に小顔ケアができることで人気に。

### # ヒトカゲ
映画『ミュウツーの逆襲 EVOLUTION』公開に合わせツイッター上でハッシュフラッグ機能を用いて行われたキャンペーン。ハッシュフラッグとは、#の後に特定の単語を入れることで隠れ絵文字が現れる機能。タイムライン上にポケモンの絵文字が出現すると話題に。

## 6月

### PRODUCE X 101
韓国の音楽専門チャンネルMnetで放送されていた、視聴者の投票によって生き残りが決まるサバイバル形式のオーディション番組。通称プデュX。投票形式なので、自分がその子の活躍に貢献した実感が得られることが人気の理由。

### 日焼け止めスティック
肌に直接塗れるスティック型日焼け止め。手を汚さず塗れるので、外出先での日焼け止めの塗り足しに便利だと人気に。

### ネックスカーフ
小さめのスカーフを、チョーカーのように首元にアクセサリー感覚で巻く女子が急増。首元が広く開いたトップスの流行もあり、露出度を調節できる点も人気の理由。

### クリムトネイル
金箔を用い、華やかで女性的な表現で人気のグスタフ・クリムト展が日本で開催されたことをきっかけに、クリムト作品から着想を得た個性的なネイルのデザインが流行。

### モチベーション紳士
登録者24万人超えのYouTuber。1週間に1本「あなたが一歩前進するお手伝いをする」動画を投稿している。特に10分前後で名著の内容を紹介する動画が人気で、解説も分かりやすく自己を高めたいZ世代の間で人気。2020年6月に引退を発表。

### GIVENCY pHで色が変わるリップ
唇のpHに反応して色が変化するグロス。自分だけの色が楽しめると注目を集めた。日本の女性向けの限定色も発売された。

### TeaEat
ハーブとドライフルーツがブレンドされた商品。お茶を抽出することはもちろん、抽出後は茶葉も食べられる。食べられるお茶、という新しいカタチが話題に。

### カラーチェンジネイル
紫外線に当たると色が変わるネイル「ROYAL BEACH COLOR CHANGE NAIL」。室内に入ると、30～60秒ほどでベースカラーに戻る。世界で初めて化粧品原料として安全性が認められた調光原料が使用されている。1度のネイルで2色が楽しめることが人気の理由。

### TOUCH-AND-GO COFFE
日本橋にOPENしたサントリーBOSSのモバイルオーダー店。LINEで事前注文し、並ばずスムーズに店舗内のロッカーで受け取ることができる。また、ドリンクの味もラベルもカスタマイズできて、自分の名前を入れて楽しんだZ世代が多数。

### gmgm café
花×食がテーマのカフェで、食べられる花を使用したフードメニューや、花で色鮮やかに染めたドリンクが楽しめる。生花の販売も同時に行っている。

### たおりゅう
資生堂「レシピスト」のプロモーションで設立された、土屋太鳳さん（たお）と横浜流星さん（りゅう）によるインスタグラムのカップルアカウント。りゅうの筋トレをたおが手伝う動画など、2人が本当に付き合って同棲しているかのようなリアルな投稿が話題となった。

## 3月

### 性格免許証・恋愛免許証
質問に答えていくと自分の性格が記載された免許証が作れるサイト。結果が当たっていると感じたり、面白い分析がされることからSNSに結果を投稿する人が続出した。恋愛版の恋愛免許証も流行った。

### OCHABA
日本初の日本茶ミルクティーの専門店。茶葉をミルクで煮出した日本茶ミルクティーにわらび餅や白玉が入っており、その意外性から人気沸騰中。店舗はルミネエスト新宿のB1F。

### 海ピク
おしゃれで可愛いグッズを持ち寄り、海辺でピクニックを楽しむことが流行っている。海は必ずしも入って楽しむ場所ではなく、映え&チル（まったり）スポットとして楽しむ場所に。

### 光を調節するカラコン
黒目を大きくしたり、瞳を色付けることを目的とした従来のカラーコンタクトレンズとは異なり、瞳の中でキラキラと輝く光を表現できるコンタクトレンズ。透明感と潤いに溢れた自然に盛れた瞳になれることで人気上昇中。

### ブサヘアカタログ
容姿の整ったヘアモデルではなく、ブサイクな人だけをモデルに起用したヘアカタログサイト。自分に自信が持てない人でも、気軽に美容師さんになりたいヘアスタイルの参考として見せられると話題に。

### バスチー
発売3日間で100万個以上を販売したローソンのスイーツ（税込み215円）。なめらかな食感と、カラメルの香ばしさでバスク風チーズケーキを再現している。

### ユニコーンランド原宿
全米やヨーロッパで話題の「ユニコーンランド」が原宿竹下通りにOPEN。ユニコーンカラーのスイーツや、店内の至る所にユニコーンのイラストやグッズが置かれているなど、「ゆめかわ（甘くてメルヘンな世界）」スポット。

### Smooth Hand Gelato
SEABREEZEから発売された、手汗や、スマホにつく指痕をケアできる〝進化系ハンドクリーム〟。アイドルとの握手会や、デート前にエチケットとして使う。

### 再現CGメーカー
ニュースなどで使われる事件の再現CG画像を自分で作れるアプリ。映画の名シーンを再現したり、おもしろネタを作ったりなど楽しみ方は人それぞれ。ツイッターで画像を投稿する人が続出した。

### FRUIT PICNIC
街にいながら気軽にピクニック気分が味わえるカフェ。エレガントで落ち着いた〝大人かわいい〟室内空間と、芝生や草花があふれるガーデンをあわせ持った非日常な世界観が話題に。現在は営業休止中。

### Bon Bonheur
銀座三越のフレンチ&デセールカフェが販売開始したデザート。いちご型ケーキの中にいちごムースやソースが閉じ込められていて、近年のいちごブームもあいまってインスタ映えすると話題に。

## 4月

### 令和プリ
「令和」と書いた紙を持っているように見える、管元官房長官の新元号の発表シーンを再現できるプリクラ。他にも、「令」の部首「ひとやね」を、ピースを逆さにしたポーズで表現する「令和ポーズ」を取り入れて撮る人も。

### 令和カラー
日本流行色協会が発表した令和カラー「梅」「菫」「桜」。柔らかなピンクや紫など、女性らしい配色から、令和カラーを取り入れたネイルやカラーメイクが流行した。

### 官邸のインスタグラム
安倍元総理のオフショットを紹介する官邸のインスタグラムアカウント。堅苦しいイメージのある官邸が、インスタグラマーのようにストーリーズの投稿機能を使用して投稿していることがZ世代の関心を集めた。

### Shonpy
ラメが入ったキラキラドリンクやタピオカドリンクを販売するお店。従来のタピオカドリンクの容器はシンプルなデザインが多い中で、クマ型やハート型などの可愛いボトルが個性的で人気に。

### 腐女子、うっかりゲイに告（コク）る。
NHKが土曜夜11時30分から放送していたドラマ。原作は浅原ナオトの小説『彼女が好きなものはホモであって僕ではない』。NHKがこのような題材のドラマを放送するのが意外だと話題となった。

### Hanako アイス
雑誌「Hanako」と栄屋乳業がコラボして開発したアイスバーが全国のコンビニで発売。雑誌の世界観を反映したパッケージと、タピオカの味が美味しいと話題になった。

### IRIAM 超バーチャル握手会
バーチャルライブアプリ「IRIAM」を活用してVライバーたちと直接話せるイベント。1：1で1分間話せるブースがある。バーチャルの世界にしかいないキャラクターと会話できると話題になった。

### LIPPS BOY
LIPPS（10代～20代の男性から人気の美容室）から登場したメンズコスメブランド。ジェンダーレス化が進み、メイクを行うメンズが増えている中、美容室がメンズコスメを発売したことが話題になった。

### 資生堂S/PARK
資生堂の最先端研究施設「資生堂グローバルイノベーションセンター（S/PARK）」がみなとみらいにOPEN。Cafe, BeautyBar, Studio, Museumの４つのエリアがあり、一人ひとりに合わせたコスメが作れることが話題に。

### YASHICA digiFilm Camera Y35
フィルムカメラのギミックを搭載したデジタルカメラ。フィルムを変更すると、加工アプリのフィルターのように、写真のテイストが変わる。ノスタルジックなフィルムカメラを想起させる機能デザインと、管理が簡単というデジタルの良さをあわせ持つことが人気の要因。

### Life Print
どこでもAR写真が作れるモバイルプリンター。動画を撮って印刷し、専用アプリのカメラで見ると写真が動く。写真が動画になるという新規性が話題になった。

## 2019年上半期トレンド辞典

### 1月

**チーズティー**
台湾茶の風味を、ふわふわのチーズクリームで閉じ込めたデザートドリンク。その味だけでなく、飲むと口の上にチーズクリームの泡が残り、ヒゲのように見えてインスタ映えすることも人気の理由の1つ。

**Little darling coffee Roasters**
買ってすぐに、お店の前に広がる芝生でピクニックができるカフェ。都心で自然を感じられるチル（まったり）スポットとして人気に。ジャンクフードが可愛らしいパッケージに包まれていたり、ピンクのブランコや壁がインスタ映えすることも魅力。

**みんはや（アプリ）**
オンライン対戦早押しクイズアプリ。サークル、大学の空きコマ時間、高校の休み時間などにみんなで対戦するのがブームに。クイズの内容をオリジナルで作ることもでき、仲間と身内ネタで盛り上がることもできる。

**自作メイクパレット**
複数のコスメを1つのパレットにまとめるプチDIY。フルメイクをコンパクトに持ち運べるので便利。美容系YouTuberの関根りさ、ふくれな、nanakoなどの投稿で火がついた。

**じゃがありご**
じゃがりこ、塩、さけるチーズ、熱湯で、びよーんと伸びるフランス版マッシュポテト「アリゴ」が再現できることが話題に。リュウジ@料理のおにいさんのツイッター投稿がバズり、真似をする人が続出。

**朝礼ダンス**
日本テレビドラマ『3年A組—今から皆さんは、人質です—』の公式インスタグラムにGENERATIONS from EXILE TRIBEの片寄涼太によるダンス動画がアップされ、真似をしてTikTokに投稿する人が多数。

**強い女メーカー**
自分の理想の強い女の子のイラストが作れる似顔絵メーカーサイト。どう組み合わせても強い女に仕上がると話題に。SNSのアイコンにする人も多数。

**そっくりさん**
スマホで自分の顔写真を撮るだけでAIが似ている有名人を教えてくれるアプリ。結果をSNSに投稿する人が続出。

**Latticeのアトマイザー**
持ち運ぶとなるとパッケージが大きすぎる香水。そんな時にあると便利なアトマイザーがアクセサリーブランドLatticeから¥216とプチプラ価格で販売されて話題に。

**井手上 漠**
2018年の第31回「ジュノン・スーパーボーイ・コンテスト」でDDセルフプロデュース賞を受賞した可愛すぎる男の子。美容やメイクに詳しく〝ジェンダーレス男子〟と呼ばれ人気急上昇中。

**Meily 美容整形口コミアプリ**
美容整形を考えている人、経験者向けのSNSアプリ。整形のビフォーアフター写真や体験談等、リアルな投稿が見られる。「整形大国」韓国のブームや、1万円以下でできるプチ整形が増える中、気軽に同じ悩みを持つ人同士で情報交換ができると話題に。

### 2月

**スターバックスリザーブロースタリー**
焙煎工場を併設する「妥協を許さないコーヒーイノベーション」を表現したスターバックスのコンセプト店舗。世界で5店舗目が中目黒にOPENした。

**BEB5**
若者の旅行離れへの対策から生まれた星野リゾートの新ホテル。「仲間とルーズに過ごす」がコンセプトで、ホテルというより友達の家に遊びに行っている気持ちになれる場所。29歳以下なら、1年中1室1万5000円で宿泊することができる。

**バーチャルモデルimma**
頭の部分を3DCGで作成し、実写で撮影した体と背景を合成したデジタルヒューマン。CGに見えないリアルさが話題になった。

**フラワークリアバッグ**
小さなブーケや1輪の花が透明のショッパーに入っているので持ち運ぶ姿が可愛いらしい。自分へのご褒美や友人へのプレゼントとして買う人が増えている。表参道の花屋「Diligence parlour」がおしゃれ女子に人気。

**フジコシェイクシャドウ**
塗る前にシェイクして使う新形態のアイシャドウ。YouTuberのSasakiAsahiさんの投稿をきっかけに、水とラメが混ざり合う瞬間が美しく「美しすぎる水アイシャドウ」と話題になった。

**# アオハル**
撮影スペースが広く、最大15人での撮影が可能となったプリクラ機。カメラの角度・高さ・向きを自由に変えることができ、ポーズの幅も増えた。機内には「アオハルベンチ」が設置されており、座って撮ることもできる。

**iFace クリアケース**
人気のスマホケースブランド「iFace」の新作。背面がクリアなので、好きなシールや写真を入れて自分好みにカスタマイズできる。縁がくすみカラーであることも人気の理由。

**パーソナルカラー診断**
自分の肌、瞳、髪の色などの情報から似合う色を診断してもらうサービス。コスメブランドのVisseが、AIでパーソナルカラーを診断する無料アプリを出すなど、これまで高価だったパーソナルカラー診断が手軽に試せるようになった。

**SEPメイクアップキット**
韓国のプチプラコスメブランドSEP BEAUTYから発売されたメイクキット。アイシャドウ4色・リップ＆チーク・ハイライトスティックが手のひらサイズにまとめられている。これがあれば、ポーチを持ち運ぶ必要がないと話題に。

**色が変わるタピオカ**
「HONG KONG SWEETS 果香」で販売されているタピオカドリンク。付属しているレモン水を入れるとドリンクの色が変わり、映えると話題に。

**café no.**
大阪・堀江発祥のドリンク専門カフェ。ストロベリーミルクやグリーンティーミルクなど、カラフルなドリンクが透明なボトルに入った姿が可愛らしい。店内にはフォトスポットがあり、ボトルドリンクを店内で撮ってSNSに投稿する人が続出した。

原田曜平（はらだようへい）
1977年東京都生まれ。慶應義塾大学商学部卒業後、博報堂入社。博報堂ブランドデザイン若者研究所リーダー等を経て、現在はマーケティングアナリスト。2003年度ＪＡＡＡ広告賞・新人部門賞を受賞。'02年から現在にいたるまで１万人を超える若者（大学生・社会人）と活動を共にしている。若者研究の第一人者であり、「マイルドヤンキー」「さとり世代」「伊達マスク」「女子力男子」「ママっ子男子」など、若者消費を象徴するキーワードを世に広めた。著書に『近頃の若者はなぜダメなのか』（光文社新書）、『さとり世代』（角川oneテーマ21）、『ヤンキー経済』（幻冬舎新書）、『それ、なんで流行ってるの？』（ディスカヴァー携書）、『平成トレンド史』（角川新書）などがある。テレビ出演多数。

Z世代《ゼットせだい》　若者《わかもの》はなぜインスタ・TikTok《ティックトック》にハマるのか？

2020年11月30日初版１刷発行

著　者 ── 原田曜平
発行者 ── 田邉浩司
装　幀 ── アラン・チャン
印刷所 ── 近代美術
製本所 ── 国宝社
発行所 ── 株式会社光文社
東京都文京区音羽1-16-6(〒112-8011)
https://www.kobunsha.com/
電　話 ── 編集部03(5395)8289　書籍販売部03(5395)8116
業務部03(5395)8125
メール ── sinsyo@kobunsha.com


ISBN 978-4-334-04507-4

1087
## 恋愛学で読みとく　文豪の恋
森川友義

名だたる文豪たちが小説に描いた恋ははたして妥当なものなのか。恋愛学を提唱する著者が科学的に分析し、考察する。従来の文学研究にとらわれない、知的なエンターテインメント！

978-4-334-04494-7

1088
## 正義を振りかざす「極端な人」の正体
山口真一

SNSでの誹謗中傷、自粛警察、不謹慎狩り、悪質クレーマー――奴らは何者か？「炎上はマスメディアが生み出す」「SNSは世論を反映しない」等、データ分析から分かった真実。

978-4-334-04495-4

1089
## 太田和彦のふらり旅　新・居酒屋百選
名酒放浪編
太田和彦

BS11の人気番組が1冊に！　北は札幌から南は五島まで日本全国19の街の65軒を紹介。本書片手に旅するも良し、読んで思いを馳せるのもまた良し。写真満載のオールカラー版。

978-4-334-04496-1

1090
## 宇宙に行くことは地球を知ること
「宇宙新時代」を生きる
野口聡一　矢野顕子
取材・文　林公代

誰もが宇宙に行ける日が近づいている――。民間による「宇宙旅行時代の幕開け」という歴史的転換点を迎えた今、宇宙飛行士とミュージシャンが宇宙体験からスペースXまでを語る。

978-4-334-04497-8

1091
## 夢中力
堀江貴文　野村克也

一つのことにハマり、全身全霊を捧げる。異分野の二人の共通項だ。「好きなことをやる」が成功の条件であることを彼らの生き様が証明する。突き抜けた思考に触れる読書体験。

978-4-334-04498-5

1092
## 丁寧に考える新型コロナ
岩田健太郎

長期戦が予想される新型コロナ対応。あらゆる項目について「分かったつもり」でなく「本当に分かる」までじっくり解説する。巻末特別対談「西浦博先生に丁寧に聞く」も収録！

978-4-334-04499-2

1093
## 失敗しない　定年延長
「残念なシニア」をつくらないために
石黒太郎

日本企業に跋扈する「残念なシニア」を放置すると、日本経済が崩壊に向かう――!?　気鋭の人事コンサルタントが、会社もシニア自身も活性化させる「正しい定年延長」を提言する。

978-4-334-04500-5

1094
## 新型コロナはアートをどう変えるか
宮津大輔

世界のアート市場は、新型コロナウイルスの蔓延によってその姿を一変させた。アートはこれからどう変化するのか――。歴史・社会・経済を通して、アート市場の未来を大胆に予測。

978-4-334-04501-2

1095
## 室温を2度上げると健康寿命は4歳のびる
笹井恵里子

寒い家に住んでいると早死にする!?　最新の研究結果を元に頻尿、不眠、寝つきの悪さ、高血圧、アレルギーなどを「住環境」で改善させるアイデアを提案する日本人必読の一冊。

978-4-334-04502-9

1096
## 税金下げろ、規制をなくせ
日本経済復活の処方箋
渡瀬裕哉

日本が不況から脱出できないのは「税金と規制」の問題だ。この国では「増税はやむなし」なのか？　日本が打つべき手とは？　俊英の政治アナリストが、私たちに刷り込まれた洗脳を解く！

978-4-334-04503-6

# 光文社新書

1097
## 20年で元本300倍 お金が集まる5つの原則
秋山哲

誰でも資産が増える投資商品とは？　優良な投資先に共通する3つの特徴とは？　元本300倍の個人投資家が「投資」を中心に、お金の不安を解消する5つのルールを伝授する！

978-4-334-04504-3

1098
## 下町はなぜ人を惹きつけるのか？ 「懐かしさ」の正体
三浦展

明治維新の30年後に「ふるさと」が注目され、敗戦の30年後に「下町」が発見された。工場の煙が立ち上る近代の象徴だった下町がノスタルジーの対象となるまでの実像を綴る。

978-4-334-04505-0

1099
## 山本太郎とN国党 SNSが変える民主主義
真鍋厚

彼らは本当に「ポピュリスト」と切り捨てていい存在なのか。この時代に彼らが国会で議席を得たのは偶然か。SNS全盛時代の民主主義のあり方を問う、新しい切り口の政治論。

978-4-334-04508-1

1100
## 「宇宙の音楽」を聴く 指揮者の思考法
伊藤玲阿奈

時代の変化にどう柔軟に対応するか？　二〇歳を過ぎて音楽家への道を選び、ニューヨークで戦ってきた指揮者が綴る、成功と失敗の概念を超える「しなやかな思考」のつくりかた。

978-4-334-04506-7

1101
## Z世代 若者はなぜインスタ・TikTokにハマるのか？
原田曜平

「Z世代」は「ゆとり世代」と何が違うのか？　世代人口が少ないにもかかわらず、彼らの発信力・拡散力はなぜ巨大なのか？「スマホ第一世代」を若者研究の第一人者が徹底分析。

978-4-334-04507-4